The SWEDISH-AMERICAN *Cookbook*

The SWEDISH-AMERICAN *Cookbook*

A Charming Collection of Traditional Recipes
Presented in Both Swedish and English

Skyhorse Publishing

Skyhorse Publishing books may be purchased in bulk at special discounts for sales promotion, corporate gifts, fund-raising, or educational purposes. Special editions can also be created to specifications. For details, contact the Special Sales Department, Skyhorse Publishing, 307 West 36th Street, 11th Floor, New York, NY 10018 or info@skyhorsepublishing.com.

Skyhorse® and Skyhorse Publishing® are registered trademarks of Skyhorse Publishing, Inc.®, a Delaware corporation.

Visit our website at www.skyhorsepublishing.com.

10 9 8 7 6 5 4 3 2 1

Library of Congress Cataloging-in-Publication Data is available on file.

ISBN: 978-1-61608-557-5

Printed in China

INLEDNING.
Preface.

Till följd af en ofta upprepad efterfrågan lemnas harmed åt allmänheten en ganska innehållsrik Svensk-Amerikansk Kokbok, tryckt i jämnlöpande kolumner. Många personer sammanlänka begreppet om rikedom med det fullkomliga i kokkonsten; andra äter anse *det* vara så väl ohelsosamt som kostbart, som ej inbegripe i kokning, stekning och halstring. Andra åter veta att helsosam och luxuriös matlagning under inga omständigheter är oförenlig med inskränkta pekuniära tillgångar, samt att under kokning, stekning och halstring mycket som är både närande och välsmakande förloras genom brist i kunskap om hur att tillaga rätterna. All slags mat är helsosam och njutbar i proportion som den närmar sig till ett tillstånd af fullkomlig smaltbarhet.

Vid all kokning och stekning är det af vigt att undvika för stark eld. Denna bör vara *jemn* och *lindrig*. Härigenom blir maten mera

In response to an often repeated request the public is herewith furnished with a Swedish-American cookbook, printed in parallel columns.

Many persons associate the idea of wealth with culinary perfection; others consider unwholesome, as well as expensive, everything which goes beyond the categories of boiling, roasting and the gridiron. Others are aware that wholesome and luxurious cookery is by no means incompatible with limited pecuniary means, and also that in roasted, boiled and broiled meats, which constitute what is termed true American fare, much that is nutritive and agreeable is often lost for want of skill in preparing them. Food of every description is wholesome and enjoyable in proportion as it approaches nearer to the state of complete digestion.

In cooking and roasting it is important not to cook at an overly high heat. The temperature should

lättsmält, närandeoch välsmakande. Mat som är för hårdt stekt eller för hårdt kokt, förlorar sin närande kraft och försvårar och betungar matsmältningen.

Vid den *franska* serveringen framsättas alla rätterna på bordet före måltiden,vid den *ryska* inkomma de från köket varma och skurna i den ordning de skola serveras. Bäst torde vara att begagna sig af dessa båda metoder i förening, så att de kalla rätterna äro framsatta på bordet vid måltidens början, och de varma inkomma från köket, just i det ögonblick de skola användas. För öfrigt passar den ryska bäst vid middagar, den franska bäst vid supéer.

Hos oss svenskar är det en gammal regel att inleda måltiden med smörgåsbord, som för många till och med utgör den-sammas vigtigaste afdelning och tyngdpunkt, i det att de här äta sig mätta.

Smörgåsbor-del är en uteslutande svensk uppfinning, kan serveras på ett särskildt bord eller ock på brickor kringbäras.

Ett fullständigt innehållsregister börjar på sida 377.

be even and mild. The food will then be more digestible, wholesome and of a better flavor. Food which has been cooked or fried too long loses nutrition content and renders digestion difficult.

The *French* way of serving is to put all dishes on the table before the meal, the *Russian* way is to bring them from the kitchen warm and carved in the order they are to be served. The best way appears to be to make use of both methods, cold dishes being on the table at commencement of the meal, warm ones brought in as needed. Otherwise the Russian way of serving appears to be best for dinners, the French way for suppers.

An original Swedish institution described in the final chapter is "Smörgåsbord," served before meals either on a small side table or passed around, generally disposed of in a standing position. The "smörgåsbord" is supposed to sharpen the appetite of those participating in the meal.

A complete alphabetical index can be found on page 388.

INNEHALLSFÖRTECKNING.

Contents.

Publisher's Note

This cookbook was originally published in 1882 as an aid for Swedish immigrants to the United States. The recipes are a mix of Swedish classics and American favorites, all presented side-by-side in both Swedish and English. Though we've updated the layout of the book, we've decided to preserve the integrity of the original text, which is full of charm as well as a great deal of practical advice. Thus, you'll discover some unusual measurements, such as "butter the size of an egg" or "1 tea cup granulated sugar." You'll find the table of weights and measures on page 375 useful for interpreting these less-than-scientific amounts.

FÖRSTA AFDELNINGEN.
Part One.

JÄST OCH BRÖD.

YEAST AND BREAD.

Jäster.

Koka tre uns (ounces) humle i tre "quarts" vatten en half timmes tid. Lägg en handfull siktadt mjöl i en stenburk och skålla det med nogaf humlevattnet för att deraf göra en seg deg. Låt sedan resten af humlevattnet koka en och en half timme vid sakta eld, hall det sedan genom en sikt ä den förut bildade degen utan att omröra denna och låt det sedan svalna. Medan massan ännu är blodvarm lägges deri en handfull malt, hvarpå det omröres väl. Der-på bindes en bomullsduk öfver burken, som ställes åsido för två dygns tid å ett tämligen svalt ställe. Derpå hälles det på flaskor och bevaras i en mörk, kall källare eller annat passande rum.

Yeasts.

Boil three ounces hops in three quarts of water for half an hour. Put a handful of dry sifted flour into a stone jar, and scald it with enough of the hopwater to make a stiff paste and set aside. Let the rest of the hopwater boil slowly for an hour and a half; strain it on the paste without stirring, and set aside to cool. When lukewarm add a small handful of malt, mix well. Tie a cotton cloth over it and let it stand untouched in a moderately cool place for forty-eight hours; then bottle and keep in a cool, dark cellar or other suitable place.

På annat sätt.

Koka en pint humle i två gallon
vatten en half timme, sila det derpå
i en stenburk och låt det blifva
ljumt; lägg sedan två teskedar salt
och en half pint brunt socker deri,
blanda nu en half pint mjöl deruti
och omrör det väl. Tre dygn deref-
ter tillägges tre pounds kokad och
sönderstött potatis, hvarpå massan
åter väl omröres och lemnas stående
ett dygn, hvar-efter det silas på sten-
krus, hvilka lemnas löst korkade för
ett eller ett par dygn. Jästen skulle
alltid göras två veckor innan den
begagnas, emedan den blir bättre ju
äldre den blir. Krusen skakas innan
man uthäller något att begagnas.

Potatisjäst.

Skala och koka fyra eller fem stora
potäter, sönderstöt dem väl, blanda
en matsked mjöl deri, en nypa
socker och en dito salt, låt det sedan
blifva ljumt och häll deri 1½ gills
af redan färdiggjord jäst. Låt det så
jäsa i sex timmar.

Potatisjäst med humle.

Öfver så mycket humle som man
kan taga med båda händerna

In another way.

Boil one pint hops in two gallons
water for half an hour, strain into a
crock and let it become lukewarm;
add two even teaspoons of salt and
a pint best brown sugar; mix half a
pint of flour smooth with some of
the liquor, and stir all well to-
gether. Three days later add three
pounds boiled and mashed pota-
toes, stir well and let stand a day or
more; then strain and put in jugs,
but for a day or two leave the corks
loose. The yeast should be made
two weeks or more before using, as
it improves with age. Shake the jug
well before using.

Potato yeast.

Peel and boil four or five potatoes,
mash; add a tablespoonful of flour,
a pinch each of sugar and salt and
when body temperature add one
and a half gills of stock yeast, and
let it ferment for six hours.

Potato yeast with hops.

Take two handfuls of hops, put
half a gallon water over them in

slås en half gallon vatten i en ny kaffepanna, hvari humlen kokas en timme. Skala och rif ett halft dussin stora potäter uti en tvågallons-burk, lägg dertill en half kopp socker och en matsked salt samt en dito ingefära, häll häröfver en half gallon af det kokheta humlevattnet och omrör hela tiden. Sedan det blifvit ljumt påhälles en kopp god jäst, hvar-på det ställes i en varm plats till dess att den börjar jäsa, då det förflyttas till en källare eller annat svalt ställe. Humle-vattnet måste genast hällas på potatisen, emedan jästen annars blir mörk. Detta är en värde-rik anvisning; och sättet att koka humlen anbefalles särskildt.

Potatisjäst utan humle.

Tag fyra stora potäter; skala, koka och stöl dem; fyra matskedar hvitt socker, en matsked ingefära, en dito salt och två koppar mjöl blandas med potatisen. Deröfver hälles en pint kokhett vatten, hvarpå allt om-röres till dess att alla klimpar försvinna. Sedan det svalnat ihälles en kopp god jäst, hvarpå det låtes stå tills det jäser. Efter jäsningen slås det i en sten- eller glasburk för att förvaras å något kallt ställe.

a new coffee pot, and boil slowly for an hour. Pare and grate half a dozen large potatoes into a two-gallon stone crock, add a half cup sugar and a tablespoon each of salt and ginger, pour over this half a gallon of the boiling hopwater, stirring all the time. When lukewarm warm add one cup good yeast; set in a warm place until it rises, and then remove to the cellar or other cool place. The hopwater must be added to the potatoes immediately, or they will darken and discolor the yeast. This is a valuable recipe, and the manner of boiling the hopwater is especially recommended.

Potato yeast without hops.

Take four good-sized potatoes, peeled, boiled and mashed, add four tablespoons white sugar, add one spoon ginger, one spoon salt, and two cups flour; pour over this a pint of boiling water and beat until all lumps disappear. After it has cooled sufficiently add to it one cup of good yeast, and set aside to rise. When it has raised put in a glass or stone jar, cover and set it aside in a cool place for use.

Humlejäst.

En handfull humle kokas i en half gallon vatten 20 minuter. Hälften silas i tre pints siktadt mjöl; dermed blandas nu den andra hälften sedan den svalnat. Vidare inblandas en pint stark bryggjäst. Slås på flaskor och korkas löst till dess att det jäst ut. Korka sedan tätare och sätt i källare.

Hop yeast.

Boil a handful of hops in two quarts water for twenty minutes; strain one half of it in three pints of sifted flour, and when the other half is cool, mix slowly with the paste. Stir in a pint of strong brewers yeast. Bottle and cork loosely and let it ferment. Next day cork tight and put in cellar.

BRÖD.

BREAD.

"Boston brown bread."

Boston brown bread.

En pint råg- eller graham-mjöl samt lika mycket indian-mjöl, en kopp molasses, ej fullt så mycket sur mjölk, en och en half matsked soda, en och en half pint kallt vatten. Ställes på spiseln öfver kallt vatten som småningom bringas tillkokning. Massan tillätes imkoka fyra timmar, hvarefter den placeras i ugnen att gräddas. Allt bröd blir bättre genom denna stimningsprocess.

One pint each of rye or Graham flour and as much indian meal, one cup molasses, not quite as much sour milk. One and a half teaspoonsful soda, one and a half pints cold water. Put on a stove over cold water, gradually bring to a boil. Steam for four hours and place in an oven to brown over. All kinds of bread thus prepared becomes better from the steaming.

Cornbread ➤

På annat sätt.

Två koppar hvetemjöl, två dito graham, en kopp indian-mjöl (indian meal), en matsked soda, en kopp molasses, 3½ koppar mjölk, något litet salt. Blandas väl och imkokas i fem timmar.

Another way.

Two cups wheat flour, two cups Graham, one cup indian meal, one teaspoon soda, one cup molasses, three and a half cups milk, and a little salt. Beat well and steam for five hours.

Majsbröd.

Vispa två ägg mycket väl; blanda den med en pint antingen sur mjölk eller tjärnmjölk samt en pint siktadt indian mjöl. Smält en matsked smör med en tésked salt och häll detta i den andra massan. Upplös en tésked soda i en liten del af mjölken och häll det i degen. Arbeta det väl tillsammans och baka i ugnen 45 minuter.

Cornbread.

Beat two eggs very light; mix them with one pint either sour milk or butter milk and one pint sifted indian meal. Melt one tablespoonful butter with one teaspoon of salt and add to the mixture. Dissolve one teaspoon soda in a small portion of the milk and add to the dough. Mix together well and bake in a pan in a brick oven for forty-five minutes.

På annat sätt.

En pint majsmjöl, en half tésked cream tartar, en half tésked salt, ett ägg och tillräckligt mjölk att bilda en seg deg. Grädda i en starkt hettad ugn. Formarne, hvari gräddningen sker, böra värmas och smörjas innan degen ilägges.

Another way.

One pint corn meal, one half teaspoon soda, one teaspoon cream tartar, one teaspoon salt, one egg, and milk enough to make a stiff batter. Bake in a hot oven. The pans in which you bake should be hot and well greased before putting in the batter.

På annat sätt.

En pint majsmjöl, siktadt; en pint hvetemjöl, en pint sur mjölk, två vispade ägg, en half kopp socker, ett stycke smör så stort som ett ägg och slutligen en tésked soda i litet mjölk. Med äggen förenas mjölken och mjölet litet om sender, men endast ett slag om gången, hvarpå smöret och sockret iblandas på samma sätt. Om söt mjölk begagnas, bör man älven begagna en tésked cream tartar. Bakas 20 minuter i en starkt hettad ugn.

Another way.

One pint corn meal, sifted; one pint wheat flour, one pint sour milk, two eggs beaten lightly; half a cup sugar and a piece of butter the size of an egg; add lastly one teaspoonful soda in a little milk; add to the beaten eggs the milk and meal alternately, then the butter and sugar. If sweet milk is used, add one teaspoonful cream tartar. Bake for twenty minutes in a hot oven.

Graham-bröd.

En quart warmt vatten, en half kopp brunt socker eller molasses, en fjerdedels kopp humlejäst och en och en half tésked salt; rör i vattnet mjöl nog att göra en tunn smet; blanda sockret, saltet och jästen deri samt mjöl till dess att smeten blifvit så tjock att den kan röras med en sked; slå det i pannor och låt det jäsa upp. Bakas i jemnhet ugn som hettas starkare efter hand.

Graham bread.

One quart warm water, one half cup brown sugar or molasses, one fourth cup hop yeast, and one and a half teaspoons salt; thicken the water with unbolted flour to a thin batter; add sugar, salt and yeast, and stir in more flour until quite stiff; put it into pans and let it rise, then bake in an oven heated to an even temperature, with a gradual increase over time.

Råg- och indianbröd.

En quart rågmjöl, två quarts skålladt indianmjöl (skållningen sker

Rye- and indian bread.

Take one quart rye meal, two quarts Indian meal and scald it.

genom att laäga mjölet i en panna och gjuta kok-hett vatten deröfver till dess att det blir vått, men icke så mycket att en smet bildas, hvarjemte man hela tiden omrör med en sked. Vidare tager man en half kopp molasses, två téskedar salt, en tésked soda och en tékopp jäst; omrör det så länge detta låter sig göra med en sked. Under det att varmt vatten ihälles, derpå tillätes det stå och jäsa öfver natten. Sedan lägger man det i en stor panna och öfverstryker ytan med kallt vatten. Det sättes i ugnen på aftonen för att gräddas, men lemnas der tills påföljande morgon. I stället för rågmjöl kan man begagna Graham.

The scalding may be done by placing the flour in a pan and pouring over it just enough boiling water to make it wet, not enough to make it a batter, stirring all the time with a spoon. Then take one half cup molasses, two teaspoons salt, one teaspoon soda, one teacup yeast; make it as stiff as can be stirred with a spoon, mixing with warm water, and let it rise overnight. Next put it in a large pan, smooth the top with cold water, let it stand a short time and bake for five or six hours. If you put in oven late at night you may let it remain over night. Graham may be used instead of rye.

PANNKAKOR, SKORPOR, M. M.

PANCAKES, BISCUITS, ETC.

Anmärkning. Soda, Salera-tus, Cream of tartar och "baking powder" äro som de förekomma i den amerikanska handeln ofta förfalskade med terra alba eller hvit jord. För att analysera dem upplösas de i vatten; om varan är äkta upplöser sig alltsammans utan att lemna någonting på bottnen. Somliga "baking powders" innehålla alun,

Remarks. Soda, Saleratus, Cream of tartar and baking powder, as found in the American market, are often adulterated through mixture with terra alba or white sand. To test them, put a teaspoonful in a glass of water; if pure it will dissolve, otherwise there will be a gathering on the bottom of the glass. Some baking powders contain alum and

hvilket bör undvikas såsom
varande mycket skadligt.

should not be used, being very
hazardous to your health.

Graham kakor.

Graham gems.

En pint sur mjölk eller fjärn-mjölk,
en tésked soda och något salt;
röres val tillsammans, hvarpå islås
ett ägg, en matsked molasses och
Graham-mjöl tillräckligt att bilda
en tjock smet. Blanda väl. Gräddai
väl smorda pannor och med stark,
hastig hetta.

A pint of sour or buttermilk, one
teaspoon soda and a little salt; stir
well and add one egg, a table-
spoonful molasses and Graham
flour sufficient to make a stiff bat-
ter. Mix thoroughly. Bake in well
greased gem pans, with strong and
quick heat.

På annat sätt.

Another way.

Tre koppar sur mjölk, en tésked
soda, en dito salt, en matsked
brunt socker, en dito smält ister
(lard), ett vispadt ägg. Till ägget
hälles först mjölken, sedan sockret
och saltet, derpå graham-mjölet
(med sodan uti) samt istret. Gör
deraf en tjock smet, så att det
droppar, icke rinner ur skeden.
Håll pannorna heta, fyll dèm
med smeten och grädda femton
minuter i en ganska het ugn.

Three cups sour milk, one tea-
spoon soda, one teaspoon salt. one
tablespoon brown sugar, one table-
spoon melted lard, one beaten egg.
To the egg add the milk, then the
sugar and salt, then the Graham
flour (with the soda mixed in)
together with the lard. Make a stiff
batter so that it will drop, not pour,
from the spoon. Have the gem
pans very hot, fill and bake fifteen
minutes in a hot oven.

"Indian gems."

Indian gems.

Blanda fort en quart indian-mjöl
med nog vatten att deraf göra en
tjock smet; derpå ilägges en tésked

Rapidly mix a quart of Indian meal
with sufficient water to make a
thick batter; add a teaspoon of salt

salt och blandas. Grädda vid stark
hetta iförut upphettade pannor i
tio minuter

and stir thoroughly. Bake on high
heat in pre-heated pans, for ten
minutes.

Sötmjölk-gems.

Vispa ett agg väl, slå det i en pint
färsk mjölk jemte litet salt och gra-
ham-mjöl till dess att det droppar
från skeden med lätthet. Upphetta
och smörj pannorna innan smeten
ihälles. Grädda sedan i en het ugn
20 minuter.

Sweet milk gems.

Beat one egg well, add a pint of
fresh milk, a little salt and Gra-
ham flour enough to make it thick
enough to drop nicely from the
spoon. Heat and butter the pans
before adding the dough. Bake in a
hot oven for twenty minutes.

Hvete-muffins.

Blanda en pint mjölk, två ägg,
tre matskedar jäst och en sked
salt jemte nog mjöl att få en tjock
smet eller deg. Låt det jäsa tre till
fyra timmar. Grädda i s.k. "muffin
rings" vid stark hettai tio minuter.

Wheat muffins.

Mix one pint milk, two eggs, three
tablespoonfuls yeast and a spoon
of salt with flour enough to make a
stiff batter. Let it raise four or five
hours, and bake in muffin rings in
a hot oven for about ten minutes.

Graham-muffins.

Begagna Graham istället för
hvetemjöl såsom ofvan och till-
lägg två matskedar molasses.

Graham muffins.

Use Graham instead of wheat flour,
as above, and add two tablespoons
molasses.

Biscuits.

Upplös en matsked smör i en
pint varm mjölk. Sedan mjölken

Biscuits.

Dissolve one rounded tablespoon
of butter in a pint of hot milk;

blifvit ljum iröres en quart mjöl, ett vispadt ägg, litet salt och en tekopp jäst. Bearbeta degen tills den blifvit jämn och slät. Vintertiden sättes degen på ett varmt ställe men på sommaren på ett svalt för att jäsa. Nästa morgon bearbetas den igen och kaflas ut till en half tums tjocklek för att åter jäsa sedan den först skurits i bitar. Efter 30 minuter gräddas de.

when lukewarm stir in one quart of flour, add one beaten egg, a little salt, and a teacup yeast. Work the dough until smooth. If in winter set in a warm place, if in summer a cool place, to rise. In the morning work the dough again and roll half an inch thick, and cut into biscuits. Let them rise for thirty minutes, when they will be ready to bake.

På annat sätt.

Tag en quart siktadt mjöl(helt löst lagdt i tråget eller and bunken), två rågade tesked and tartaric acid

Another way.

Take one quart sifted flour (loosely put in) two heaping teaspoons tartaric acid and one moderately

Ⅴ Biscuits

och en väl fyld sked med soda, en tésked salt och tre gills vatten. Forma biscuits med skeden och den mjölade handen.

Soda-biscuit.

En quart mjöl lägges i en sikt jemte en tésked soda och två téskedar cream tartar (i brist hvaraf man tager tre skedar vanligt "baking powder"), en tésked salt och en matsked hvitt socker. Blanda det väl med mjölet (sedan detta genomgått siktel) och gnid derpå in en jemn matsked ister eller smör (eller hälften af hvardera). Med ½ pint söt mjölk göres nu häraf en deg, som kaflas ut till en tums tjocklek, som sedan skäres till biscuits och bakas i het ugn femton minuter. Om man saknar mjölk kan man i ställe använda litet mer smör eller ister och begagna vatten.

Kanel-kaka.

Nar jästbröd bakas så tag en del af degen och kafla ut den till en fjerdedels tums tjocklek, lägg tunna smörskifvor derå och beströ med socker och kanel. Låt det jäsa väl och grädda.

heaping teaspoon soda, one teaspoon salt, and three gills of water. Shape biscuits with spoon and floured hand.

Soda biscuits.

Sift one quart of flour; add one teaspoon soda and two of cream of tartar (or three of good baking powder), one of salt, and one tablespoonful white sugar. Mix all thoroughly and rub in one level tablespoonful of lard or butter (or half of each). Wet with a half pint sweet milk, roll out on board, about an inch thick. Cut with a biscuit cutter or tumbler, and bake in a heated oven for fifteen minutes. If you have no milk, use additional lard or butter, and add water.

Cinnamon cake.

When making yeast bread and the sponge is ready to be kneaded, take a portion and roll out to one quarter of an inch; put thin slices of butter on top and sprinkle with cinnamon, and then with sugar. Let it rise, and bake.

Wiener-rullar.

Omrör en matsked smör eller flott i en skål. Tillägg en quart osiktadt mjöl och två rågade téskedar baking powder; blanda väl med smöret i skålen. Tag tillräckligt söt mjölk att få en tämligen seg deg; lägg en tesked salt i mjölken och rör det i mjölet med en sked. Kafla ut degen till en half tums tjocklek och skär den med en stor form. Vik den sålunda skurna degen dubbel, så att den blir halfrund. sedan ni först vätt mellanrummet så att de båda halfvorna hålla ihop. Lägg det sedan i smörda patinor, bestryk ytan med mjölk för att göra den skinande. Och grädda genast i en väl hettad ugn 20 minuter. Skadar icke om de stå en halftimme innan de gräddas.

Kafferullar.

Arbeta in en matsked smör och en half kopp socker i en quart vanlig bröddeg; vidare in-gnides ett antal ugnstorkade vinbär, öfver hvilka siktats litet mjöl och socker. Sedan formas små rullar, som doppas i

Vienna rolls.

Have ready in a bowl a tablespoonful butter or lard, made soft by warming a little, stirring with a spoon. Add to one quart of unsifted flour two heaping teaspoons of baking powder; mix and sift until thoroughly combined, and place in the bowl with the butter. Take enough sweet milk to form a dough of common thickness and put into the milk half a teaspoon salt, and then stir it into the flour mixture with a spoon, forming the dough, which turn out on the board and knead till smooth. Roll out half an inch thick, and cut with a large round cutter; fold each over to form a half round, wetting a little between the foils to make them stick together. Place on buttered pans and brush milk on top to give them a gloss and bake immediately in hot oven for twenty minutes. It will not hurt to let them stand half an hour before baking.

Coffee rolls.

Work a quart of bread dough into a rounded tablespoonful of butter and half a cup white sugar; add some dried currants (well washed and dried in an oven) sift some flour and sugar over them and

smält smör, hvarpå de placeras i
pannorna, der de få jäsa litet innan
de gräddas.

Skorpor.

Tre pounds mjöl, ett halft pound
smör, lika mycket socker, två ägg,
en och en half pint mjölk, två
matskedar rosenvatten, tre dito
stark jäst. Sikta mjölet i en stor
panna och gnid in det uti sockret
och smöret; vispa äggen mycket
tunna och rör dem tillsammans
med mjölken, hvari äfven blan-
das jästen och rosenvattnet. Nu
gör man ett hål i degen och islår
blandningen, hvarpå allt blandas
till en tjock smet; det öfvertäckes
och sättes å sido att jäsa, helst vid
en eld. Derpå gnides det väl, skäres
till små kakor, som hvar för sig
gnidas och läggas i låga pannor
som först mjölats, på sådant sätt
att de ej vidröra hvarandra. Nagga
hvar och en med en gaffel och sätt
dem bort för att jäsa en gång till.
Sedan gräddas de i en lagom het
ugn. De böra ätas samma dag.

Lebanon-skorpor.

En kopp stött potatis, en dito
socker, en dito hemtillverkad jäst

work into the other ingredients.
Shape into small rolls, dip into
melted butter, and place in tins, let
rise a short time and bake.

Rusks.

Three pounds flour, half a pound
of butter, same of sugar, two eggs,
a pint and a half of milk, two table-
spoons rose water, three table-
spoons strong yeast. Sift the flour
into a large pan, and rub it into
the butter and sugar; beat the eggs
very light and stir into the milk,
adding the rose water and yeast.
Make a hole in the dough, pour
in the mixture, and slowly work it
into a thick batter; cover and set
by a fire to rise. When light knead
it well. Cut into small cakes, and
knead each separately; lay them
near to each other, but not touch-
ing, in shallow pans well dusted
with flour; prick each one with a
fork, and set in a warm place to
rise again. When quite light bake
in a moderately heated oven. They
should be eaten the same day.

Lebanon rusks.

One cup mashed potatoes, one of
sugar, one of home-made yeast,

och tre ägg blandas val. När mas-
san fått jäsa slås deri en half kopp
flott eller smör jemte mjöl tills en
tunn deg bildas. Derpå göres små
skorpor, som åter få jäsa innan
de gräddas. Om man önskar dem
för tébordet på aftonen, gör man
degen kl. 9 på morgonen.

three eggs. Mix well, when raised
lightly add half a cup of butter or
lard, and flour enough to make
a soft dough; when light, mold
into small cakes, and let them rise
again before baking. If wanted for
late-night tea, set at 9 a.m.

"Johnny cakes."

Skålla en quart indian-mjöl (in-
dian meal) med vatten tillräckligt
att bilda en tjock smet; lägg deri
två a tre téskedar salt; forma nu
med handen små kakor och stek
dem i fett. Fettet måste vara till-
räckligt att gå öfver dem i pannan.
När de blifvit bruna på ena sidan,
vändas de. De kokas sålunda i 20
minuter. Derpå klyfvas de och ätas
med smör.

Johnny cakes.

Scald a quart indian meal with wa-
ter enough to make a thick batter;
add two or three teaspoons salt;
mold into small cakes with hands
floured. Fry them in fat enough to
cover them. When brown on one
side, turn them. Boil them thus for
twenty minutes. When done, split
and eat with butter.

Franska crackers.

Ett och ett halft pound mjöl, lika
mycket socker, trefjerde-dels
pound smör, fem ägghvitor. Innan
de gräddas öfverstrykas de med
ägghvita och doppas i socker.

French crackers.

One and a half pounds flour,
the same amount of sugar, three
quarters of a pound butter, five egg
whites. Before baking brush with
egg and dip in sugar.

Ägg crackers.

Sex agg, tolf matskedar söt mjölk, sex matskedar smör, en half tésked soda. Formas i mjöl och kallas tunna.

Egg crackers.

Six eggs, twelve tablespoons sweet milk, six tablespoons butter, half a teaspoon soda. Mold with flour and roll out thin.

Graham-gröt.

Sikta grahammjöl sakta och långsamt i det kokande vattnet under det att det hela tiden omröres. När det blifvit så tjockt som man kan röra med en hand aftages det från elden. Ätes med mjölk eller grädde, eller smör och socker. Saltas under kokningen.

Graham mush.

Sift Graham meal slowly into boiling water, salted; whisk briskly until as thick as you can stir with one hand. Eat with milk or cream, or sugar and butter.

Hafremjölsgröt.

I två quarts kokande vatten, välsaltadt, lagges en och en half-kopp bästa hafremjöl, mjöletvispas naturligtvis i så småningom. Nar det är färdigt och aftaget, omröres från botten några gånger för att icke klibba fast. Lemnas nu i tre lim-maratt kallna. under hvilken tid det icke röres. Alla sådana grötarböra kokas i s.k. "custard kettles".

Oat meal mush.

To two quarts boiling water well salted, add one and a half cup best oat meal; stir the meal in batches, and after stirring up a few minutes to prevent it from settling down in a mass at the bottom, leave it to cool three hours without stirring. (All mushes of this kind should be cooked in a custard kettle). This mush is especially recommended as a breakfast dish, and it is excellent for children who need muscle-producing food.

Våfflor.

Tag en qvart mjöl, två téskedar godt "baking powder", en tésked salt och en socker. Blandas väl. Dertill sedan en matsked smör, två ägg samt en och en half pint söt mjölk. Gräddas i väl upphettade våffelformar, smorda.

Waffles.

Take one quart flour, two table-spoons good baking powder, one teaspoon salt, and one teaspoon sugar, all well mixed. Add a table-spoonful of butter, two eggs and a pint and a half sweet milk. Cook in waffle-irons well heated and greased.

Waffles

På annat sätt.

En pint mjöl, en pint söt mjölk, tre ägg väl vispade, en klimp smör så stor som ett ägg, litet salt, en rågad tésked cream tartar, en half tésked soda. Smält smöret och irör sedan mjöl, mjölk och ägg.

Another way.

One pint flour, one pint sweet milk, three eggs well beaten, a piece of butter the size of an egg or larger, a little salt, one heaping teaspoon cream tartar, half a teaspoon soda. Melt the butter and stir in flour, milk and eggs.

Ett tredje sätt.

En quart mjöl, en tésked salt, en matsked smält smör och mjölk att deraf göra en tjock smet. Blanda och lägg i två vispade ägg, två matskedar tartaric acid och en sked soda.

A third way.

One quart flour, one teaspoon salt, a tablespoon melted butter and milk to make a batter. Mix and add two beaten eggs, two teaspoons tartaric acid, and one of soda. Stir well and bake.

Buckwheat cakes.

Mjölet bör vara det bästa och renaste, fritt från alla råg- och majsblandningar. Uppvärm en pint söt mjölk och en pint vatten tillsammans. Ställ hälften deraf i en stenkruka och lägg deri fem koppar af det valda mjölet. Vispa det väl, slå sedan i den andra delen af mjölken och vattnet och slutligen en kopp jäst.

Buckwheat cakes.

Use buckwheat of the very best kind, free from grit and adulteration with rye and corn. Warm one pint milk and one pint water. Put half of this into a stone crock, add five teaspoons buckwheat flour. Stir and beat well; add the rest of the milk and water, and lastly a cup of yeast.

Buckwheat cakes.
(Utan jäst.)

Två koppar af "buckwheat"-mjöl, en kopp hvetemjöl, litet salt, tre matskedar baking powder. Blanda väl och tag sedan lika mycket mjölk och vatten, till dess att en temligen tjock smet erhållits. Om kakorna icke gräddas väl, så afhjelpes detta med att blanda litet molasses i smeten.

Buckwheat cakes.
(Without yeast.)

Two cups buckwheat flour, one of wheat flour, a little salt, three teaspoons baking powder; mix thoroughly and add equal parts of milk and water until the batter is thick enough. If they do not brown well, then add a little molasses to the batter.

Franska pannkakor.

Vispa sex ägg och ett halft pound hvetemjöl tillsammans till dess att smeten är fullkomligt slät. Smält sedan fyra uns smör och slå det i smeten, jemte ett uns (ounce) socker och en half pint mjölk. Vispa tills den blir jemn. Häll sedan blott en sked om sender i pannan, pannan vickes så att smeten sprides tunnt. Låt kakorna grädda tills de blifva bruna.

French pancakes.

Beat together until smooth, six eggs and a half pound of flour. Melt four ounces butter, and add that to the batter with one ounce sugar and a half pint milk; beat until smooth. Put a tablespoonful at a time into the frying pan, slightly greased, and spread the batter even by tipping the pan about. Brown them on both sides.

Pannkakor.
(På annat satt.)

Lägg fyra hela agg i en stekpanna, dertill en nypa salt, en dito socker,

Pancakes.
(Another way.)

Put in an earthen pan four whole eggs, a pinch of salt, one of sugar,

och tre skedar mjöl. Blanda med en quart mjölk. Smeten måste vara mycket tunn. Grädda i en stekpanna eller pannkakslägg väl smord med smör. Vänd dem sedan upp och ner på bordet och lägg sylt eller gelé på ena sidan och rulla ihop dem. Lägg dem sedan på en tallrik och sockra dem.

three spoons of flour; beat with one quart of milk. The preparation must be very light. Bake the pancakes in a frying pan, very thickly spread with butter, turn them upside down on the table, put some currant or other jelly on one side; roll them; put them on a plate; powder them with sugar.

Swedish pancakes

ANDRA AFDELNINGEN.
Part Two.

KÖTTRÄTTER.

Anmärkning. Om man är noga
med rätterna vinnlägger man sig
naturligtvis om att erhålla godt
kött. Kött efter gamla magra krea-
tur har ett groft, skinnartadt fett,
medan den magra delen (sjelfva
köttet) är mörkrödt. För att pröfva
köttet trycker man fingret uti
det. Om da den nedtryckta delen
genast kommer upp igen, så är det
färskt och godt, men om den gjor-
da fördjupningen helt långsamt
sväller ut, så är det gammalt och
dåligt. För stekar bör man före-
draga hvad som på engelska kallas
"sirloin" eller annars "porter-
house". Så kallad "round steak" ar
seg. Regeln för beredningen af en
roast-biff är att låta den stekas lika
många fjerdedels timmar som den
väger pounds samt femton minn-
ter derutöfver. Till exempel: en
roast väger, säg 3 pounds — den
får då stekas tre gånger femton
minuter samt femton minuter på
köpet, tillsammans en timme. Är
köttet icke det bästa och om man
önskar det välstekt, torde det tåla
längre tid.

MEAT DISHES.

Remarks. If you desire to obtain
very nice and palatable dishes you
will, of course, be particular in
the selection of meats to be used.
Meat from old, lean animals has a
coarse, skinny fat, while the lean
part (the meat itself) has a dark
red color. To test the meat, press
a finger into it. If the pressed part
immediately swells up again, then
it is fresh and good, but if the hole
made swells out slowly, you can be
sure that the meat is old and bad.
For steaks, sirloin or porterhouse
should be used, round steak being
tough. The rule to prepare a roast
is to fry it as many quarters of an
hour as it weighs pounds, and 15
minutes extra. For instance, if a
roast weighs 3 pounds, then fry
it 45 minutes plus 15 or an hour
altogether. But if the meat should
be inferior, you may have to fry it a
little while longer in order to get it
properly done.

Roast Biff.

Man tager ett stycke kött (vigt efter behag). Bulta det väl öfverallt, lägg det i stekpannan och häll något smält smör deröfver. Sätt nu in det i en starkt upphettad ugn och öfvergjut det under stekningen med dess egna fett som urpressats af hettan, hvilket har till följd att steken blir både brun och mör. Om såsen blir för brun genom den starka hettan, så slår man ett glas kokvin i pannans botten. När steken är färdig saltas och peppras den. Att gjuta litet citronsaft öfver den ar bra för smaken.

Roast beef.

Take a chunk of meat (according to pleasure as regards size). Beat it thoroughly all over; lay it in the roasting pan and baste with inched butter; put it in a well heated oven, and while roasting baste it frequently with its own drippings, which will make it brown and tender. If growing to brown through fast roasting, turn a glass of cooking wine into the bottom of the pan, and repeat that as often a the gravy cooks away. Season with salt and pepper. You may also squeeze a little lemon juice over it.

Biffstek med lök.

Skär lökarna i tunna skifvor och släpp dem i kallt vatten. Lägg en stek i pannan jemte litet ister (suet). Tag nu upp lökskifvorna och lägg dem på steken; peppra och salta på samma gång, öfvertäck väl och sätt å elden. När löksaften torkat bort och steken blifvit brun på ena sidan, borttages löken och vändes steken, hvarpå lök åter pålägges, hvarpå köttet stekes tills det blir färdigt.

Beef steak with onions.

Slice the onions thin and drop into cold water. Put a steak into the pan with a little suet. Skim out the onions and add them to the steak, season with pepper and salt, cover tightly and put over the fire. When the juice of the onions has dried up and the steak has browned on one side, remove the onions, turn the steak, replace the onions, and fry till done.

Roast beef ➤

Halstrad biffstek.

Lägg en tjock stek på ett halster,
väl smordt med smör eller ister,
och ställ det på heta kol. När det
är stekt på ena sidan, lägges det på
en tallrick, hvarå finnes litet smör.
Den stekta sidan lägges neråt, så
att den samlade köttsaften faller på
tallricken. Derpå lägges det raskt
åter på halstret med den stekta
sidan upp. När det nu blir färdig-
stekt lägges det för andra gången
pä tallricken, som smorts tunnt
med smör. Salta och peppra och
håll varmt några minuter öfver
ånga, men ej länge nog för smöret
att blifva oljigt. Servera på varma
tallrickar, dem man garnerar med
stekt potatis och andra passande
saker.

Köttstuf.

Värm upp mjölk och vatten
(hälften hvardera) och irör ett
vispadt ägg samt litet mjölk. När
det börjat koka ilägges köttet,
antingen skuret eller hugget i små
stycken, hvarpå det nästan genast
lyftes från elden, emedan ju mindre
kokadt, dess bättre. Om köttet är
mycket salt bör det ligga i varmt
vatten innan det lägges i pannan.

Beef steak broiled.

Lay a thick tender steak upon a
gridiron, well greased with butter
or suet over hot coals. When done
on one side have ready a warmed
platter with a little butter on it;
lay the steak, without pressing it,
cooked side down, so that the juic-
es which have gathered may run
on the platter, then quickly place it
back on the gridiron and cook the
other side. When done place upon
the platter again, spread lightly
with butter, season with salt and
pepper, and keep warm for a few
moments over steam, but not long
enough for the butter to become
oily. Serve on hot plates. Garnish
with sprigs of parsley, fried potato
or browned potato balls, placed
around the platter.

Meat stew.

Heat milk and water (about
half each) and thicken with a
beaten egg and a little milk. When
nicely boiled, add the beef, either
chipped or sliced as desired, and
almost immediately remove from
the fire, as the less it is cooked, the
better. If the beef is very salty, soak
it in warm water before boiling.

Frikasse på kött.

Skär köttet i tunna skifvor, tag
finhackade palsternackor, skär en
liten lök i fyra delar och lägg allt-
sammans i en stuf-panna med ett
stycke smör och något soppspad uti.
Krydda med salt och peppar och
låt det sjuda sakta i femton minuter.
Blanda sedan i två äggulor och en
tesked soja (Worcestershire sauce).

Fricassee of beef.

Cut the beef into thin slices, take
some fine cut parsley, cut a small
onion in four quarters, and put
all together in a stew pan with a
small piece of butter and some
strong soup stock. Season with
salt and pepper; let it simmer
fifteen minutes; then mix in the
yolks of two eggs and a teaspoon
Worcestershire sauce.

Hamburger-stek.

Hacka (dock ej för fint) ett stycke
"round steak;" blanda denned en
finhackad lök, litet starkpeppar
(cayenne), samt salt. Stek i litet
ister (köttet bör vara fritt från
fett). Sätt det sedan i ugnen för att
brynas på toppen. Garnera med
sellerilöf.

Hamburger steak.

Mince, but not too fine, some
round steak, and mix it with
an onion chopped fine, a little
cayenne, black pepper and salt.
(Some add a little curry powder, or
part of a red pepper pod, if desired
hot.) When well mixed, fry in a
little lard or clear drippings; when
well done place on a small platter,
and set in the oven long enough to
brown over the top. Garnish with
sprigs of celery top.

Biff a la mode.

Tag ett stycke kött från bakre delen
af kreaturet och gör en öppning
deri med en skarp knif; inflicka
deri ett stycke fläsk, som först
skurits i små tärningar och rullats

Beef a la mode.

Cut deep opening into a piece of
the rump with a sharp knife; put
in pieces of pork cut into dice and
previously rolled in pepper, salt,
cloves and nutmeg. In an iron

i salt, peppar, nejlikor och muskot. Lägg fläskbitar i en stufpanna, derjemte skifvor af en citron (lemon), några lökskifvor, ett par morötter och ett lagerblad (bay leaf). Lägg köttet härpå och betäck det med en brödkant så stor som handen. Öfvergjut det hela med en half pint vin och litet ättika samt senare lika mycket vatten, så att köttet blir halft dränkt deri. Betäck nu pannan väl och låt det koka tills det är färdigt. Tag det ut och låt såsen gå genom en sikt, skumma bort allt fett. lägg i litet sur grädde och lägg det åter i stufpannan för att koka ytterligare tio minuter. Om man så behagar kan man några dagar förut bereda köttet med att hålla det i kryddadt ättika eller vin.

stewpan lay pieces of pork, sliced lemon, sliced onions, one or two carrots, and a bay-leaf; lay the meat on and put a piece of bread-crust as large as your hand over it; pour over everything a half-pint wine and a little vinegar, and afterward an equal quantity of water or rich broth, until the meat is half covered; cover the dish tightly and cook until tender; take out, rub the gravy through a sieve, skim off all fat, add some sour cream, and then return to the stewpan to cook ten minutes. If desired, the meat may be prepared some days before and kept in a spiced vinegar or wine pickle.

Köttbullar.

Mört oxkött af innanlåret skåres i tunna skifvor, hvilka bultas med träklubba och derefter skrapas fria från senor, hvarpå det hackas fint. Till tre pounds kött blandas ett pound finskuren njurtalg eller smör, fyra agg fyra smörskorpor, som först blifvit uppblötta i söt mjölk, litet finhackad rödlök samt salt och peppar efter behag. Detta arbetas tills det blifvit väl smidigl

Meat balls.

Cut thin slices from the leg of an ox, and be careful that you get the tender portion. Pound the meat well with a wooden club. Scrape away all cords and sinews; chop it very fine. Add to three pounds of meat one pound of good lard or butter, four eggs, four good rusks softened in sweet milk, a little finely chopped onion and salt and pepper to taste. This you work

Meat balls ➤

samt spädes med söt mjölk, så att det blifver lagom lost. Sedan formas deraf små eller stora bullar, efter behag. Dessa beströs med rifvet bröd och stekas gulbruna i smör. Dertill anrättas alla slags grönsaker, äfven potatis.

Stufvadt kött.

Hacka upp ett stycke kall roast biff, med fettet, slå i en liten stufpanna bestruken med vitlöks klyfta, vatten, en half lök, peppar och salt, och låt koka till dess att löken blifvit riktig mjuk. Lägg sedan i det hackade köttet med en del af dess sås och låt det stufvas sakta utan att koka. Lägg nu små brödskifvor omkring kanterna af en varm skål eller annat karl; slå litet ättika öfver stufven. Ratten är färdig.

Ragout.

Skär en oiler ett par skifvor salt fläsk i tärningar och stek dem bruna; häll derpå litet spad eller vatten. Hvari kokas tre a fyra potäter skurna, en bit palsternacka, ett lagerbärsblad samt salt och peppar. En half timme före serveringen i lagges några skifvor kall roast biff jemte litet ättika.

until it becomes consistent, then dilute it with sweet milk to make it sufficiently thin. Then you form balls in size that you prefer. Strew them with grated bread and fry in butter until brown. Serve with any kind of greens and also potatoes.

Stewed beef.

Mince some cold and rare roast beef including the fat; put in a small stew pan, rubbed with a clove of garlic, a little water, half a small onion, pepper and salt, and boil it until the onion is quite soft. Then add the minced beef with some of its gravy and stew gently, but do not let it boil. Prepare toasted bread cut in small pieces and place around the edge of a small dish; add a little vinegar to the stew and pour over it.

Ragout of beef.

Dice one or two slices of salt pork, and fry until brown; pour in a little stock or water, and add three or four potatoes cut in slices, a sprig of parsley, thyme, and a small bay-leaf, pepper and salt. Half an hour before serving, put in slices of cold roast beef, adding a dash of vinegar if you like.

Stufvadt kalfhufvud.

Kalfhufvudet skållas och putsas väl, klyfves, tvättas och sättes på elden med vatten att koka tills köttet kännes mjukt;det upptages och när mesta hettan är afgången tages benen och allt odugligt bort, hvarpå köttet skares i skifvor. En kastrull sattes på elden med ett stycke smör och en näfve hvetemjöl. När detta börjat fräsa, spädes det med den buljong som hufvudet kokat i. När såsen har kokt ilägges köttet, litet salt och hvitpeppar, och man gifver det smak med sherry eller madeiravin.

Kalfstek.

Ur ett tjockt kalflår skares skifvor på tvären; de bultas och öfverströs med litet peppar och salt. Man fräser smör i en stekpanna på stark eld, lägger steken deri, att hastigt genomhettas på båda sidor, hvarpå den med smöret lägges i en annan panna, och då alla skifvorna på detta sätt äro stekta, hälles allt smöret tillbaka i pannan och fräses med en nypa mjöl. En slef stark buljong och några droppar soja slås dertill, vispas väl och hålles

Stewed calfs head.

Scald a calfs head, cut it in two, clean well and let it boil until it gets soft. Remove and separate all bones and other matter that cannot be used and cut the meat into slices. Put a pan on the fire with water, in which you stir a handful flour and an egg. Pour on it the bouillon made by boiling the head. When the gravy is done you put the meat in it together with some salt, pepper and sherry wine to give it more flavor.

Veal steak.

Cut some slices from a thick calfs leg. Pound them well and strew some salt and pepper over them. Melt a little butter in a frying pan over a hot fire, put the veal in the pan and let it heat through quickly on both sides. Then place the veal with the butter in another pan, and when all the slices are done in this way, pour the butter back in the pan together with a pinch of flour. A spoon of strong beef stock and a few drops soy are added thereto;

straxt öfver biffen på varm karott,
samt serveras till ägg eller grönt.

beat and pour over the veal on a
warm dish. It is served with eggs
or greens.

Kotletter af kalf.

Veal cutlets.

Sedan kotletterna blifvit skurna
så, att ett ben kvarsitter vid hvarje,
formeras köttet rundt och hackas
öfver med en knif (men ej med
den hvassa sidan); derefter beströs
de med salt och peppar, och kunna
på så sätt hålla sig ett par dagar.
Når de skola nyttjas, doppas de
i skirdt smör, vältras i rifvebröd
som år blandadt med finhackad
persilja, stekas i tackjerns-panna
och serveras till grönsaker eller
stekt potatis.

When the cutlets are cut so that
one bone remains with each piece,
the meat is made into a round
shape and chopped across with
the dull side of the knife. Then
they are sprinkled with salt and
pepper. In this state they can be
kept two days. When ready to eat,
dip them in melted butter, roll in
bread crumbs mixed with chopped
parsley, and fry in cast iron pan.
Serve with vegetables.

Glacerade kotletter.

Glazed cutlets.

Dessa tillredas på samma sätt som
de föregående, och stekas på en
het kopparplåt, eller i en tackjerns-
panna; med mycket häftig värme
och blott några minuter före
anrättningen. Som de tagas från
plåten, doppas de uti en varm
köttsky, som man förut har till-
reds, läggas som en krans omkring
fatet eller karotten, tillika med
champignoner, eller hvad grönt
man behagar.

These are prepared as the
preceding, and are fried on a
hot copper plate or cast iron pan
with very strong heat just a few
moments before serving. When
taken from the frying pan they
are dipped in warm meat juice
and placed in a wreath around the
plate with mushrooms or greens.

FÅR OCH LAM.

Anmärkning. Fårköttet bör alltid vara rätt fett, och fettet åter bör vara klart, hårdt och hvitt. Om det är gult, så är köttet gammalt och bör då förkastas. Den magra delen af ett fett får är saftigt och mört och dess färg är mörkröd. Ju längre köttet tillätes hänga innan det kokas, desto mörare blir det. Om man tvättar köttet med ättika hvar dag och derpå låter det torka, så håller det sig länge. Om sommaren kan man hålla flugorna borta från köttet genom att gnida det med peppar och ingefära. För en roast utser man skuldran eller låret, för kokning läggen, och för stufning sidorna.

Fårstek med ris.

Hacka till tärningar stycken af kallt fårkött, lägg en kopp kalla, kokta risgryn till hvarje kopp af det hackade köttet. Smörj en såspanna väl, häll deri något vatten, lägg sedan i köttet och risgrynen och omrör medan det upphettas, då två lindrigt vispade ägg iläggas, hvarpå åter röres medan det kokar. Beströ rätten med peppar och salt.

MUTTON AND LAMB.

Remarks. Mutton should always be quite fat. The fat should be clean, hard and white. If it is yellow the meat is old and should not be used. The lean part of a fat sheep is soft and tender, with a dark red color. The longer the meat is allowed to hang before cooking the more tender it gets. Mutton can be preserved by washing daily with vinegar. During summer flies are kept away from the meat by rubbing pepper and ginger into it. For a roast select from the shoulder or thigh, for cooking take the shanks or for stew the breast.

Roast mutton with rice.

Dice pieces of cold mutton, add one cup of cold boiled rice to each cup of meat. Butter a sauce pan well, pour in a little water, add the mutton and rice, and stir until hot. Then pour in two eggs, slightly beaten, and stir until cooked. Sprinkle with pepper and salt.

Kokadt fårkött.

I en stor gryta med kokande vatten lägger man en näfve salt. Utse en fårlägg med hårdt, klart, hvitt fett. Tvätta den och in-gnid salt i hvarje del deraf. Om ni önskar den halfrå eller deromkring, kokas den två timmar, annars tre timmar eller längre. Sås beredes af en pintvarm mjölk med en handfull mjöl iblandadt, samt smör, salt, peppar och två téskedar kapris. Servera a värmda tallrickar.

Boiled mutton.

Put a handful of salt into a large pot of boiling water. Select a leg of mutton, with the fat clear and white; wash it and rub salt into every part. If desired rare, cook two hours; if well done three hours or more. Make sauce out of a pint of hot milk thickened with flour; add butter, salt, pepper and two teaspoons of capers. Serve on hot plates.

Lamfötter med gulsås.

Skålla fötterna och lägg dem i vatten några timmar. Sedan kokas de med salt, lök och peppar. När de är mjuka, upptagas de; de större benen borttagas och fötterna skäras i tvä delar. Nu göres sås af fräst smör och mjölk, som späds med det spad, hvari fötterna kokat. Tre ägg vispas med två skedblad kryddättika och litet salt, som slås i såsen.

Lamb feet with yellow sauce.

Scald the feet and put them in water for a few hours. Boil them with salt, onion and pepper, when soft take them up. Pick away the large bones and cut the feet in two parts, make sauce of melted butter and flour, thinned with the water wherein the feet have boiled. Beat two eggs with two tablespoonfuls of vinegar and a little salt, which all add to the sauce.

Lamfrikasse.

Bringan eller bogen knäckes, sköljes och kokas i litet vatten. När köttet kännes kokt, upptages det

Mutton Fricassee.

Break the breast or loin of a lamb, clean and boil in a little water. When the meat seems to

och skares i små stycken. Sedan göres en sås af sammanträst smör och mjöl, hvarpå spädes af den bouillon, i hvilken köttet kokat; dertill kom-mer litet socker, salt och det rifna skalet af en citron; saften af citronen klämmes deruti, hvarjemte några förvällda och i smör frästa murklor tilläggas, och sist ilägges det skurna köttet. När detta har kokt upp, ivispas 3 äggulor och ett skedblad söt grädde samt omskakas varsamt, men får ej koka, ty då skär det sig. Frikassen garneras med stekta bröd-cretonger eller med små, trekantiga smörbakelser.

be cooked, take it up and cut in small pieces. Then make a sauce of butter and flour fried together, to which add some of the bouillon from the meat. Add some sugar, salt and the grated rind of a lemon; squeeze the juice of the lemon into the sauce also; add mushrooms fried in butter and lastly the meat. When brought to boiling, beat three yolks of eggs and a tablespoon cream, but see that it does not boil, as it then is apt to curdle. Garnish the fricasse with roasted bread or pastry.

Lamkotletter.

Rulla dem i salt och peppar uti en stekpanna. Betäck dem och låt dem steka fem minuter, vänd blott en gång. Doppa dem sedan i ett vispadt ägg, och derpå i brödsmulor. Stek tills de blifva bruna på båda sidorna.

Mutton chops.

Roll them in salt and pepper, put in a frying pan; cover them and fry for five minutes, turning but once. Then dip in a well beaten egg, and then in cracker or bread crumbs. Fry until brown on both sides.

Griljeradt lamhufvud.

Ett väl skålladt lamhufvud klyfves midt itu och lägges i vatten öfver natten, så att allt blod blifver väl utdraget. Det kokas i salt vatten

Broiled lamb's head.

A well scalded lamb's head is cut in two and placed in water overnight, so that all the blood is drawn out. Boil in salted water

tills köttet kännes mört och benen lossna. Sedan upptages det, och alla benen borttagas samt putsas och skrädeö väl; allt det hvita skinnet borttages tillika med öronen och det odugliga af ögonen. Det upplägges på ett fat, peppras och saltas. Sedan det väl kallnat, doppas det i vispade ägg och vältras i rifve-bröd samt stekes gulbrunt i smör eller godt flott uti en tackjerns-panna.

until the meat feels tender. Take up the meat and remove all the bones, all the white skin, as well as the ears, and remove everything else you can not use. Put the good parts in a large plate, add salt and pepper. When cool, dip them in beaten eggs and roll them in bread crumbs. Then fry them brown in butter or lard.

Lam-paj med potatis.

Hacka kallt lamkött med litet lök, salt och peppar, gör sås nog att få det saftigt och tillägg något kapris. Lägg det i en med smör smörd puddingform och sprid stött potatis öfver det; insatt det sedan i ugnen. När det blifvit riktigt hett, strykes en bit smör öfver ytan. Stekes till det blir brunt.

Mutton and potato pie.

Mince cold mutton with a little onion, salt and pepper, and put in gravy enough to make it quite moist, also a few capers. Put it into a buttered puddingdish, spread the top with mashed potato, and set in the oven. When very hot, rub a piece of butter over the top, and brown in the oven.

FLÄSKRÄTTER.

PORK.

Anmärkning. Man måste vara mycket noga vid valet af fläsk. Både den feta och magra delen bör vara mycket hvit och svålen slät och kall att taga på.

Remarks. Be very particular in the selection of pork. Both the fat part and the lean one ought to be very white, and the rind smooth and cold to the touch.

Mutton pie

Fläsk-kotletter.

Man steker dem vanligtvis, men om de halstras sä skär man bort det mesta fettet samt den magra delen tre tum från tilländan. Låt dem nu riktigt genomhettas, under det att man ofta vänder dem. Lägg dem sedan på en het tallrick, peppra och salta, och om allt fett förut borttagits, så begagna smör till dem. De serveras med palsternackor omkring tallrickskanterna.

Refbenspjell.

Skär bort de grofva ändarne, bräck refbenen i midten, gnid dem med salt och peppar, vik dem i hop och fyll mellanrummet med tre skedar brödsmulor, finhackad lök och litet salvia (sage). Sy ihop och lägg i pannan med en pint vatten der refbenet ofta öfvergjutes med det urstekta fettet. Vänd en gång, så att båda sidorna blifva stekta och få en rik brun färg.

Kokad skinka.

Anmärkning. Den bästa skinkan har tunnt skinn med fast fett, samt ett litet, kort ben som afta-ger mot ändan; dess vigt bör vara från

Pork chops.

Pork chops are usually fried, but if broiled, trim off most of the fat, and the meat for three inches from the small end, neatly. Cook them thoroughly through, turning frequently; put on a hot platter, salt, pepper, and if most of the fat has been removed, butter them. Garnish the platter with sprigs of parsley around the edge.

Roasted ribs.

After trimming off the rough ends crack the ribs through the middle, rub with salt and pepper, fold over where cracked, and stuff with three teaspoons of bread crumbs, chopped onions and a little sage. Sew up tightly, put in the dripping-pan with a pint of water, baste frequently, turning once, so as to bake both sides evenly, until a rich brown.

Boiled ham.

Remarks. The best ham always has a thin skin, the fatty part being firm, a small short bone, thinning out toward the end. The weight

åtta till femton pounds. Pröfva skinkan med att ränna en knif längs köttsidan tätt till benet. Om knifven utkommer ren, så ar skinkan god; är den smörjig, så är den osund eller "tainted" som det heter på engelska. Man tager ett stycke skinka i storlek efter behag, häller kokande vatten öfver den, later sedan detta svalna, så att man kan rengöra stycket. Lägges sedan i en renskurad panna eller gryta med kallt vatten nog att betäcka. När det börjar koka placerar man det på spiselns bakre del för att der sjuda några timmar eller till dess att det blifvit mört. Var noga med att icke låta vattnet koka hårdt. Skinkan bör vändas ett par gånger under kokningen. När det är färdigkokt placeras det i en stor tennpanna der skinnet aftages. Doppa händerna i kallt vatten, tag skinnet emellan tummen och fingrarne och drag neråt från knotan. Sätt det sedan i en varm ugn med magra sidan neråtvänd; om ni nu så önskar kan ni strö bröd deröfver och låta steka en timmes tid. Derigenom utpressas fettet och skinkan blir bättre.

should be from eight to fifteen pounds. Test by running a knife along the lean part close to the bone; if the knife remains clean the ham is good, if greasy it is unsound or tainted.

Take a ham, say of ten to twelve pounds, pour boiling water over it, and let it cool enough to wash and scrape it clean. Put it in a perfectly clean boiler, with cold water to cover it; bring it to the boiling point, then place it on the back part of the stove or range to simmer steadily six or seven hours, or until it is tender, test it with a fork. Be careful to keep the water at a low boiling point, and do not allow it to get much above it. If not suspended in the pot, (the better way) the ham should be turned once or twice in the water. When done, place in a large pan to skin; dip the hands in cold water, take the skin between finger and thumb, and pull downward from the knuckle. Set it in a moderate oven, placing the lean side downward; and if you wish it breaded, sift powdered crackers over it, and bake one hour. Baking brings out a great quantity of fat, leaving the meat more delicate, and the ham will keep much longer in warm weather.

Skinka a l'Anglaise.

Vattna ur skinkan, koka den i vatten, men så att den ej är alldeles fullkokt, låt den kallna, drag af svålen och öfverströ skinkan med rifvet bröd. Stryk vispade ägg deröfver, lägg den på en lång panna i ugnen och låt den nästan brynas; tag ut den, gör ett litet men djupt hål i köttet, töm ett glas madeira deruti och låt den sedan stå i ugnen 2½ timme. Vira ett utklippt papper om läggen och servera skinkan med sås af saften och litet madeira.

Ham a l'Anglaise.

Soak the ham, boil it in water, but not fully, leaving it a trifle rare. Then let it cool. Pull off the rind and cover the whole ham with bread crumbs, and then make a covering of beaten eggs. Thus prepared, put the ham in a pan and place it in the oven, and let it become almost brown. Then take it out and make a small but deep hole in the meat, fill with a glass of madeira wine, and let it remain in the oven two and a half hours. Wrap a paper around the leg and serve the ham with sauce made of meat juice and madeira wine.

Halstrad skinka.

Skär skinkan i skifvor lagom tjocka, lägg dem på ett hett halster och stek till dess att fettet utrinner och köttet är ljusbrunt. Aftag det från elden med knif och gaffel och släpp det i en panna full af kallt vatten. Lägg det åter på halstret, gör om detta flera gånger till dess att skinkan är färdig. Lägg den nu på en het tallrick och bred smör öfver för att genast servera. Om skinkan är för fet, boriskäres en del. Det år mycket svårt att halstra skinka utan att bränna fettet, men detta försämrar icke smaken. Salta

Broiled ham.

Cut the ham in slices of medium thickness, place on a hot gridiron, and broil until the fat readily flows out and the meat is slightly browned. Take it from the gridiron with a knife and fork, and drop into a pan of cold water, then return again to the gridiron; repeat several times, and the ham is done. Place on a hot platter, spread it with sufficient butter, and serve quickly. If the ham is too fat, trim off a part. It is very difficult to broil ham without burning the fat, but this does not impair the flavor.

fläskskifvor kunna beredas på samma sätt.

Slices of salt-pork or bacon may also be cooked in same way.

Fläskkotletter pä svenskt sätt.

Dessa kotletter sitta bredvid ryggen på svinet. Man hugger sidobenen så långa som man vill hafva kotletterna stora till ett ben för hvarje kotlett. Sedan bultas de väl och beströs med peppar och salt på båda sidor, hvarefter de få ligga så en timme och stekas sedan i panna eller halster. De ätas med brynt surkål eller macaroni.

Pork chops the Swedish way.

These chops are taken from the side of the back of the pig. Cut them in size according to desire, one bone for each chop. Pound them and put salt and pepper on both sides. Leave them thus an hour. Fry in a pan or on gridiron. Serve with browned cabbage or macaroni.

Pork chops ∨

TREDJE AFDELNINGEN.

Part Three.

FÅGEL OCH VILDT.

POULTRY AND GAME.

Stekta kycklingar.

Klyf dem på längden, lägg dem i vatten för en half timme, torka dem väl. Lägg dem i en panna med bensidan ner, utan vatten; om ugnen är het och kycklingarne äro unga, böra de vara stekta på en half timme. Tag dem ut och kryd da med salt och peppar samt smör. Lägg dem nu tätt på hvarandra i en panna kokande vatten.

Fried chickens.

Split them lengthwise, soak for half an hour in cold water, wipe perfectly dry, and put in a dripping pan, bone side down, without any water. If the oven is hot and the chickens young, they should be done in half an hour. Take out and season with salt, pepper and some butter. Then let them boil in a pan of water, wherein they lie placed close on top of each other.

Stekta höns med palster-nackor.

Tvätta och sönderskär några palsternackor; koka dem i 20 minuter. Tag en kyckling eller höna, öppna dess rygg, lägg i en stekpanna, skinnsidan upp, lägg palsternackor deromkring, beströ med salt och peppar samt en smörklimp så stor som ett agg eller några fläskbitar.

Baked chickens with parsnips.

Wash, scrape and quarter a few parsnips; parboil for twenty minutes. Prepare a young chicken by splitting open at back; place in a dripping pan, the skin side up, lay parsnips around the chicken, sprinkle with salt and pepper and add an eggsized lump of butter, or two or three

Häll vatten i pannan att förhindra vidbränning och låt steka i ugn tills både höns och palsternackor är bruna. Servera kycklingarne på ett särskildt fat; hall säsen öfver palsternackorna.

Frikasse på höns.

Hönsen plockas, urtagas och tvättas val; hvarefter de sättas på elden att koka i vatten, hvaruti lägges litet salt. Vid första uppkokningen skummas det väl, och derefter pålägges en bit krossad ingefära, några skrapade och sköljda persiljerötter samt litet kryddpeppar. Smör och mjöl sättes på elden att fräsa och uppvispas med hönsbouillonen, hvaruti kramas litet saft af en citron, för att gifva det god smak; derefter uppvispas ett par äggulor med litet söt grädde, och slutligen vispas detta deruti. Hönsen sönderhuggas i vackra bitar och läggas i såsen; alltsammans omskakas väl, men får ej koka.

På annat sätt.

Lägg hönan, väl rensad, med skinnsidan ned i litet vatten, som bringas upp till kokning. Krydda med peppar, salt och lökskifvor.

nice pieces of pickled pork. Put enough water in the pan to prevent burning, place in oven and bake until both the chickens and parsnips are done a delicate brown. Serve the chicken separately on a platter, pouring the gravy in the pan over the parsnips.

Fricasseed chickens.

When the chickens are all cleaned and prepared, let them boil a little in salted water. Skim well and put in a little ginger, a few roots of parsley and also some pepper. Put some butter and flour on the fire, to be beaten together with the chicken bouillon, into which squeeze some juice of lemon. Beat two yolks of egg with sweet cream and add that to the other, cut the chickens in nice pieces and put them in the sauce. Shake well but do not boil.

In another way.

Place the well-cleaned chicken, skin side down, in a small quantity of water; season with pepper and salt, also slices of onion if liked. Stew

Låt det koka tills det blifvit mört. Tag upp hönan och islå en half pint mjölk eller grädde för såsen; låt koka några minuter. Lägg i litet hackad persilja och servera. Man kan också pålägga litet hvit selleri från den nedre delen af stjelken.

gently until tender, remove the chicken, and add half a pint of milk or cream to the gravy; thicken with butter and flour rubbed smoothly together in a little of the gravy. Let it boil a few minutes. Add a little chopped parsley, and serve. A few slices of clear white celery from the bottom of the stalk may be added, if that flavor is enjoyable.

Persiljekyckling.

Sedan kycklingarne är oplockade, urtagna och sköljda, skäras de i fyra eller flera delar, allt som de är stora till; derefter nedläggas de i en väl lyckt förtennd kastrull hvarftals med smör, plockad persilja, en nypa sammanblandadt salt och hvit-peppar samt ett skedblad mjöl eller rifvet bröd. Då allt detta är nedlagt, påhälles en pint kalf- eller hönsbuljong, hvarmed kycklingarne få koka, tills de kännes möra, hvarefter de upptagas och såsen vispas öfver elden. Om den ändå skulle vara för tunn, invispas en eller två äggulor, hvarefter sä sen hålles öfver kycklingarne som garneras med i trekant skurna hvetebrödsskifvor, stekta i skiradt smör.

Parsley chicken.

When the chickens have been picked and washed, cut them in four or more parts, according to their size; then put them in a well tinned kettle (tightly covered), together with butter, parsley, a pinch of salt, some white pepper, and a spoonful flour or bread crumbs. These things are to be laid in layers alternately with the chickens. Over it all pour a pint of chicken or veal bouillon, and boil until the chickens feel tender. Then take out. Stir the sauce over the fire; if too thin, add two yolks of eggs. Finally pour the sauce over the chicken and garnish with slices of bread cut in triangular form and fried in butter.

Kyckling med champignoner.

Fullväxta kycklingar sönderskäras och fräsas öfver frisk eld i smör med hackade champignoner, litet peppar och salt. Brynes lätt på alla sidor. Sedan tillsättes mjöl och buljong så att det blir en tjock sås. Efter några minuters fräsning uppläggas kycklingarne på ett varmt fat. Såsen redes medäggulor; några droppar cition-essens ihälles och såsen slås med champignonera öfver kycklingarne.

Höns med lök.

Ett höns styckas och lägges i en kastrull sedan blodet tillvaratagits med ett ounce smör, litet peppar och salt. Brynes lätt, beströs med mjöl och omröres några minuter. En quart buljong tillsättes jemte en pint rödt vin. Tolf ounces förväld spansk lök, drifven genom sikt, samt en kryddqvast tillsättes. Efter en halftimmes kokning iläggas 15 små brynta champignoner i smör och litet citronsaft, hvarefter såsen afredes under vispning med det tillvaratagna hönsblodet. Hönset upplägges och såsen slås öfver.

Chicken with champignons.

Take some fullgrown chickens, cut them and fry them slightly over a brisk fire in butter and champignons, pepper and salt. See that they are a little brown on all sides. Add flour and bouillon, making a pretty thick sauce. When they have fried a few minutes, put up the chickens on a warm platter. The sauce is finished with yolks of eggs; also pour in it a few drops of lemon essence, and then pour the sauce and the champignons over the chickens.

Chickens with onions.

Cut a chicken in pieces and put in a kettle, but preserve the blood in a vessel, boil with pepper and salt. Let it brown lightly. Sprinkle with flour and stir a few minutes. Add a quart bouillon and a pint of red wine. Force twelve ounces Spanish onions through a sieve; add that with spices. Thirty minutes later add fifteen small champignons, browned in butter, and a little lemon juice. Thicken the sauce with the blood set aside for this purpose, and pour the sauce over the chicken.

Chicken pie

Kycklingpaj.

Stycka två kycklingar i nog vatten att öfvertäcka dem och slå på mer vatten i den mån det kokar bort, så att det blir nog öfver för pajen samt för såsen. Låt koka tills det blifvit mört. Tag en gallon-gryta och bestryk sidorna med godt baking powder eller soda biscuit deg en fjerdedels tum tjockt; ilägg nu en del af kycklingarne, krydda med salt och peppar samt smör. Vidare pålägges något deg, derpå den öfriga delen af kycklingarne som kryddas liksom förut. Några vispade ägg eller några färska potäter sommartiden kunna också användas. Nu tages det vatten, hvari kycklingarne kokat jemte smör, salt och peppar; en del deraf slås på pajen och öfvertäckes med den formade skorpan, som hoprullats till en tjocklek af en fjerdedels tum med ett hål i midten så stort som en tékopp. Fortsätt med att slå spadet deröfver, emedan man icke kan få för mycket sås. Baka det en timme i en lagom het ugn. Om man tycker om selleri, kan en del af stjelkens nedre del iläggas med degskifvorna. I så fall garnerar man pajens topp med små ljusa selleriblad, nätt ordnade i en rundel.

Chicken pie.

Cut up two young chickens, and place in hot water enough to cover them, and as the water boils out add more, so as to have enough for the pie, and also for a gravy to serve with it. Boil until tender. Line the sides of a four or six-quart pan with a rich baking powder or soda-biscuit dough a quarter inch thick, put in part of the chicken, season with salt, pepper and butter. Lay on a few thin strips or squares of dough, add the rest of the chicken and season as before. Five or six fresh eggs beaten, or a few new potatoes in their season, may be also added. Take the liquor in which the chicken was boiled, with butter, salt and pepper, add part of it to the pie, and cover with the crust rolled a quarter inch thick, with a hole in the center the size of a teacup. Keep adding the broth as needed, and generously, as there cannot be too much of the gravy. Bake about an hour in a moderately heated oven. If the flavor of celery is enjoyed, a few inside layers or slices of the bottom of the stalk may be put in with the strips of dough. In that case, garnish the top of the pie with small, bright celery leaves, neatly arranged in a circle.

A la daube på gås.

När gåsen är rengjord och urtagen, knäckas vingar, hals och lår, och man lägger så väl gåsen (som krås, hjerta, lefver, vingar, hals och lår) uti friskt vatten i sex timmar, tillika med 4 skållade kalf-fötter. Sedan ställes allt detta på elden att koka i friskt vatten med en näfve salt. När detta uppkokar, skummas det väl. Derefter pålägges en bit krossad ingefära, nejlikor, lagerblad, timjan samt persiljerötter; litet franskt vin eller ättika tillsattes. Det får koka sakta, tills gåsen kännes kokt, då den upptages och ställes att kallna, men kalf-fötterna med det öfriga får koka tills det går sönder och spadet blifver lagom ihopkokt, så att det räcker till dauben. Sedan uppsilas det, ställes att kallna, och allt det feta afskummas. Garnera med lagerbärsblad, rödbetor och hårdkokta ägg.

Stekt gåslefver.

Gåslefvern skäres i skifvor, hvilka beströs med mjöl och salt, doppas i vispadt ägg, rullas i rifvebröd, stekes i smör och serveras.

Goose a la daube.

When the goose is cleaned, break the wings, the neck and the upper part of the legs. Put all of the fowl (heart, liver, etc) in fresh water to remain for six hours; also in the same water, four scalded calfs feet. Then put all on the fire to boil with a little salt. Skim when boiling. Then add a piece of ginger, a few bay leaves, some cloves and roots of parsley; also, French wine and vinegar. Boil until the goose seems tender; then take it up and let it cool, but let the calfs feet and the other parts of the fowl boil until they fall to pieces and the water becomes thick enough for the daube. Take up and strain it and let it cool, then skim off the fat. Garnish the daube with bay leaves, red beets and hard boiled eggs.

Goose liver fried.

Cut the goose liver in slices, sprinkled with flour and salt, then dip them in beaten eggs, roll them in crumbs of bread, fry in butter and serve.

Gås med rofvor.

Sedan gåsen blifvit plockad, urtagen och tvättad, kokas den hel med buljong eller vatten. Under tiden brynas rofvor i smör tills de blifva gulbruna. Smör fräses med litet mjöl, buljongen som gåsen kokat uti, tillspädes; såsen gifves färg med litet soja (Worcestershire sauce). Gåsen uppläses på ett djupt fat, garneras med rofvorna, såsen slås deröfver och rätten serveras.

Goose with turnips.

Pick the goose, take out the insides and wash it well. Boil it whole in water or some bouillon. Meanwhile brown some turnips in butter. Then melt a little butter together with some flour, to which add a part of the bouillon or water wherein the goose has boiled. Color the sauce with some worcester sauce. Put the goose in a deep dish, garnish it with the turnips, pour the sauce over it and serve.

Gås med pepparrot.

En gås svedes, förvälles, urtages, rengöres och kokas i vatten nog att öfvertäcka gåsen. Upptages och saltas. Såsen silas, kokas med något rifvebröd, socker och två matskedar pepparrot och afredes med tre ägg-gulor och litet grädde. Serveras hel eller skuren i skifvor med såsen i fatet eller särskild skål.

Goose with horse radish.

Take a goose, pass it over a hot fire, scald it, free it from the inside, boil it in enough water to cover it in the kettle. Take up and salt it. Strain the gravy and boil it with some grated bread, sugar and two tablespoons horse radish. Thicken with three yolks of egg and some cream. Serve whole or cut in slices with the sauce in the platter or in separate dish.

Stekt anka.

En anka plockas, urtages och sköljes väl; hufvud och fötter

Baked duck.

Take a duck. Pick it, remove the inside, clean well, and cut off the

borttages. Smör sättes på elden att fräsa, hvarefter ankan ilägges jemte litet salt. Under stekningen ser man noga efter, att ankan ej blir för mycket stekt utan endast mör, hvilket bäst kännes, om låren lossna lätt från sulan. Upplägges, när den är färdig, och såsen uppvispas med litet mjöl och buljong, sedan först det feta väl afskummats. Skulle såsen icke vara nog brun, kan litet köttspad iläggas, hvarefter den silas. Ankan serveras med sin egen sås jemte salad.

Anka med oliver.

En ung anka behandlas som i föregående nummer, men när såsen är färdig ilägges rensade och hackade oliver. Såsen får ej koka, utan blott puttra en stund. Ankan hugges i bitar, som upplägges på fatet och skalade oliver läggas i små grupper deromkring. Skumma fettet och vispa väl.

Kalkon, tryfferad på franskt sätt.

På en kalkon om 7 eller 8 pounds vigt uttages allt innanmätet, hvarefter den torkas med en ren handduk, men sköljes ej. Sedan tager man 5 pounds kött af en

head and feet. Put some butter on the fire to melt, put the duck into it with some salt. While frying, see that it does not fry too hard, only enough to make the meat tender, which you can determine when the legs loosen from the side. Take up when done, and then prepare the sauce with a little flour and bouillon, from which the fat is skimmed. If the sauce is not brown enough, add some meat juice and strain. Serve with some salad if desired.

Duck with olives.

Take a young duck and treat as above. When the sauce is ready, add some cleaned and chopped olives. The sauce must not boil, only simmer a while. Cut the duck in pieces and put on the dish with peeled olives around the edges. Skim the fat from the sauce and whisk it well.

Turkey stuffed in French manner.

Remove from a turkey weighing from seven to eight pounds all the inside matter; then dry it with a clean towel, but use no hot water. Take five pounds of meat from

tjurkalf, hvilket skrapas fritt från alla senor och hackas. Deruti blandas ett halft pound njurtalg, ett halft pound oxmärg och en liten burk tryffel. Denna färs arbetas tills den blifver fin och smidig, uppblandas med 3 ägg, salt och peppar efter smak, och ett vanligt vinglas fransysk konjak och arrak tillsamman. När allt detta är väl blandadt, fylles dermed der kräfvan har sutit; men öfverst på färsen, innanför skinnet, instoppas tryffelskifvor, som äro skurna tvärs öfver. På samma sätt fortfar man att fylla skrofvet. Sedan sys kalkonen väl ihop och barderas med stora fläskskifvor. Denna kalkon bör ligga så fylld 3 eller 4 dagar, så att den riktigt tager smak af tryffel. Den stekes helt lös och lemnas hel in på bordet. Erinras bör, att färsen sväller; hvadan man af den ej får ifylla för mycket.

Stekt kalkon på engelskt sätt.

Slagta kalkonen flera dagar före anrättningen och lat den hänga vid fötterna tills den användes. Gör den färdig för kokning på vanligt sätt. Fyll den med brödsmulor (men begagna icke brödkanterna) som vätts i smör och två ägg, och lägg sedan in salt, peppar, persilja,

a young steer calf, scrap away all cords and chop it. Mix the minced meat with half a pound of kidney lard, half a pound of ox marrow and a portion of stuffing. Work this for a while until it becomes fine and smooth; then add three eggs, salt and pepper to suit, and a wine glass of French brandy. Mix well again and fill with it that, part of the turkey where it had the crop, but on the uppermost part below the skin, put in slices of dressing. The stomach is tilled in the same manner. Next sew the turkey together and line it with large slices of pork. The turkey ought to lie filled in this way three or four days in order to get the taste of the stuffing in the meat. Roast it but slightly and put it whole on the table. Remember that the stuffing swells, hence, do not fill too much.

Roast turkey the English way.

Kill several days before cooking, and let it hang by the legs until used. Prepare in the usual manner; stuff with bread crumbs, rejecting the crust, rubbed fine, moistened with butter and two eggs, and seasoned with salt, pepper, parsley, sage and sweet marjoram. Sew up

salvia och söt mejram. Sy nu upp och ställ in i ugnen att stekas. Vänd den der och pålägg några smörklimpar sand peppar, salt och vatten. Upptag med en sked eller slef hvad som genom stekningen afdryper och slå det äter öfver kalkonen. När den är färdigstekt glaceras den med en ägghvita. Tag nu upp den, afhäll den största delen af fettet, tag det förut afliuggna kalkonkräset och vattnet, hvari det kokat, och afred detta med mjöl och smör sammangnidet. Omrör alltsammans i en panna och låt det koka. Servera med sellerísås och stufvade krusbär. Garnera med stekta ostron. Välj en kalkon, som väger ätta a tio pounds. Om kalkonen under stekningen blir för brun, så lägg hvitt papper bestruket med smör öfver den.

Stekt kalkon på amerikanskt sätt.

Bered kalkonen på vanligt sätt; gnid den både på in-och utsidan med salt och peppar, hvarefter den bor ombindas med snöre. Låt kalkonen koka i två timmar eller tills den börjar blifva mör. Under tiden bör locket som oftast lyftas och kalkonen lätt stänkas med salt. Sedan kalkonen kokat tillräckligt uttages den, snöret aftages, innanmaten

truss and place to roast in a rack within the dripping-pan. Spread with bits of butter, turn it and baste it frequently with butter, pepper, salt and water. A few minutes before it is done glaze over with the white of an egg. Take up the turkey, pour off most of the fat, add the chopped giblets and the water in which they were boiled, which thicken with flour and butter rubbed together. Stir all in the dripping pan, let it boil well, and serve in a gravy dish. Serve with celery-sauce and stewed gooseberries or cranberries. Garnish with fried oysters. Select a turkey of eight to ten pounds. If in roasting it is likely to brown too much, cover with a white paper, buttered.

Roast turkey the American way.

Dress and rub the turkey well, inside and out, with salt and pepper. Truss or twine it, put in a steamer and steam for two hours, or until it begins to grow tender, lifting the cover occasionally and sprinkling lightly with salt. Then take out, loosen the legs, and rub the inside again with salt and pepper. Make the stuffing as follows: Take a loaf

gnides igen med salt och peppar.
Fyllningen tillredes på följande
sätt: tag en bulle (loaf) gammalt
bröd, afskär kanterna, genomblöt
den i hett vatten och söndersmula
brödet, som sedan blandas med ett
halft pound smält smör, en tésked
salt och en dito peppar. Aftappa
vattnet från en quart goda ostron,
uppkoka det, skumma och hall det
öfver brödsmulorna, tillsammans
med den uppblötta brödkanten
samt ett par ägg. Blanda det väl
med händerna och islå litet mjölk,
om det är för torrt. Slutligen islås
de hela ostronen varsamt, så att de
ej brytas, hvarpå fyllningen söttes
i kalkonen (Det kan äfven ske på
så sätt att fyllningen och ostronen
hvarftals sättas i kalkonen tills
den blir full.) Sedan fyllningen
gjorts lägges en mjölad duk öfver
öppningarne, hvarpå kalkonen
åter tillsnöres eller hopsys. Den
bestrykes sedan med smör, salt
och peppar, lägges i en stekpanna
och sättes i en het ugn. Lägg i en
half pint vatten och låt steka i två
timmar. Öfvergjut ofta med varmt
vatten, smör, salt och peppar, som,
tillhandahålles i en särskild panna.
Vänd på kalkonen tills den blir
brun på alla sidor. Ungefår en half
timme förr än den är stekt bör
den öfvergjutas med smält smör.
Lägg sedan i pannan något mjöl,
hvilket gifver kalkonen. ett aptitligt

of stale bread, take off the crust and
soften it in a pan of boiling water;
drain off immediately and cover
closely; crumble the soft part of
the bread very fine, and add a half
pound melted butter, or more if to
be very rich, and a teaspoon each of
salt and pepper. Drain off the liquor
from a quart of nice oysters, bring
to a boil, skim and pour over the
bread crumbs, adding the soaked
crust and one or two eggs. Mix
thoroughly with your hands, and if
too dry moisten with a little milk;
lastly, add the oysters, being careful
not to break them, or first put in a
spoonful of stuffing and then three
or four oysters, and so on until the
turkey is filled, stuffing the breast
first. Flour a small cloth and place
over the openings, tying down with
twine. Spread the turkey all over
with butter, salt and pepper. Place
in a dripping-pan in a well heated
oven; add a half pint water, and
roast for two hours, basting often
with a little water, butter, salt and
pepper, kept warm in a tin placed
on the back of the stove. A swab is
better than a spoon to baste with.
Turn until nicely browned on all
sides, and about half an hour before
it is done, baste with butter alone
and dredge with a little flour, which
will give the turkey a frothy appear-
ance. When the turkey is dished, if
there is much fat in the pan, pour

utseende. Om mycket fett tinnes i pannan då kalkonen är färdig att serveras tager man det jemte kräset, som förut kokats mört och stufvar det till ungefär en pint. Lägg ett par skedblad mjöl (hälften brynt) i en pint-skål, blanda med grädde eller mjölk samt sedan med såsen. Låt det koka några minuter, hvarunder det oupphörligt bör omröras. Kalkon serveras med tranbär, kokta äpplen eller vinbär.

Dufvor a l'Anglaise.

Satt upp fyra dufvor, lägg dem i en kastrull, betäck dem med flaskskifvor, späd dem med kraftsoppa af höns. Lägg smordt papper öfver dem, sätt lock på kastrullen och låt dem koka tills de är möra. Stek ett stycke hvetebröd, som bör vara tre tum högt, två tum bredt nedtill och en tum upptill. Tillred blomkål, morötter och turkiska bönor såsom till garnering. Låt dufvorna rinna af, ställ brödstycket midt på fatet och res dufvorna deromkring, fyll mellanrummen med buketter af legymer. Ställ en krustad på toppen af brödpelaren och fyll den med turkiska bönor, ös beckamelsås på dufvorna, men ej så mycket att det rinner ned på legymerna, och servera samma sås till anrättningen.

off most of it and add the giblets, together with the water in which they have previously been cooked until tender. Now stewed down to about a pint, place one or two tablespoons flour (half of it browned flour) in a pint bowl, mix smooth in a little cream or milk, and add to the gravy in the pan. Boil several minutes, constantly stirring and pour into a gravy tureen. Serve with currant or apple jelly.

Doves a l'Anglaise.

Prepare four doves, put them in a kettle, cover them with pork slices, dilute with strong bouillon of chicken. Cover them with buttered paper, put the lid on and boil until they become tender. Fry a piece of wheat bread, which ought to be three inches high, two inches wide below and one inch at the top. Prepare cauliflower, carrots and Turkish beans, as if for garnishing. Drain the cloves, place the bread in the middle of the platter and arrange the doves on end around the bread, and fill the spaces between with the vegetables. Put a crustad on top of the bread pyramid and fill it with Turkish beans, pour Bechamel sauce on the doves, and serve.

Stekta dufvor.

Rengör dufvorna, hvarpå des toppas på samma sått som kycklingar. Fötterna böra ej afskäras. Dufvorna doppas i skållande hett vatten hvarpå skinnet aftages. De sammanbindas sedan öfver benen, hvarpå fötterna kunna afskäras. Hufvudet kan, om så önskas, qvar-lemnas. I så fall bör samma skållas och rengöras. Vingarne våndas bakåt, levern sättes mellan högra och hufvudet vändes mellan venstra vingen och kroppen. Dufvorna gnidas med blandad peppar och salt. Der-på stekas de, hvarunder vatten spädes i stekpannan. För livar dufva bör en klump smör isattas. Dufvor böra stekas i het ugn en half timme, samt ofta öfversköljas med vätskan de koka uti. Då de äro nära på färdiga iröres något hvetemjöl i pannan, hvarpå dufvorna åter böra öfversköljas, samt sedan vändas så att de blifva bruna på båda sidorna. Sedan de stekts tagas de upp, pannan sättes öfver elden, en tunn smet göres af en tésked hvetemjöl och kallt vatten. Då smeten kokat vispas den i pannan några minuter tills allt blir brunt hvarpå det hålles genom ett såll uti en såsskål samt serveras med dufvorna.

Roast pigeons.

Clean and stuff the pigeons in the same manner as chickens; leave the feet on, dip them into scalding water, strip off the skin, cross them and tie them together below the breastbone or cut them off. The head may remain on; if so, dip it in scalding water and pick it clean. Twist the wings back, put the liver between the right wing and the body and turn the head under the other; rub the outside of each bird with a mixture of pepper and salt; spit them and put some water in the dripping pan. For each bird add a bit of butter the size of a small egg, put them before a hot fire and let them roast quickly, basting frequently; in about half an hour they will be done. When nearly done, dredge them with wheat flour and baste with the butter in the pan; turn them, that they may be nicely and easily browned. When done take them up, set the pan over the fire, make a thin batter of a teaspoonful of wheat, flour and cold water; when the gravy is hot stir it in, continue to stir it for a few minutes until it is brown, then run it through a gravy sieve into a tureen and serve with the pigeons.

Dufvor på spett.

Bröstskinnen, helst på unga dufvor, afdragas; dufvorna ingnidas med fint salt och omlindas med fläskskifvor som lindas med segelgarn. Klor, hals och vingar borttages dessförinnan. De uppträdas i rad på spettet och få stekas ungefär fem minuter framför frisk eld. Öfverhälles med skiradt smör när de läggas på fatet, som bör vara varmt. Segelgarnel borttages men fläsket får sitta qvar. Skäras itu långs efter. Tillsmöret i fatet slås litet stark sky. Servera med någon legym.

Pigeons on the spit.

The breast skin, especially on young pigeons, should be removed. The pigeons rubbed with fine salt and tied around with slices of pork, as shown on cut, whereupon they should be put on the spit to roast for about five minutes before a brisk fire. Put them on a warm plate and pour melted butter over them. Remove the string but not the pork. Slice the pigeons in two lengthwise. To the butter in the plate add a little Worcestershire sauce. Serve with greens.

Oysters in the shell Λ

FJERDE AFDELNINGEN.
Part Four.

FISKRÄTTER OCH OSTRON.

Anmärkning. När fisken är färsk och god, äro ögonen all tid fulla och klara, fenorna äro klarröda och kroppen styf, lukten icke oangenäm. Laxens smak och aptitlighet beror isynnerhet på färskheten. Gammal makrill, d. v.s. icke fullkomligt färsk sådan är så godt som oduglig. All större fisk kokas vanligtvis, medelstor fisk kokas eller halstras, liten fisk stekes, mycket stor fisk skäres i skifvor för kokning eller ugnstek-ning. Fisk är mindre närande än kött, med undantag af lax. Hvit fisk är minst närande, den feta mest hård-smält. All fisk bör kokas eller stekas väl och serveras varm.

Gädda med pepparrot.

Gäddan fjällas och rensas väl, men aktas att den ej gallspränges, skäres sedan i stycken och

FISH AND OYSTERS.

Remarks. When the fish is fresh and good, the eyes are always full, protruding and clear, while the fins are of a clear red, the body stiff, and the smell not disagreeable. Salmon, especially, ought to be fresh in order to be palatable. Mackerel that is not perfectly fresh, is of no use. All large fish are generally boiled, medium size fish are boiled or broiled, while small fish are best fried, very large fish are cut in slices for boiling or baking in the oven. Fish is less nutritious than meat, excepting salmon. White fish is the least nutritious, fat fish the hardest to digest. All fish ought to be well cooked and served warm.

Pike with horse radish.

Select a good sized pike, scale and rinse, but take care not to cut the gall. Divide in pieces and boil in

sköljes. Koka den i en kastrull med litet vatten, samt salt, peppar och lagerbärsblad. Gäddan är kokt, när fenorna börja lossna. Serveras med skirdt smör och rifven pepparrot.

a pan with salt, pepper and a few bay leaves. The fish is done when the fins fall off. Serve with melted butter and grated horse radish.

Gädda med persilja.

Gäddor vägande från tre till fyra pounds utses, emedan de större icke äro så goda. Fjälla, fläk och

Pike with parsley.

Select a pike weighing no more than three or four pounds, as fish of larger size are not as good.

Baked pike

uttag benen. Om gäddorna äro små, kunna de skäras i bitar. Koka i en kastrull smord med kallt smör. Beströ fisken med litet mjöl, blott nog att göra den fast. Härtill lagges nu fint hackad persilja samt några citronskifvor hvilka borttagas vid serveringen. Kastrullen skakas ofta under kokningen.

Scale, split and bone. If the pike is smaller, cut it instead of splitting. Cook in a pan buttered with cold butter. Sprinkle some flour on the fish, no more than to thicken the surface a little. Add parsley finely chopped, a few slices of lemon, which are removed before serving. Shake the pan often while cooking.

Stekt gädda.

Gäddan fläkes, rengöres och benas, hvarpå den skares i bitar, hvilka skåras och saltas. Får ligga så en timme. Sedan klappas den upp i en handduk tills den blir torr. Två a tre ägg vispas i mjölk; deri läggas fisk-styckena, som sedan vältras i rifvebröd och mjöl för att derpå stekas.

Baked pike.

Take away all bones; cut the pike in pieces and salt. Let them stand an hour. Then dry in a towel. Beat three eggs in as much milk, put the fish pieces into it and next roll them in grated bread mixed with flour, whereupon it is ready for frying.

Lax a la Chambord.

Laxen beredes för kokning på vanligt sätt. Sedan låtes den af-rinna, hvarefter skinnet försigtigt aftages. Fisken torkas, glaceras med fiskgelé och sedan pålägges fyra fileter. Smala bitar af gös, laxöring eller flundra, hvilka fästas med litet fiskfärs och beläggas med smöradt papper. Sedan insättes laxen i ugnen tills fileterna blifva

Salmon a la Chambord.

Prepare the salmon as for common cooking. Let the water run off, then remove the skin carefully. Dry the salmon and make it glossy with fish jelly. Next put on it four pike fillets or such of trout, and fasten with some fish meat and cover with buttered paper. Now place it in the oven until the fillets are ready, when you remove the

färdiga. Da papperen borttagas och den upplägges på en sockel af ris samt prydes med fem kotletter af kräftor, tryffel och champignoner. En ragu af fiskfärs, frikadeller, karpmjölke, tryffel, champignoner och mager spansk sås sarnmankokad med essens af tryffel och champignoner slås på fatet och soc-keln döljes under små grupper af karpmjölke, fiskfrikadeller, kräftor och tryffel.

papers and put the salmon up on a short pillar of rice where you garnish it with five slices of crab meat, fish meat and champignons. Now make a ragout of fish, carp milt meat, champignons and spanish sauce; pour in the platter and hide the rice with small groups of carp milt, small meat balls and crabs.

Amerikansk ål.

Flå ålen, skär den midt itu på längden, tag bort ryggbenet och koka den med hvitt vin, salt, peppar, litet lök samt persiljeqvistar. Lägg den i lätt press da den är färdigkokt; skär den i vackra skifvor, doppa dessa i smält smör och halstra dem. Servera ålen med tjock sammankokt spansk sås, hvari peppar lagts.

American eel.

Flay the eel, cut it in two lengthwise. Remove the back bone and boil the eel in white wine, salt, pepper, some onion and a little parsley. Then put it under a slight pressure, cut it in nice slices, dip these in melted butter and broil them. Serve the eel with thick boiled Spanish sauce with pepper.

Stufvad lake med ostron.

Lägg den rensade laken i en kastrull med litet salt och några pepparkorn och låt den koka i sitt eget spad en liten stund. Under tiden tillvaratager man saften efter ostronen. Denna salt kokas 15 minuter för att sedananvändas till såsen. Färskt

Stewed turbot with oysters.

Clean the turbot and put it in a pan or kettle with some salt and pepper and let boil. Meanwhile boil some oysters. But boil the oyster water separately fifteen minutes for the sauce. Put some fresh butter and flour in a pan and

smör och mjöl lägges i en kastrull och uppvispas med det afsilade ostronspadet jemte spad af fisken. Nar såsen är färdig lägger man deride minsta ostronen medan man med de större garnerar fisken då den skall användas. Såsen syras med citronsaft.

Stekt nors.

Sedan fisken väl rensats, doppas den i ägg, salt, rifvebröd, hvarpå den stekes i flott eller smör. Serveras på fat med persilja och några citronskifvor.

Stufvade kräftstjertar.

Stora kräftor kokas och allt köttet uttages. En matsked godt smör fräses med en handfull hvetemjöl öfver elden och spädes under jemn vispning med söt grädde till en simmig sås, som afredes med 2 a 3 skedar grädde uppvispad med 2 a 3 ägg-gulor samt litet socker och muskotblomma. Kräftköttet ilägges och kastrullen omskakas väl och ställes öfver svag eld, der allt nu upphettas utan att koka. Serveras med små trekantiga smörbakelser.

beat together with the oyster water and a little of the water in which the fish has boiled. Now put the smallest oysters in the sauce, and garnish the fish with the largest when serving. The sauce should be flavored with lemon juice.

Fried smelts.

Clean, rinse and remove the bladder. Then dip in beaten eggs, to which some salt has been added. Next roll it in grated bread and fry in lard or butter. Serve with parsley and lemon slices.

Stewed crab tails.

Select big crabs, boil and take out the clean meat. Melt a tablespoon butter with a handful flour and, while heating, dilute with sweet cream until a sauce, not too thick, is obtained; to this add two or three tablespoons cream beaten with three yolks of eggs and also a little sugar and nutmeg. Now put the crab meat in and shake the pan well, boil over a low fire. Serve with small three cornered bits of pastry.

Gös med ostronsås.

Sedan fisken blifvit rengjord kokas den 12 minuter i buljong, upptages, får afrinna på en servet och serveras med ostron-sås.

Black bass with oyster sauce.

Prepare the fish in the usual way and boil ten or twelve minutes in strong bouillon. Take it up and let the bouillon run off, then serve with oyster sauce.

Filet a l'Orly.

Gör fileter af fisk omkring fyra tum långa och lägg dem i ett fat, hvarpå slås litet citronsaft, vatten, salt, peppar, skuren lök och persilja. Då fisken legat häri omkring en timme, lagges den uppå ett linne att afrinna, hvarefter den neddoppas i Beignetdeg och stekes i flottyr. Då fileterna blifvit gulbruna och hårda, tagas de upp, läggas på gråpapper och sedan å en servet å anrättningsfatet. Serveras med stekt persilja samt god ansjovis-sås.

Fillet a l'Orly.

Make fillets of fish about four inches long and put them on a platter; cover them now with lemon juice, water, salt, pepper, sliced onion and parsley. After an hour take up and place on a linen cloth for the water to run off; then dip in so called Beignet dough and fry in lard. When the fillets are brown, take them up and put them on paper and then on a napkin, placed over a platter. Serve with fried parsley.

Kokad aborre.

En mycket enkel anrättning. Fjälla, rensa, skölj och lägg i kokande vatten med salt och några qvistar persilja. Sedan beredes persilje- eller smörsås. Ätes med kokt potatis, helst råskalad.

Boiled perch.

When the fish are scaled and cleaned from the inside, boil in water with salt and a little parsley. Serve with boiled potatoes and parsley sauce or butter sauce.

Stockfisk-bullar.

Lägg fisken i varmt vatten tills den blifvit blöt. Skär den i småbitar, tag bort skinn och ben, lägg dem i kallt vatten och sätt på elden. När det börjat koka, ombytes vatten, hvarpå det åter får koka. Under tiden gör man stött potatis färdig med smör uti. Lägg nu hälften af fisken tillsammans med potatisen, medan båda äro riktigt varma, dermed blandas ett vispadt agg, hvarpå massan formas till bullar eller tjocka kakor, dem man steker i ister eller smör. Man kan också låta dem koka i flott.

Stufvad stockfisk.

Fisken bultas och vattenlagges thirty-six timmar, upptages, urbenas och sönderplockas. Förvälles och upptages när den blifvit mör. Fräs tillsammans en näfve mjöl och ett stycke smör i en kastrull, derpå så mycket mjölk att man får en simmig sås. När den kokar ilägges fisken, hvarjemte man kan tillsätta potatis eller sönderskurna morötter. Kokas med peppar och salt.

Codfish balls.

Soak codfish, cut in small pieces, about an hour, in lukewarm water. Remove the skin and bones, put in cold water and place on stove. When it boils change the water and let it boil again. Have ready some boiled potatoes, mashed and seasoned with butter. While both are hot, put half the codfish with the potatoes; mix in a well beaten egg and mold into round balls or thick cakes; then fry them in hot lard or drippings, or drop them, like doughnuts, in fat, hot enough to float and skim out. By reheating them, cold potatoes may be used, in which case add a little cream, or milk and butter, and mix while hot.

Stewed codfish.

Pound the fish and soak for thirty-six hours. Take up, remove the bones and pick it to pieces, boil until tender. Melt in a pan a piece of butter together with a handful flour and add milk enough to make a somewhat thick sauce. Boil it and put the fish into it. Potatoes or cut carrots might be added. Season with pepper and salt.

Hvitling på engelskt sätt.

Sedan fisken är rensad och väl tvättad, doppas den i ägg och rifvet bröd, hvarefter den stekes ljusbrun och lägges att kallna. Under tiden göres en sås af smör som lägges i en kastrull med litet hvetemjöl samt uppvispas med buljong, i hvilken ett par lökar, ett par morötter och några färska grönsaker förut blifvit kokade. När såsen är färdig ihälles en pint kurry (en sorts pepprad sås). Fisken lagges i såsen och uppkokas hastigt, hvarefter den upplägges på ett djupt fat, och såsen silas öfver fisken, då den serveras.

Halstrad salt s.k. hvitfisk.

Uppfriska fisken under natten uti tjärnmjölk eller annars söt mjölk (äfven skummad mjölk duger.) Doppa den sedan i mjöl, ägg och rifvebröd; vänd bitarne under stekningen, så att de blifva bruna på båda sidorna. Servera med sås af het grädde med litet smör uti.

Whitling, English way.

Prepare the fish by cleaning and washing; dip it in egg and grated bread, and then fry until lightly brown. Now let it get cool. Meanwhile make a sauce, place some butter in a pan with some flour and beat together with bouillon in which you have previously boiled two onions, two carrots and some greens. When the sauce is ready, add to it a pint of curry. Now put the fish in the sauce and let it boil, but only a minute. Dish it up on platter and strain the sauce over the fish.

Broiled salt white fish.

Freshen over night in sufficient buttermilk or sweet milk (skimmed milk will also work) to cover, placing it flesh side down. Serve with a gravy of hot cream, to which is added a half spoon of butter. Salt to taste.

Ostron i skalet.

Öppna skalen och behåll de djupaste för särskildt bruk. Smält något smör, blanda deri hackad persilja och peppar. Sedan detta svalnat, så rulla deri hvart ostron särskildt och lägg det i ett af skalen. Lägg nu litet citronsaft dertill, täck öfver med rifvet bröd, placera det i en stekpanna och grädda i het ugn. Salta nyss förinnan de öro färdiggräddade. Servera i skalen.

Råa ostron på halft skal.

De bästa ostronen att äta råa äro kända under namnen "Blue points", "Shrewsbury" och "Cherry Stones". Tvätta dem väl, öppna dem och borttag det öfre skalet, hvilket sker med att afskära den sammanhållande muskeln. Servera sex a nio pr tallrick med en fjerdedels citron och hvita kålblad.

Oysters in the shell.

Open the shells, keeping the deeper ones for use. Melt some butter, season with minced parsley and pepper; when slightly cooled, roll each oyster in it, using care that it. Drips but little, and lay it in a shell. Add to each a little lemon juice, cover with bread crumbs, place in a baking pan and bake in a heated oven. Just before they are done, add a little salt. Serve in the shells.

Raw oysters on half shell.

The finest oysters for eating raw are those known as Shrewsbury, Blue Points or Cherry Stones—the names of the beds from which they are taken. Wash the shells, open them, and detach the upper or deep shell; loosen from the under shell by cutting the muscle clear— some term it the heart. Serve six or nine to a plate, with a quarter of a lemon—to squeeze over them—in the center. Serve finely shaved white cabbage with them.

Halstrade ostron.

Utse stora ostron, rengör skalen, öppna dem utan att låta vattnet afrinna. Lägg ostronen i kokande vatten för några minuter. Uttag dem och lägg hvar och en i ett djupt skal jemte en del af saften eller vattnet. Lägg dem nu å ett halster öfver en stark eld, och när de börja sjuda pålägges smör, salt och peppar samt några droppar citronsaft, om så önskas. Servera på half-skal med selleri.

Griljerade ostron med fläsk.

På en ståltråd böjd i form af en hårnål trädes ett stort ostron och en salt fläskbit efter hvarandra till dess att tråden är fyld; fäst ändarne i ettstort trädhandtag och håll öfver elden till dess att de alla äro val brynta. Servera med eller utan fläsket, allt efter behag. Krydda med peppar.

Kokta ostron i skal.

Tvätta skalen väl; lägg dem i en ståltrådskorg och häng den i en kokande vattenkittel; när skalen öppna sig, lyftes korgen ut och

Broiled oysters.

Select large oysters, clean the shells, and open, saving the juice. Put the oysters in boiling water a few minutes; take out and place each in a deep shell with some juice. Place on a gridiron over a brisk fire, and when they begin to simmer season with butter, salt and pepper and a drop of lemon juice if desired. Serve on the half shell, with celery as a relish.

Grilled oysters with pork.

On a small wire, bent in the shape of a hairpin, string alternately, first a large oyster, then a small slice of salt pork; until the wire is full. Fasten the ends into a long wooden handle, and hold before the fire until all are well browned. Serve with or without the pork, as preferred, seasoned with pepper.

Broiled oysters in shell.

Wash the shells very clean, put in a small wire basket, suspend in a kettle of boiling water, and when the shells open lift the basket,

borttages den öfre skal-halfvan. Servera i detta skick.

Ostron-frikasse.

Tag en skifva af en rå skinka, ej rökt, nan saltad; blöt den i kokande vatten i en halftimmes tid; skär den i mycket små bitar och lägg dem i en stekpanna med ej fullt en pint höns-eller kalfköttspad, som först silats. Dertill vattnet från en quarts-låda ostron, en sönderhackad lök, litet hackad persilja och peppar. Låt detta sjuda i 20 minuter och sedan hastigt koka 3 minuter; skumma val och lägg sedan uti en knapp matsked corn starch blandad med en tékopp mjölk, omrör, och nar det kokar ilägges ostronen samt ett ounce smör, hvarefter det åter får koka upp, då ostronen läggas i ett djupt fat. Vispa ett ägg och späd det småningom med det heta spadet, hvarpå slå det i pannan och rör om; krydda med salt och häll alltsammans öfver ostronen. Krama en citron öfver det, då det serveras.

Stekta ostron.

Tag stora ostron, sila dem från vätskan, lägg dem i en servet

remove the upper shell, and serve on a hot platter unseasoned.

Fricasseed oysters.

Take a slice of raw ham, which has been pickled, but not smoked, and soak it in boiling water for half an hour; cut it in quite small pieces and place it in a sauce pan with two-thirds of a pint of veal or chicken broth, well strained, the liquor from a quart of oysters, one small onion minced fine, and a little chopped parsley and pepper. Let all simmer for twenty minutes and then boil rapidly for three minutes. Skim well and add one scant tablespoon corn starch mixed in a cup of milk. Stir constantly, and when it boils, add the oysters and one ounce butter, after which let it come to a boil and remove the oysters to a deep dish. Beat one egg and gradually add some of the hot broth to it and when cooked, stir it into the pan. Season with salt, and pour the whole over the oysters. When placed upon the table squeeze the juice of a lemon over it.

Fried oysters.

Take large oysters, drain them, and move them on to a thickly folded

tills de blifva torra. Upphetta en matsked ister eller fett från biff i en stekpanna, tillägg en nypa salt; doppa hvart ostron i hvetemjöl eller i smulor från "crackers", lägg dem i pannan, hvilken hålles öfver en sakta eld tills ostronen blifva brynta, hvarpå de vändas med gaffel. De stekas pa så vis i fem minuter. Ostron kunna stekas i smör, men det är bättre att bruka hälften flott. Ostron kunna äfven, sedan de torkats, doppas i vispade ägg förrän de rullas elller doppas i "crackers".

Ostronpudding.

Två matskedar buljongsubstans, två matskedar grädde, peppar och salt, bröd eller "cracker" smulor, smält smör. Skålla oströnen i ostronvätskan hvarefter de uttagas och vätskan silas. Ett ounce smör sättes i stufpanna samt smältes, hvarpå mjöl nog att göra en smet tillsättes. Tillägg buljong-substansen, grädden samt den silade vätskan och låt alltsammans koka en kort stund. Lägg sedan i ostronen, peppar och salt, hvarpå alltsammans genomhettas, men ej kokas. Sedan genomhettningen

napkin to dry them off; then make a tablespoonful of lard or beef fat hot, in a thick bottomed frying-pan, add to it half a salt spoonful of salt; dip each oyster in wheat flour, or cracker rolled fine, until it will take up no more, then lay them in the pan, hold it over a gentle fire until one side is a delicate brown; turn the other by sliding a fork under it; they will fry in five minutes. Oysters may be fried in butter but it is not ideal, lard and butter in equal parts being best. Oysters, to be fried, after dipping as directed, may be dipped into beaten egg first, then into rolled cracker.

Scalloped oysters.

Two tablespoonfuls of beef substance, two tablespoonfuls of cream; pepper and salt to taste; bread or cracker crumbs, and oiled butter. Scald the oysters in their own liquor, and boil. Put in the oysters and seasoning; let them gradually heat through, but do not boil. Put the bread or cracker crumbs and oysters in alternate layers in a baking dish, then brown in oven. Serve very hot.

skett läggas bröd eller "cracker"
smulor,samt ostronen hvarfvis
om hvarandra i ett fat, hvarpå det
brynes i ugnen. Ostronpudding
serveras mycket het.

HUMMER OCH KRÄFTOR.

Anmärkning. Humrar äro goda
året rundt, men bast emellan mars
och oktober. Han-hummerns kött
är fastare, men hon-hummern är
mest omtyckt på grund af rom-
men, som begagnas för såser och
garneringar. I motsats till den
allmänna meningen kan det sägas
att hummerns alla delar äro goda
och hälsosamma med undantag af
magen, som ligger straxt bakom
hufvudet samt en blåaktig ådra
som löper från hufvudet ner till
stjerten. Borttag derför dessa
delar efter kokningen. Lefvern,
som ofta förkastas, emedan den
ar grönaktig efter kokningen, är
dock hummerns delikataste del.
Små humrar äro bäst. Om man
köper redan kokta hamrar pröfvar
man deras godhet med att draga
stjerten sakta utåt, ty om den då
åter far tillbaka lik en fjeder, var
hummern lefvande, när den lades i
för att kokas, i motsatt fall var den
död och är nu icke god.

CRABS AND LOBSTERS.

Remarks. Lobsters are good year
round, but are preferable between
March and October. The meat of
the male is the most solid, but the
female is generally preferred on
account of the eggs, which are used
for sauce and garnishing. Contrary
to general belief all the parts of a
lobster are good and nutritious, with
the exception of the stomach, which
is situated at the back of the head,
and a bluish vein which extends
from the head to the tail. These parts
should therefore be excluded after
cooking. The liver, which is often
rejected on account of its green color
after cooking, is the best part of
the lobster. Small lobsters are to be
preferred. If lobsters are purchased
ready cooked, their soundness are
proved by drawing the tail outwards
slowly. If the tail returns to its for-
mer position in the same manner as
a spring, the lobster was alive when
put to boil, otherwise it was lifeless
and should not be used.

Stufvad hummer.

Urtag allt kött från hummern.
Skal och rom stötes med ett stycke
smör och fräses sedan öfver elden
samt spades med kokande vatten;
kokas en half timme. Afskumma
det röda hummersmöret, sila och
fräs med litet hvetemjöl och späd
med söt grädde. När såsen kokar
tillsättes stött socker och muskot-
blomma efter smak, och hum-
merköttet ilägges.

Kokad hummer.

Hummern plågas mindre, om den
lägges i kallt vatten som gradvis up-
phettas, än om den lägges i kokan-
de vatten. Köttet blir äfven fastare
på detta sätt. Det fordras omkring
30 minuter att koka medelstor
hummer, kanske en timme för en
större. Klyf den efter kokningen
och borttag magen och ådran.

Ångkokad hummer.

Mången tycker att hummern är
bättre såsom ångkokad, än som
kokad på vanligt sätt. Köttet blir då
hårdare och finare. Lägg dem i en
s.k. "steamer" eller en fiskkittel, så
att icke det kokande vattnet räcker

Stewed lobster.

Take the meat from the lobster.
The shell and the eggs you pound
with some butter and put over the
fire, adding water. Boil thirty min-
utes. Skim away the red lobster fat,
strain and heat with flour added
and also some sweet cream. While
the sauce is boiling add powdered
sugar and nutmeg to taste. Now
put in the lobster and stir.

Boiled lobster.

Put the lobster in cold water and
let it gradually rise to boiling. A
medium sized lobster requires
thirty minutes boiling, a large one
perhaps an hour. After boiling split
the lobster and remove stomach
and vein.

Steamed lobsters.

Many persons think the lobster
quite superior when steamed
instead of boiled, the meat then
being dryer and finer. Place them
in a steamer or fish-kettle, the boil-
ing water below, not high enough
to reach the fish, and steam twenty

upp till hummern, och låt den koka på detta sätt 20 a 30 minuter eller till dess att den blir klarröd. Upptag den sedan och bered den för bordet på samma sätt som om den kokats i vatten.

or thirty minutes or until it turns bright red. Take out and dress as if water boiled.

Hummer-kroketter.

Tag den hummer som fins qvar på bordet efter en måltid och bulta den tills den blir rätt fin och blanda den sedan med ej fullt så mycket rifvet bröd. Krydda med salt, vanlig peppar och starkpeppar (cayenne); lägg dertill ett par matskedar smör. Gör nu äggformade bullar, rulla dem i ägg och rifvet bröd och stek i kokande fett.

Lobster croquettes.

Take any lobster remaining from table and pound it until the dark meat, light meat, and coral are well mixed; put with it not quite as much bread crumbs; season with pepper, salt and a very little cayenne pepper; add a little melted butter, about two tablespoons, if the bread is rather dry; form into egg-shaped or round balls; roll them in egg, then in fine crumbs, and fry in boiling lard.

På annat sätt.

Man tager hummer som icke är allt för salt och skär den i små tärningar. Vill man öka mängden, så tager man hälften så myckel fiskfärs. Man gör en sås liksom till kräftstufning, hvari denna blandning lägges; den uppslås sedan för att kallna. Sedan formeras kroketter som i nyssföregående nummer beskrifvits och stekas på enahanda sätt.

In another way.

Take lobster meat which is not too salty and cut it in small dice shaped pieces. If you desire to increase the quantity without adding more lobster, you can add some fish meat, similarly prepared, but do not take more than half as much of the latter. Mix both substances well and proceed as in the above description.

Lobster croquettes

På annat sätt.

Gör hummersmör af de röda
skalen och lägg i en kastrull med
en näfve mjöl eller mer. När det
fräser, späd med grädde som
vispas tills det blir tjockt som
gröt; då ilägges litet socker och
muskotblomma; deriilägges hum-
merköttet, omskakas och ställes att
kallna. Derpå formas bullar eller
kakor, hvilka rullas i rifvet bröd
och vispade ägg. En half timme
före serveringen kokas de i skiradt
smör.

A la daube på kräftor.

Begagna små runda bakelse-
formar å hvilkas bottnar lägges
hjorthorns-salt. Derpå, lägges ett
förloradt ägg med kräftstjertar
omkring, samt hjorthorns-salt
så att det står väl öfver formen.
I stället för ägg kan man lägga
ostron och kräftstjertar i en krans
deromkring. När denna daube
anrättas, doppas formen hastigt i
hett vatten, aftorkas och dauberna
uppstjelpas på fatet med ett ägg
eller en citron mellan hvarje
daube. Ätes med skarp sås.

In another way.

Make a sort of butter of the lobster
shells by grinding them. Put them
in a pan with flour, and when it
simmers, add some sweet cream,
then beat until it becomes thick as
mush. Then add some sugar and
nut-meg; put in the lobster meat,
shake a while and let it cool. Now
make balls and roll in grated bread
and beaten eggs. Boil in butter.

Crabs a la daube.

On the bottom of small round
cake forms, put some deers horn
salt, on top of this place a poached
egg and around that crab tails.
Instead of eggs you can use oysters,
forming a crescent or circle. When
ready to be finished, place them
hastily in hot water, dry them and
put up in a platter, with an egg or
lemon between each daube.

Stufvade kräftstjertar med hvitsås.

Koka kräftorna och urtag allt köttet. I en å elden satt kastrull lägg en matsked smör och en näfve hvetemjölsom under vispning spädes med grädde så att såsen blir som tunn välling, då deri vispas 3 äggulor med lika mycket söt grädde, litet socker och muskot. Lägg kräftstjertarne deri och upphetta, men får ej koka. Tag upp och garnera med smörbakelser.

Kräftstjertar med olja och ättika.

Kräftorna kokas hastigt utan salt. Kräftköttet urtages så helt som möjligt och tarmen borttages från stjertarne. Derefter göres en sås af hårdkokade och sönderkramade äggulor, två matskedar grädde och två matskedar god matolja, vinättika, senap, stött starkpeppar och socker efter smak, hvaruti kraftköttet lägges, blandas väl och stjelpes på anrättningskarotten och serveras med förlorade ägg.

Stewed crab tails with white sauce.

Boil the crabs and take out the meat. Put a spoonful butter and a handful flour in a pan and dilute with cream while beating. Then add three yolks of eggs and as much sweet cream, a little sugar and nutmeg. Put the crab tails into this and heat it up without boiling. Garnish with pastry.

Crab tails with oil and vinegar.

Boil the crabs quickly without salt. Take out the meat as whole as possible and remove the vein from the tail. Make a sauce of hard boiled yolks of egg, mashed, two tablespoons cream, two tablespoons olive oil, vinegar, mustard, cayenne pepper and sugar to suit. Put the crab meat in this, but do not boil. Serve with poached eggs.

Stekta kräftor.

Bered kräftorna genom att bortskära omkring en fjerde-dels inch af munnen, och skrapa bort fötterna från båda sidorna under kräftan; tvätta derpå i kallt vatten. Stek i fett till dess att de bli litet bruna. När de äro nästan röda aftagas de. Somliga föredraga att rulla dem i brödsmulor såsom ostron. Serveras med toast och smörsås, garnera med några persiljeqvistar och lökskifvor.

Fried crabs.

Prepare the crabs by cutting off one fourth of an inch of the front part of the mouth, and scrape off both sides under the shell, after which rinse in cold water. Fry in butter or lard until a little crisp. Some prefer them breaded the same as oysters. Serve on toast with butter sauce. Garnish with a few sprigs of parsley and slices of onion.

Fried crabs ∧

FEMTE AFDELNINGEN.
Part Five.

SALADER OCH FÄRSER.

Anmärkning: Salader äro af så många olika slag att de utgöra ej blott behagliga bi- eller mellanrätter, utan ofta till och med ett helt godt mål. Vigtigt är att alla grönsaker, som ingå deri, äro fullkomligt färska, alla köttslag väl kokta och all ättika eller annat fluidum af bästa sort. Den använda oljan bör vara den bästa franska eller italienska mat- eller olivoljan.

Selleri

Man krusar selleri genom att lägga det två timmar i isvatten innan det serveras. Stjelkarne fransas på följande sätt: stick ett antal grofva nålar i en stor kork och drag stjelken half-vägs från toppen genom nålarne några gånger, hvarpå den lagges på is att krusas.

SALADS AND DRESSINGS.

Remarks. Salads are of so many different kinds that they constitute not only agreeable middle dishes at a dinner, but very often make a sufficient meal in themselves. It is of great importance that all the vegetables that enter into a salad are perfectly fresh, all meats well cooked, and all vinegar or other fluids used should be of the best quality. Oil used should be the best French or Italian olive oil.

Celery.

To crisp celery, let it lie in ice water two hours before serving. To fringe the stalks, stick several coarse needles into a big cork and draw the stalk half way from the top through the needles several times, and lay them in the refrigerator to curl or crisp.

Pepparrot.

Denna angenäma rot har en särdeles god och frisk smak på våren. Den skrapas eller rifves fin och sättes på bordet i en liten läckt kopp eller skål, En stor del af den i flaskor köpta är förfalskad med rifna rofvor.

Horse radish.

Horse radish is an agreeable relish and it has a particularly fresh taste in the spring. It should be scraped or grated, and placed on the table in a covered cup or bowl. Much of the horse radish bought in bottles is adulterated with turnips.

Persilja.

Ett af de oumbärligaste i sitt slag for köket. Den begagnas äfven för vissa salader och för garneringar. Persiljan är bäst då den är grön, men låter val torka sig för att bevaras för vinterm. Häng den då på ett torrt ställe med rötterna uppåt.

Parsley.

Good parsley is indispensable for a well regulated kitchen. In addition to other dishes, it is often used with salad and as a garnish. It is best green, but can be dried and preserved for winter use, when it should be hung in small bundles with the root ends up.

Rädisor.

Det finnes åtskilliga slag af dessa. Man rengör dem val och placerar dem i ett vattenglas å bordet.

Radishes.

There are several varieties, all of which are served at the table placed in a glass of water, having been previously cleaned by scraping.

Salad a la Raspail.

Salt och peppar smältes först i ättika i en saladskål; derefter iröres olja; sedan arbetas saladen i denna

Salad a la Raspail.

Melt pepper and salt in vinegar in the salad bowl; then stir in the oil; work it well in the bowl as long as

sas så länge som möjligt. Till salad af selleri lägger man senap i såsen. Salad för frukostbordet tillredes med bårdkokta ägg samt litet torkad gräslök.

Grön salad.

Laktuk (lettuce) och krasse (cress) rensas och sköljes väl, hvartill göres en sås af 2 a 3 hårdkokta äggulor, som sönderkramas, lika många skedblad fin matolja, lika mycket ättika samt slött starkpeppar, salt och socker, alltsammans efter smak. När såsen är väl omblandad, röres den in med den gröna saladen, som då bör vara upplagd på anrattningskarotten.

Kycklingsalad.

Koka en kyckling mör och hacka köttet fint. Hacka sedan fint 12 hårdkokta äggulor; ilägg sedan hackadt selleri och kålblad, lika mycket af hvardera; sönderkrama gulorna och tillsätt 2 matskedar smör, två dito socker, en tésked senap, peppar och salt, och slutligen en half kopp god ättika af äppelsaft. Slå i saladen och omrör.

possible. For salad of celery, add some mustard in the sauce. Salad for the breakfast table is prepared with hard boiled eggs and some dried chives.

Lettuce salad.

Take lettuce and cresses, half of each, and clean them well. Then prepare a sauce with three hard boiled yolks of eggs, which crush to crumbs, three tablespoonfuls fine olive oil, the same quantity vinegar, some cayenne pepper, and salt and sugar to taste. Put the green salad on a platter and stir in the sauce.

Chicken salad.

Boil one chicken tender, and chop fine; finely chop the whites of twelve hard-boiled eggs; add equal quantities of chopped celery and cabbage; mash the yolks fine; add two tablespoons butter, two of sugar, one teaspoon mustard; pepper and salt to taste; and lastly, one-half cup good cider vinegar; pour over the salad and mix thoroughly.

Laxsalad.

Man hackar små tärningar af salt lax (icke urvattnad), kallt kött, kall, kokt potatis. Ett par äpplen, inlagda rödbetor, två hårdkokta ägg, en liten saltgurka och några krassknoppar skäras äfven fint. Hälften af hvardera skärningen blandas samman med laxen o.s. v.; det andra lägges vackert upp, hvarje sort för sig, kring och öfver saladen, som bör ligga hög på fatet. Man kan garnera med en krans af förlorade ägg, med en kräftbit och persilja emellan hvarje ägg.

Salmon salad.

Cut salt boiled salmon in small, square pieces. Mix these with similarly cut pieces of cold meat and cold potatoes. Then cut two apples, two pickled beets, two hard boiled eggs, a salt cucumber and a few buds of cress. Mix half of each cut with the salmon; the other half place each part separately, on and around the salad, which ought to lie high on the platter. Garnish with a circle of poached eggs, parsley and crabs.

Salmon salad can also be served between crackers as an elegant hors d'oeuvre.

Rysk salad.

Inlagda rödbetor skäras i skifvor och urtagas med formjern i stjernfason. Turkiska bönor, inlagda som pickles skäras i bitar. Kokta morötter och bitar af hårdkokta ägghvitor urtagas äfven med formjern i figurer. Selleri och sockerrötter, först kokta skaras sedan de kallnat. Alltsammans blandas med olja, ättika, salt och peppar. Användes mest som garnityr.

Russian salad.

Preserved red beets are cut in slices and fashioned into figures by a molding iron kept for such purposes. Then cut in small pieces so called Turkish beans or lima beans. Pieces of boiled carrots and hard boiled whites of eggs are also formed into stars and other figures by an iron. Then cut celery and mix it all with olive oil, vinegar, salt and pepper. Used mostly as a garnishing.

Italiensk salad.

Morötter, rofvor, potatis, rödbetor, lika mycket af hvarje slag, kokas i saltadt vatten eller buljong. Får afrinna och kallna; skäres i jemma, lika stora skifvor. Olja, ättika, salt och peppar tillsättes. Saladen upplägges inom en krans af smördeg.

Italian salad.

Boil in equal quantities, carrots, turnips, potatoes and red beets in salted water. Then let the water and the substance cool. Now cut it in slices of even form and equal size. Add olive oil, vinegar, salt and pepper. Serve the salad within a circle made of pastry dough.

Potatissalad.

Skala sex a åtta stora potäter och koka dem; skär dem i skifvor medan de äro varma; skala och sönderskär en hvit lök och blanda den med potatisen; skär i bitar några mindre fläskskifvor, nog

Potato salad.

Pare six or eight large potatoes and boil till done, and slice thin while hot; peel and cut up a white onion into small bits and mix with the potatoes; cut up some breakfast bacon into small bits, sufficient to fill

att fylla en tékopp och stek det brunt; tag upp fläsket och häll tre téskedar ättika i flottet; häll sedan denna sås med fläsket öfver potatisen och löken. Serveras varmt.

a tea cup, and fry till light brown; remove the meat, and stir three tablespoons vinegar into the grease, making a sour gravy, which with the bacon pour over the potatoes and onion; mix lightly. To be eaten while hot.

Saladtryffel af kål.

Koka en kopp ättika; upplös en smörklimp, så stor som en valnöt, deri. Sammanvispa ett ägg och en matsked senap, med en dito socker, en dito salt, en dito mjöl, en half dito peppar. Slå den kokheta ättikan öfver denna blandning och omrör väl, hvarpå ställ det åter på elden för att koka upp och häll det slutligen öfver kålmassan.

Cabbage salad dressing.

Boil one cup vinegar; melt a piece of butter the size of a walnut in it, beat together one egg and one teaspoon each of mustard, sugar, salt, flour and half a teaspoon pepper, pour the boiling vinegar on this mixture; stir it well, then put it back on the stove to boil again about a minute, and pour it over the cabbage.

Ostronsalad.

Skölj ostronen; skär hummerkött i bitar och lägg bägge delarne i en väl blandad sås af hårdkokta äggulor, matolja, vinättika och peppar.

Oyster salad.

Clean the oysters; cut lobster meat in small pieces; put these two parts in a well mixed sauce of hard boiled yolks of eggs, olive oil, vinegar and pepper.

Körsbärssalad.

Tag stora, bruna, friska, väl mogna bär; klipp af halfva stjelkarne,

Cherry salad.

Take large, brown, fresh and ripe cherries; clip off half of the stems;

mät upp bären och lägg sedan ner dem i en burk tillika med några lagerbärsblad. Tag en quart franskt vin, en half pint konjak, en pint vin-ättika, och ½ pound socker, några hvitpepparkorn och åtta nejlikor till en gallon körsbär. Koka upp lagom, skumma den val och töm sedan öfver körs bären då den blifvit kall. Den bindes öfver för att förvaras.

Svensk salad.

Man skär en marinerad sill i små tärningar, tillsätter lika mycket stekt oxkött, potatis, rödbetor, äpplen och fyra urvattnade ansjovis, allt skuret i lika stora tärningar. Sedan inblandar man en full matsked af hvar och en af följande saker: torkad kapris, finhackade peppargurkor, hackade hårdkokta ägg, samt två matskedar hackad körfvel. Man kryddar saladen med salt, ättika och olja så att smaken blir pikant. Sedan upplägger man den, tager 24 ostron ur skalen och belägger saladen med dem.

measure the berries and put them in a jar together with some bay leaves. Now take one quart French wine, one half pint Rhine wine, half a pint of cognac, one pint vinegar, a pound and a half of sugar, a little white pepper and a few cloves to about a gallon of cherries. Boil and skim well; then, when cold, pour over the cherries. Cover it for preservation.

Swedish salad.

Take a salted herring and dice it; add to that as much beef, potatoes, red beets, apples and four soaked anchovies, all cut and chopped in the same way. To this add one tablespoonful of each of the following substances: dried caper, finely chopped cucumbers, chopped hard boiled eggs. Season the salad with salt, vinegar and olive oil making it taste piquant. Now put up and cover the salad with twenty-four oysters.

Indiansk krasse.

Rengör krassen och låt den afrinna å rent linne, hvarefter lägg den i en stenburk och begjut den med kokhett vinättika. Betäck burken väl. Sedan den kallnat slås den i glasburk för att användas till olika såser.

Indian cress.

Clean the cresses; let the water run off, place in an earthen jar and pour over it boiling hot vinegar. Cover the jar until cool. Then put in glass jar and use to add to different kinds of sauces.

Cherry salad ∧

SJETTE AFDELNINGEN.

Part Six.

SÅSER OCH PICKELS.

SAUCES AND PICKLES.

Anmärkning. Såserna äro långt ifrån den minst vigtiga delen af kokkonsten. Mången annars förträfflig bit af kött eller fågel förstöres genom serveringen af en dålig eller opassande sås till densamma; hvaremot, å andra sidan, en god, väl tillredd och för tillfället passande sås i hög grad upphjelper en annars dålig ratt. Man tror i allmänhet att såser äro kostbara, men detta är icke händelsen, hvilket vi snart skola bevisa. Namnet af en sås bör alltid bestämmas efter dess hufvudbeståndsdel.

Remarks. Sauces are by far not the least important part of the art of cooking. Many a piece of meat, otherwise good, is often spoiled through being served with a poor or altogether unsuitable sauce. On the other hand a good, well prepared sauce will improve an otherwise poor dish. The general belief is that sauces are costly, but such is not the case, which we shall soon prove. The name of a sauce is always derived from its component part.

Äppelsås.

Apple sauce.

En mycket enkel, men ofta användbar sås. Man stufvar helt enkelt äpplena, dem man gifver pikant smak med litet socker och kanel eller också muskotblomma. Användes för grisstek och gås för det mesta.

A very simple but often used sauce. Made by stewing the apples, while adding some nutmeg, sugar and cinnamon to make the taste piquant. It is usually served with pork steak or goose.

Kaprissås för kokadt lamkött.

Hacka kaprisen något, såvida den icke är mycket liten. Smalt en half pint smör och lägg kaprisen deri jemte en matsked af det spad, hvari den ligger, när man köper den. Låt det sjuda och häll upp det i ett fat.

Caper sauce for boiled mutton.

Chop the capers a little unless quite small. Melt half a pint of butter and put the capers into it, adding a tablespoon of the juice in which you buy the capers.

Apple sauce

Grön tomatosås.

Skär upp en pint gröna tomatoes;
tag något mer än en half pint svart
senapssäd, tre matskedar torr
senap, två och en half matske-
dar svart peppar, en och en half
matsked kryddpeppar, fyra skedar
salt, två skedar sellerifrö, en quart
hackad lök och lika mycket socker,
två och en half quarts god ättika,
samt litet rödpeppar. Vispa och
koka allt tillsammans.

Green tomato sauce.

Cut up a pint of green tomatoes.
Take three gills of mustard seed,
three tablespoons mustard, two
and half spoons black pepper,
one and half spoons allspice, four
spoons salt, two spoons celery
seed, one quart chopped onion, as
much sugar, two and half quarts
good vinegar and a little red pep-
per to taste. Beat the spices and
boil all until done.

Ansjovis-sås.

Två téskedar af ansjovis-essens
(erhålles i större groceries) hälles i
redan gjord hvitsås eller smörsås.
Användes för kokad fisk.

Anchovy sauce.

Add two teaspoons anchovy essence
(to be found in every first class gro-
cery) to already made white sauce
or butter sauce. Should be used for
boiled fish, especially cod.

Hummersås.

Hugg kottet från hummerns klor
och stjert och hacka det, men ej för
fint. En half timme före måltiden
slår man hummerköttet i en half
pint smält smör eller hvitsås.

Lobster sauce.

Chop the meat from the claws and
tail of a good-sized lobster, but do
not make it too fine. Half an hour
before dinner, put it in half a pint
melted butter or white sauce.

Citronsås.

Uppskar tre citronskifvor i mycket
små tärningar och lägg dem i

Lemon sauce.

Cut three slices of lemon into
very small dice, and put them into

skiradt smör. Låt det hettas upp
till kokpunkten och häll det öfver
kokt fågel.

Chili sås.

Man tager 26 medelstora to-
matoes, mogna, två lökar, två
koppar ättika, två matskedar salt,
lika mycket peppar, tolf skedar
brunt socker, två skedar ingefära,
två skedar malen kanel, en sked
nejlika, två skedar kryddpeppar,
en sked muskot. Kokas sakta i två
timmar.

Cranberry sås.

Bortrensa alla sämre bär och tvätta
resten väl. Skålla dem i två mi-
nuter; skumma under tiden eller
sila sedan. För hvarje pound bär
tag ¾ pound socker i en half pint
vatten och stufva sakta. Rör icke
om, men skaka pannan, om det är
fara att bli vidbrändt. Kokas från 5
till 7 minuter; häll upp i ett djupt
fat och låt det kallna.

drawn butter; let it come just to
boiling point, and pour over boiled
fowls.

Chili sauce.

Use twenty-six medium sized ripe
tomatoes, two onions, four tea-
spoons pepper, two cups vinegar,
two tablespoonfuls salt, twelve
spoons brown sugar, two spoons
ginger, two spoons ground cin-
namon, one spoon cloves, one of
allspice, and one of nutmeg. Boil
gently for two hours.

Cranberry sauce.

After removing all imperfect or
soft berries, wash thoroughly;
place for about two minutes in
scalding water; skim out or drain,
and to every pound of fruit add
three-quarters of a pound granu-
lated sugar, a half pint water, and
stew over a moderate fire. Be care-
ful to cover, but don't stir the fruit,
occasionally shaking the pan if in
danger of burning. The berries will
thus retain their shape and add to
their appearance. Boil from five to
seven minutes; remove from fire;
turn into a deep dish, and set aside
to cool. If to be kept, they can be
put up in air-tight jars.

Smörsås.

Smör och mjöl fräses tillsammans och omröres med en visp eller sked, så att det ej fäster sig. Om det skall brukas för fisk påspädes af det spad hvari fisken kokas. Litet peppar iströs.

Butter sauce.

Melt butter with flour in a frying pan and stir constantly, as it will otherwise fasten to the pan. If to be used for fish, add some of the water in which the fish has boiled. Sprinkle with pepper.

Äggsås.

Lägg ett godt stycke smör i en kastrull och fräs tillsammans med litet mjöl, som uppspädes med fiskspad. När det kokar, iröras två a tre hårdkokta ägg, litet senap kan användas.

Egg sauce.

Put a large piece of butter in a pan and melt with some flour, then increase with water from the boiling fish. When boiling add two or three hard boiled eggs, finely chopped. Add some mustard.

Dillsås.

Smör och mjöl fräses tillsammans i en kastrull; derpå hälles bouillon och sammanvispas. När det har uppkokat, afredes det med 2 ägggulor, hvilka äro uppvispade med litet bouillon. Sist ilägges finhackad dill och ditslås litet ättika.

Dill sauce.

Melt butter with flour in a pan and dilute it with bouillon or juice of boiling meat. When boiling add two yolks of eggs, beaten in bouillon. Lastly put in finely chopped dill and some vinegar.

Italiensk sås.

Tag litet mer än en half pint Chablisvin och koka ihop det till hälften, påspäd en quart spansk sås, en fjerdedels pint brun kalf-

Italian sauce.

Boil down little more than a pint Chablis wine to a quarter of a pint, then add one quart of Spanish sauce, a quarter of a pint brown

buljong och lika mycket örtsås. Låt alltsammans koka i fem minuter. Skumma och servera.

veal bouillon and as much herb sauce. Let it all boil. Skim and serve.

Ostronsås.

Förväll 36 ostron såsom till ostronsoppa. Koka en quart tysk sås, ilägg sedan ett godt stycke smör och en half matsked citron-saft, en qvist persilja och slutligen ostronen.

Oyster sauce.

Scald thirty-six oysters as if for oyster soup. Make a quart of German sauce, add to that a big lump of butter and half a tablespoon lemon juice, also a little parsley, and finally the oysters.

Tysk sås.

Tag en half pint höns-essens, hälften så mycket champignon-essens och 1½ pint köttsås. Låt detta koka ihop och afred med 4 äggulor och litet smör. Spädes med hönskraftsoppa.

German sauce.

Half a pint chicken-essence and half as much champignon-essence and one and a half pints strong meat sauce. Let it boil down and finish with four yolks of eggs and some butter. Add chicken soup.

Dill sauce over a salmon steak and mashed potatoes ⅋

Persiljesås.

Smör och mjöl sammanfräses
och uppvispas med litet fiskspad
samt spädes sedan med det spad,
hvaruti fisken har kokat. Då såsen
år färdig, ditlägges finhackad
persilja och litet salt

Parsley sauce.

Beat butter and flour together with
a little fish juice (water that fish
has boiled in) and then add to it
the same kind of juice to please.
When ready, put in finely chopped
parsley and salt.

Senapsås.

Ett stycke smör, ett skedblad mjöl
och två skedar senap sammanko-
kas med så mycket fiskspad, att
såsen blifver lagom simmig. Litet
socker och en sked ättika ditslås,
medan den kokar.

Mustard sauce.

A piece of butter, a tablespoonful
milk, two spoons mustard. Boil
this down in fish juice, until the
sauce becomes sufficiently thick.
Then add some sugar and vinegar
while boiling.

Brinnande sås.

En tredjedels pint konjak värmes
helt litet och slås i skålen öfver
hälften så mycket pudersocker.
I samma ögonblick såsen skall
serveras, antändes den, då kon-
jaken bör vara ljum för att lätt
taga eld. Denna sås bör serveras i
silfverskål.

Burning sauce.

A third of a pint of cognac or
French brandy is heated slightly
and poured in a bowl over half as
much powdered sugar. Just when
the sauce is to be served, it is put
on fire. It should be a little warm
to burn. Should be served in a
bowl of silver.

Sås till fasan.

Skrof och vinge af 6 fasaner stötas
i en kastrull med en rödlök, 2

Sauce for pheasants.

The are stomach and wings of
six pheasants placed in a pan or

nejlikor, 1 morot, 1 nypa rifven
muskot, 1½ pint madeira. Får
småkoka med en kanna con-
sommé (buljong) och skummas
val samt silas. Till denna sats tages
6 rapphöns eller annan småfågel,
hare eller kanin.

kettle together with one onion
two cloves, one carrot, one pinch
of grated nutmeg and one and a
half pints madeira wine. Let it boil
slowly in three quarts of bouillon.
Skim and strain.

Sursås.

Blanda en och en half kopp socker
och en half matsked mjöl i litet
vatten. Tillsätt två matskedar ättika
och litet citronsaft, en fjerdedel af
en muskot (rifven) samt en nypa
salt. Häll deröfver en och en half
pint kokande vatten och låt koka
tio minuter. Tillsätt en matsked
smör nyss före upptagandet.

Sour sauce.

Mix 1½ cups sugar and ½ a table-
spoon flour in a little water; add
2 tablespoons vinegar or lemon
juice, a quarter of a nutmeg grated
and a pinch of salt, pour over it 1½
pints boiling water, and boil ten
minutes; just before taking up add
a tablespoon of butter.

Söt sås för pudding.

Ihoprör en half pint skiradt smör
med mjölk och tre matskedar
pulveriseradt socker, litet citron-
skal, och kanel, allt rifvet. Andra
essencer kunna brukas till smeten
om så önskas. Serveras med ris
eller brödpudding.

Sweet sauce for pudding.

In half a pint of melted butter with
milk, stir three tablespoons pow-
dered or granulated sugar, a little
grated lemonrind, nutmeg or pow-
dered cinnamon; other flavoring
fancied may be added to the milk
in preparing the butter; is served
with rice or bread puddings.

SJUNDE AFDELNINGEN.

Part Seven.

ÄGG- OCH MACARONI-RÄTTER.

DISHES OF EGG AND MACARONI.

Anmärkning. Äggets närande egenskaper äro större än köttets, ehuru ägg af olika fågelarter äro något skilda i detta afseende. Hönans ägg äro emellertid utan tvifvel de allra bästa; kalkonägg äro nästan lika goda, hvilket också kan sägas om gåsägget. Ankägg smaka kanske bättre, men böra icke ätas utan andra rätter. Äggets fina natur gör det särdeles lämpligt för invalider, detta särskildt hvad gulan vidkommer. Ju färskare ägget är, dess hälsosammare och smakligare är det. Ingenting är förargligare för en kock eller husmor än att ofta påträffa skämda ägg. Man bör alltså vara mycket noga vid inköp af denna vara. Tro ej blindt det nästan alltid gjorda påståendet att "äggen äro fullkomligt färska", utan undersök sjelf hvart och ett. Flera sått att anställa sådan undersökning finnas. Ett är att

Remarks. The nutritious qualities of the egg are greater than those of meats, although eggs of different kinds of birds differ somewhat in this respect. Hen's eggs are no doubt the very best; turkey eggs are good, which is also true of the goose egg. Duck eggs may be more agreeable to the taste, but ought not, nevertheless, to be eaten without other dishes. The fine and delicate nature of the egg, makes it especially suitable for invalids, the yolk more particularly so. The fresher the egg, the more wholesome it is. For a cook or housekeeper, there is nothing more frustrating than to come across spoiled eggs often, consequently it is of importance to be particular in buying eggs. Do not put implicit faith in the often made declaration that "the eggs are perfectly fresh," but examine every egg yourself. There are several ways to make such

föra äggets storända till tungan. Om den kännes något varm, är ägget friskt, annars icke. Ett annat sätt består uti att hålla ägget mot ljuset (i solen eller lampskenet i ett mörkt rum) ty är det genomskinligt är det bra. Ett tredje sätt är att lägga äggen i vatten nog att betäcka dem. De, som då ligga på sidan, äro goda, men de, hvilka stå på ända, äro dåliga. Ägg, som gifva ifrån sig sqvalpande ljud, när de skakas, äro ruttna.

Att koka ägg.

Ett allmänt misstag med hänsyn till kokning af ägg är att de kunna kokas hur som helst. Emellertid måste ägget för att bli godt och hälsosamt att äta, kokas så jemnt som möjligt, så att både gulan och hvitan blifva ungefär lika fasta eller lösa, som man önskar. På det vanliga sättet att koka ägg hastigt 3 a 4 minuter, blir hvitan hård, innan gulan är kokt. För att förekomma detta och göra äggen ej blott aptitligare, utan mera närande och mera lättsmälta bör man koka dem uti en med tätt åsittande lock försedd kittel (en vanlig s. k. "dinner pail" lämpar sig ganska bra). Man ilägger först äggen och häller så kokande vatten öfver dem; omkring en half gallon vatten till ett dussin ägg. Täck kärlet väl och

examinations. One of these is to put the largest end of the egg to the tongue, if it feels warm, then the egg is fresh, otherwise not. Another way is to hold the egg against the light, (in the sun or lamp light in a dark room) if transparent it is good. A third way is to put the eggs in water deep enough to cover them. Those which then lie on the side are good, but those standing on end are bad. Eggs that give a gurgling sound when shaken are bad.

To boil eggs.

There is a general misconception about boiling eggs. To be healthful and most digestible, the eggs should be cooked evenly, the white and yolk alike; in the rapid boiling by the usual rule of three or four minutes for soft, or five minutes for medium, the white becomes toughened before the yolk is scarcely cooked. To remedy this and render them not only more palatable and nutritious, but more digestible, boil them in a vessel having a tight fitting cover, a common tin pail will work admirably put in the eggs and pour boiling water upon them, about two quarts of water to a dozen eggs; cover tight and set off the stove; in about seven minutes remove

tag från stoven. Efter sju minuter
borttages locket och vändas äggen,
hvarpå de få qvarblifva ännu sex
minuter, då de äro färdiga utan att
ha kokat. Detta då äggens antal
är 3 a 4, om 8 a 10, böra de stå tio
minuter i det kokheta vattnet.

the cover, turn the eggs, replace
the cover, in six or seven minutes
more they will be done, if but two
or four eggs; if more, in about ten
minutes.

Förlorade ägg.

Vatten kokas upp med ett par
droppar ättika, ett ägg sönderslås
varsamt öfver en kopp och får
sedan sakta glida ner i vattnet,
som ej bör vara så högt, att det
står öfver ägget. Då hvitan stannat
upptages ägget, helst med hålslef,
och afputsas nätt. Flera ägg kunna
iläggas på samma gång, om man
blott görs det försigtigt, så att de
icke sammanflyta. Man kan äfven
slå äggen i små koppar eller formar
smorda med smör, hvilka nedsät-
tas i det kokande vattnet. Aggen få
ej koka tills gulan stannar.

Poached eggs.

Bring a kettle of water to boil and
put in a few drops vinegar. Break
an egg carefully over a cup and let
it glide slowly down in the water,
which must not be deep enough to
cover the egg. When the white part
of the egg is firm take up the egg.
More than one egg can be put in at
once, only be careful that they do
not float together. You can also put
the eggs in cups or forms greased
or buttered and place these in boil-
ing water. You should not let them
boil until the yolk becomes firm.

Ägg-mjölk.

Koka upp en pint mjölk med titel
kanel uti och irör sedan ett par
förut med socker vispade äggulor.

Egg milk.

Boil a pint of milk with some
cinnamon. Beat two yolks of eggs
with a little sugar, then beat that
into the milk and serve.

Ägg på franskt sätt.

Sönderslå så många ägg som önskas och lägg dem bredvid hvarandra på ett fat, och ställ detta pä kaminen (stoven) så att de stadgas. Beströ med litet peppar. Sedan lägges en half ansjovis på hvarje ägg och serveras.

Ägg med vinsås.

Fras smör och mjöl tillsammans och i hopvispa med litet koktvatten. När det kokas iläggas några val sköljda korinter. Då dessa äro kokta, uppvispas två äggulor med franskt vin efter behag. Denna sås hälles öfver förlorade ägg, upplagda å ett fat. Serveras till någon lättare supé.

Kokta ägg med kapris.

Så många ägg, som behöfvas, kokas ej hårdare an att man utan svårighet kan skala dem. Till sås derpå sönderröres, med en trädsked, fyra hårdkokade ägggulor med två skedblad matolja och lika mycket vinättika; sedan silas såsen och litet mera ättika tillslås, att den blir tunn, men simmig. Ett par skedblad

Eggs the French way.

Break as many eggs as you want and put them side by side on a platter or plate, which are placed on the hot stove until they become firm, meanwhile strewing some pepper on them. Then put half an anchovy on each egg and serve.

Egg with wine sauce.

Mix some flour in drawn butter and beat it together with boiling water. Boil and add a few well cleaned dried currants. When boiled, beat two yolks of eggs with French wine to suit. Have ready on a platter poached eggs and pour the sauce over them. This dish is mostly served for a light supper.

Boiled eggs with capers.

Boil as many eggs as you need, but no harder than you can peel off the shells. Then for sauce prepare four hard boiled yolks of eggs, which you beat with two tablespoons olive oil and as much vinegar; strain and add a little more vinegar until the sauce gets thin enough. Two spoonfuls chopped capers

hackad kapris blandas i såsen, som derefter slås öfver äggen, sedan de upplagts på anrättningskarotten, hvilke garneras med stekta hvete-bröds-skifvor.

is the next addition to the sauce, which you pour over the eggs on the plate. Garnish with fried slices of bread.

Ugnstekta ägg.

Slå sönder åtta agg i en smör smord panna, hvari lågges vidare peppar och salt, smörklumpar och tre matskedar grädde. Sätt det i ugnen och låt det gräddas i 20 minuter.

Baked eggs.

Break eight eggs into a well buttered dish, put in pepper, salt, bits of butter and three tablespoons cream; set it in the oven, bake for twenty minutes and serve hot.

Kokta ägg med hvitsås.

Till en vanlig karott tages åtta a tio agg, hvilka hårdkokas, skalas och afskäras i ena ändan; de uppställas nu på anrättningsfatet, som sättes på kaminen (stoven) eller i vatten-bad att hålla sig väl varmt. På hvarje ägg lagges en halfva af en itufläkt sardell. En sås af en matsked färskt smör, som fräses tillsammans med ett halft skedblad hvetemjöl, spädes med hönsbuljong. Når såsen kokar, ilägges litet fint rifven muskott och socker efter behag; sist vispas två a tre råa äggulor deruti, hvarefter såsen ej får koka, utan hälles genast öfver de uppstälda äggen, som serveras varma.

Cooked eggs with white sauce.

Hard boil eight or ten eggs, pick off the shells and cut off one of the ends. Place them on a big platter and place it on the stove or in warm water to keep hot. Put on each egg one half of a split sardine. Next prepare a sauce of one tablespoon fresh butter melted with half a spoonful flour and diluted with chicken bouillon. When the sauce begins to boil, add a little nutmeg finely grated and some sugar to suit. Lastly beat two yolks of raw eggs in the sauce, which, after boiling, pour over the eggs and serve them warm.

Eggs can also be baked in individual ramekins. These are garnished with truffles.

Ägg med ansjovis.

Bered äggen som till äggröra och häll vispningen i en blecklåda, smord med smör, hvarpå iläggas sönderskurna ansjovisar och derpå rest af äggvispningen. Gräddas i ugn.

Egg with anchovies.

Prepare as in foregoing; put the egg mixture in a tin pan, buttered; place cut up anchovies on top, then add the balance of the mixture. Bake in hot oven.

Äggröra.

Ägg sönderslås och vispas väl; en struken tésked salt och en dito hvetemjöl röras tillsammans och blandas i äggen. En pint eller mer söt mjölk vispas med äggen. En jernpanna ställes på glödeld, ett skedblad färskt smör läggesatt fräsa upp och äggblandningen slås deruti. Man rör sakta med en träsked, tills det blir varmt, då pannan sättes på en svagare eld. Då äggröran börjar stanna eller tjockna, tages upp med skeden så stora stycken man kan få, upplägges vackert och en krans af finhackad persilja lagges omkring äggröran, som serveras varm till stekt skinka.

Scrambled eggs.

Break the eggs and beat them well; beat one small tablespoonful flour with a teaspoon salt and mix with the eggs. Add a little more than a pint sweet milk. Put a pan on the fire, melt a spoonful butter in it and pour in the egg mixture. Stir gently with a wooden spoon until hot, then place the pan on a slower fire. Take it up when it begins to thicken. Do this with a spoon in as large pieces as possible and garnish them with parsley chopped fine. Serve hot, with fried ham or bacon.

Färserade ägg.

Under 8 a 10 minuter hård kokas ägg, som ställas att kallna

Stuffed eggs.

Boil eggs for 8 or ten minutes, after which allow them to cool off;

och skaras sedan i tvenne delar, antingen på tvären eller längden. Äggulorna urtagas, läggas i en mortel och blandas med ett halft ounce smör, något hackad persilja och champignoner, muskott och peppar, samt ett par ansjovisar. Härmed fyllas ägghvitorna och sättas pä en plåt, införas i ugnen att genomvärmas, serveras garnerade med stekt persilja.

Fransk omelett.

Skilj hvitorna från gulorna i 6 ägg; blanda de senare med fem ounces pulvriseradt socker och en matsked mjöl (rismjöl är bäst); gif det smak med litet vanilla, orange eller citronskal. Omrör det val, vispa ägghvitorna och blanda den i det öfri-ga. Lägg 3 ounces smör i en såspanna, smält, det öfver sakta eld, och når omeletten är bildad, vänd kanterna så att den får oval form; lägg den sedan på en sten- eller porslinstallrick, som först smorts med smör, och ställ den i en het ugn, der omeletten gräddas pä 15 minuter. Beströ den med fint socker och servera genast.

cut them in two, either length- or crosswise. Take out the yolks and put them in a mortar; mix the yolks with half an ounce butter, some chopped parsley, mush-rooms, nutmeg, pepper and a couple of anchovies. Put this mixture in the boiled eggs, which are put on a dish; heat them in the oven. Garnish with fried parsley.

Omelet souffle.

Separate the yolks from the whites of six eggs; add five ounces powdered sugar and a tablespoon of flour (rice flour is best), and flavor with vanilla, orange, flower water or lemon zest; stir all well together; whip the whites of the eggs and mix them in the batter; put in a sauce-pan three ounces of butter, melt it over a bright but gentle fire, and when the omelet is set turn the edges over to make it an oval shape and turn it off on to a granite or porcelain pie plate pre-viously well buttered. Place in oven and bake twelve or fifteen minutes; sprinkle finely powdered sugar over it and serve immediately; is sufficient for three or four persons.

Omelett med spenat.

Man stufvar färsk spenat och gräddar omeletten och då spenaten är upplagd på djupt fat låter man omeletten glide deröfver, så att den betäcker spenaten, samt serverar dertill någon köttsort som åberopas i föregående recept, eller skuren spickeskinka och holländsk sill.

Omelet with spinach.

Stew fresh spinach and make omelets as directed above; put the spinach on a platter and let the omelet glide over so it covers the spinach. Serve with meats, salted salmon or raw, salted herring.

Macaroni.

En tomatokanna om två pounds tömmes i en vanlig såspanna och tillåtes småkoka tre a fyra timmar eller till dess att innehållet blir tjockt och gelé-likt. Under tiden tager man ett halft pound salt fläsk och en stor lök. Skär båda delarne i små bitar och stek dem bruna, men akta att de icke brännes. Sedan häller man detta i tomatomassan och läter bäda satserna koka smått och stadigt. Koka nu macaroni i 25 minuter; låt vattnet rinna af pä en tallrick. Slå tomatosåsen öfver macaroni och beströ nu hela blandningen med rifven ost.

Macaroni a la Ricadonna.

Put the contents of a two-pound can of tomatoes in a sauce-pan and let simmer three to four hours, until they become quite thick and jelly-like; in the meantime take half a pound salt pork and a large onion, both cut into small pieces, and fry to a nice brown, taking care not to burn; pour them into the tomatoes and let the whole simmer together; cover the macaroni with boiling water and boil for twenty-five minutes; drain, put on a platter, pour the tomato sauce over it and put a generous sprinkling of grated cheese over the whole.

Macaroni, enkelt sätt.

Koka macaroni i vatten till de blifva möra, som vill säga 20 minuter. Blanda en dessertsked mjöl med en matsked smör; tillsätt en half kopp mjölk, en half tésked senap, lika mycket salt och peppar, en qvarts tésked Cayenne-peppar och fyra ounces rifven ost. Omrör massan och koka tio minuter. Lät vattnet afrinna från macaronerna och häll öfver dem den tillredda färsen. Låt det koka upp och servera varmt.

Macaroni in a simple way.

Boil the macaroni in water until tender, which will be about twenty minutes; mix a dessert-spoon of flour with a tablespoon butter; add half a cup milk, a half teaspoon mustard, the same of salt and pepper, a quarter teaspoon cayenne and four ounces grated cheese; stir all together and boil ten minutes; drain the water from the macaroni and pour over it the dressing; boil up once and serve hot.

Macaroni in a simple way ⋁

Ugnstekt macaroni.

Italienska macaroni brytas i
bitar af 5 a 6 inches och läggas i
kokande buljong; när de äro mjuka
och utsvälda, påläges ett stycke
färskt smör, salt, hvitpeppar samt,
till sist, rifven ost och grädde.
Derefter läggas de i en karott och
insättes i lagom ungsvärme, de tåla
endast slå tills de blifva gulbruna.
Sedan serveras de som mellanrätt
eller också till kötträtter.

Stufvade macaroni.

Grof pip-macaroni sönderbrytes
i bitar så långa eller korta man
vill hafva dem och läggas sedan
i kokt, vatten med smör uti. När
de äro mjuka upptagas de, och
i samma kastrull sammanfräses
smör och mjölk tillsammans med
litet buljong. Häri läggas macaroni
jemte litet grädde. Sist ihälles litet
grädde, salt, hvitpeppar och ost,
rifven.

Baked macaroni.

Break Italian macaroni in pieces
of five or six inches in length and
put them in boiling bouillon.
When soft and swollen add to
them a lump of butter, salt, white
pepper and lastly grated cheese
and cream. Take up and put on
a platter. This is placed in a hot
oven and let them bake until they
become light brown. Is usually
served with meat dishes.

Stewed macaroni.

Break macaroni in pieces in the
length you prefer and put them in
boiling water in which some butter
is melted. When soft take up. Melt
in the same pan or kettle, butter
and flour, adding some bouillon.
In this you steep the macaroni,
season with cream, salt, pepper
and grated cheese.

ÅTTONDE AFDELNINGEN.
Part Eight

PUDDINGAR OCH PAJER M.M.

PUDDING, PIES, AND PASTRY.

Anmärkning. Det ar till att börja med högst nödvändigt att alla för pudding använda ämnen skola vara alldeles färska, emedan en enda mindre god beståndsdel i detta fall förstör det hela. Om man icke är säker på de ägg som skola användas, slår man sönder livart och ett i en särskild kopp innan de tillsammanblandas. Ett skämdt ägg får då icke tillfälle att förstöra de friska. Om man vispar hvitorna och gulorna hvar för sig, blir det lättare att få puddingen eller kakan pösig. Russin och andra torkade frukter böra plockas och rensas väl, innan de användas; i de flesta böra äfven kärnorna uttagas. Puddingdegen skall alltid vara fullkomligt fri från klimpar. I och härför blandar man mjölet med blott en liten del af mjölken, hvarpå återstoden tillsattes småningom. År degen eller smeten ännu ojemn så låt den gå genom en sil. Kokade puddingar böra påsättas i kokande vatten, som icke får

Remarks. To begin, it is very important that all the ingredients used for pudding should be fresh, as anything that is not strictly fresh will spoil the whole pudding. Eggs should be broken separately so as not to risk mixing an unsound one with those that are fresh. If the white and yolk of the egg are beaten separately it will be easier to get the cake or pudding to swell. Raisins and other dried fruit should be picked and rinsed before using and the stones in most cases taken out. For puddings the dough should be freed from the lumps by mixing the flour with a small part of the milk to be used, the balance of the milk being added later. If the dough or batter is still uneven, run it through a cullender. Cooked puddings should be put on the stove while the water is boiling and kept there until ready. It should also be kept under water. When ready take up and dip in

stanna i kokningen; puddingen måste också under kokningen alltid vara helt och hållet under vatten. Så snart den upptages bör den doppas i kallt vatten, hvarigenom duken förhindras att sitta fast. Puddingduken skall naturligtvis alltid hållas ytterst ren, men man akte sig från att använda tvål eller såpa vid tvättandet, emedan man annars löper faran att såpsmak vidlåder puddingen. Puddingar böra serveras omedelbart efter de äro färdiga, emedan de blifva hårda och oaptitliga, om de få stå och kallna.

cold water, which will loosen the towel from the pudding. The pudding towel should of course always be very clean, but it should not be washed with soap as there will be danger of getting a soapy taste to the pudding. Puddings should be served immediately when ready, otherwise they will become hard and unappetizing.

Äppelpudding.

En quart mjölk, tre ägg, tre skedblad baking powder, två skedar smält smör och tillräckligt mjöl att få en deg så tjock som pannkakssmet. Nu fylles en panna till hälften med sönderskurna äpplen, öfver hvilka smeten hälles. Derpå ingå de i ugnen för att gräddas två timmar. Ätes med söt sås

Apple pudding.

One quart milk, three eggs, three teaspoons baking-powder, two spoonfuls melted butter, flour to make a batter like griddle cakes; fill half a pan full of sliced apples and pour the batter over them; bake two hours and eat with sweet sauce.

Engelsk plumpudding.

Hopvispa lätt 6 ägggulor och 4 hvitor och tillsätt 1 glas söt mjölk; sedan iröres efter hand ett fjerdedels pound gammalt bröd, rifvet,

English plum pudding.

Beat six yolks and four whites of eggs very light, add to them a tumbler of sweet milk, gradually stir in a quarter of a pound grated stale

Apple pudding

1 pound mjöl, 3/4 pound socker och 1 pound finhackad njurtalg jemte samma vigt torra, väl rensade vinbär samt i mjöl inknådade russin. Omröres val, hvarpå tillsattes två muskotar, ett skedblad muskotblomma, 1 skedblad kanel eller nejlikor, 1 vinglas konjak eller brandy, 1 tésked salt och slutligen 1 glas mjölk till. Det kokas i formar 5 timmar och serveras med sås gjord af smör, vin, socker och muskot. Denna pudding håller sig flera månader. När man önskar använda, kokar man upp en del en timme före serverandet. Ett pound sötmandel kan tillika användas.

Enkel fruktpudding.

Tag 1½ kopp mjöl, 1 kopp brödsmulor eller rifvet bröd, en kopp russin, ½ kopp vinbär, 2 stycken muskot, 1 kopp kött, fett (ister) fint hackadt, 2 matskedar socker, 4 ägg, 1 vinglas brandy, 1 vinglas sirap och litet mjölk om så fordras. Blanda väl, inknyt det i en duk och låt det koka 5 a 6 timmar. Serveras med vinsås.

bread, a pound of flour, three-quarters of a pound sugar and a pound each of beef suet chopped fine, currants nicely washed and dried and stoned raisins well floured. Stir well and add two nutmegs, a tablespoon mace, one of cinnamon or cloves, a wine glass brandy, a teaspoonful salt and finally another tumbler milk, boil in bowls or molds five hours and serve with a sauce made with drawn butter, wine, sugar and nutmeg. It will keep several months; when wanted, boil an hour before serving; a pound of citron or blanched sweet almonds will add to the richness of the pudding.

Plain fruit pudding.

One and a half cups flour, one cup bread crumbs or grated bread, one cup raisins, half a cup currants, two nutmegs, one cup suet, (chopped fine), two tablespoonfuls sugar, four eggs, a wine glass brandy, one wine glass syrup and a little milk if necessary. Tie it hard in a cloth and boil five or six hours. Serve with wine sauce.

Charlotte Russe.

Vispa 1 quart tjock grädde till ett hårdt skum, hvarefter det bör silas väl. Till 1 knapp pint mjölk lagges 6 ägg hvilka vispats lätt. Lägg i tillräckligt med socker samt vanilj. Kokas öfver hett vatten tills det blir en tjock kustard. Blöt 1 ounce Cox's gelatin i litet vatten och värm det öfver hett vatten. När kustarden är afkyld ivispas gelatinen samt den vispade grädden. Bekläd bottnen af formen med papper smordt med smör, sidorna med "sponge cake" eller "lady fingers" sammanfästade med ägg-hvita. Fyll med grädden; sätt på en kall plats, eller på is om det är sommar. Till att få geleen att lossna från formen doppas den senare för en minut i hett vatten. Då den vispade grädden silas kan den grädde som går genom silen åter vispas.

Charlotte Russe.

Whip one quart rich cream to a stiff froth, and drain well on a nice sieve. To one scant pint of milk add six eggs beaten very light; make very sweet, flavor high with vanilla. Cook over hot water till it is a thick custard. Soak one full ounce Cox's gelatin in very little water, and warm over hot water. When the custard is very cold, beat in lighly the gelatin and the whipped cream. Line the bottom of your mold with buttered paper, the sides with sponge cake or lady fingers fastened together with the white of an egg. Fill with the cream, put in a cold place or in summer on ice. To turn out, dip the mold for a moment in hot water. In draining the whipped cream all that drips through can be rewhipped.

Snöpudding.

Ett halft paket af Cox' gelatine. Hällderöfver l kopp kallt vatten, tillsätt 1½ kopp socker; när det blifvit mjukt, påslås 1 kopp kokande vatten och saften af en citron (lemon); vidare hvitorna af 4 vispade ägg. Vispa det hela till

Snow pudding.

One-half package of Cox's gelatin; pour over it a cup of cold water and add one and a half cups sugar; when soft, add one cup boiling water and the juice of a lemon; then the whites of four well beaten eggs; beat all together until it is light and

dess att det blifvit pösigt eller till dess att gelatinen ej längre sätter sig på bottnen af fatet. Slå upp det på ett glasfat och servera det med custard gjord af en pint mjölk, fyra ägggulor och ett rifvet pomeransakal, sammankokadt.

frothy or until the gelatin will not settle clear on the bottom of the dish after standing a few minutes; put in a glass dish, and serve with a custard made of one pint milk, the yolks of four eggs and the grated rind of a lemon.

Fiskpudding.

En gädda vägande 3 a 4 pounds flakes och skrapas väl fri från ben och sonor, hvarefter den hackas mod ½ pound smör. Sedan det hackats något, lägges det i en stenmortel och stötes. Under stötningen påspädes efter hand 1 pound skiradt smör, och blandningen arbetas väl tills den släpper morteln och är som en seg deg. Deri arbetas nu 6 a 8 ägg, 1 i sender, under jemn omröring; dertill tages vidare ett par näfvar godt hvetemjöl, salt och hvit peppar, jemte så mycket söt grädde att blandningen blir lagom lös. Formen smörjes med kallt smör och mjölas. Deruti slås blandningen, men formen får ej blifva för full. Den sättes sedan i kokande vatten att koka i tvänne timmar. Serveras med kräftsås eller vinsås.

Fish pudding.

Take a pickerel or pike weighing from three to four pounds, cleave it in two, rinse it and scrape a-way all bones and cords. Then chop it with half pound cold butter. After chopping a while, put it in a stone mortar and pound it, meanwhile adding gradually a pound drawn butter; work this until it turns into a consistent dough that does not stick to the mortar. Now add six or eight eggs, one at a time and stir well; add also two handfuls flour, salt and white pepper and also sweet cream enough to make it moderately thin. Grease the molds with cold butter and flour them. Pour in the dough, but do not fill the mold or pan, whichever is used. Put it in boiling water for two hours and serve with wine sauce.

Fransk plumpudding.

Härtill användes ½ pound mjukt hvetebröd, som blötes i mjölk. Ett pound njurtalg eller oxmärg rensas och hackas fin. Nu kramas mjölken val ur det blötta brödet genom linne, hvarefter den blandas med talgen tills det blifver smidigt. Då vispas sju ägg med två skedblad mjölk samt slås till talgen och brödet tillika med tre skedblad socker, ett halft pound förvälda russin och en nypa salt. När detta är väl blandadt smörjes en form, som bör vara försedd med tappt lock, med kallt smör och mjölas, massan stjelpes deri och formen sättes i kokande vatten eller lagom het ugn att gräddas. Sedan kan puddingen antingen uppstjelpas på fat eller sättes servet omkring formen, då den serveras. Den ätes med vin- eller arrackssås.

Sillpudding.

God sill vattenlägges i trenne timmar, hvarefter man fläker och flår den samt borttager benen. Derefter lägges den i litet söt mjölk 1 timme och upplägges sedan på ett rent linne att vätskan urdrages. En form

French plum pudding.

Place half a pound wheat bread in milk to soak. Then clean a pound of suet or ox marrow and chop it fine. Squeeze the milk through a linen cloth from the bread and mix it with the suet until it assumes the consistency of a batter. Next beat seven eggs with two tablespoons of milk and add it to the bread and suet and put in at the same time three spoonfuls sugar, half a pound scalded raisins and a pinch of salt. When well mixed butter a mold with cold butter and flour it. Pour in the mixture and put the mold (which must have a tight fitting cover) in boiling water or in a moderately hot oven to be cooked or baked. It is served with wine or brandy sauce.

Herring pudding.

Soak good herring in water for three hours; then cut in two, flay it and remove all bones. Put it in sweet milk for one hour, then place it in a linen cloth to drain. Butter a mold well and put in a layer of

smörjes väl och deruti bredes ett
hvarf kokt och i skifvor skuren
potatis, och derefter sill; emellan
hvarje hvarf strös med rifvebröd,
och 2 skedblad skirdt smör slås
deröfver. När formen sålunda
blifvit full, vispas 3 eller 4 ägg med
1 quart grädde elller mjölk; hvilket
slås deröfver. Formen ställes i
lagom ugnsvärrne en timme, och
då puddingen har höjt sig och fått
vacker färg, anrättas den med ser-
viette omkring formen. Dertill ätes
skiradt smör eller rörd smörsås.

Njurtalgpudding.

Fyra koppar mjöl, en kopp molas-
ses, 1 kopp njurtalg (suet) sönder-
hackad, ½ tésked soda, ½ pound
russin, ¾ kopp mjölk, litet salt och
kanel. Kokas 2½ timmar. Ätes med
sås.

Kall rispudding.

Något mer än ½ pound risgryn
kokos i nåtgot mer än ½ gallon
grädde 1 timmes tid öfver sakta
eld, nedsättes sedan uti is och
arbetas med träspade tills massan
är till hälften frusen, då iblandas
2 stora krossade marenger och
sedan fint skurna syltade frukter,

boiled potatoes, cut in slices and
upon that a layer of herring, con-
tinuing as long as the herring lasts.
Between each layer strew grated
bread and two tablespoons drawn
butter over it. When the mold is
thus filled, beat three or four eggs
with half a pint milk or cream and
pour over it. Place the mold in a
hot oven for an hour or until it
raises and gets a nice color. When
about to put on the table, cover the
mold with a napkin. Serve with
melted butter.

Suet pudding.

Four cups flour, one cup molas-
ses, one cup suet chopped fine,
half pound raisins, three fourth of
a cup of milk, half teaspoon soda
and a little salt and cinnamon;
boil two and one half hours. To be
eaten with sauce.

Cold rice pudding.

Boil a little more than half a pound
rice in a little more than half a
gallon cream for an hour on a slow
fire; then set it in ice and work it
there with a big wooden spoon
until it freezes slightly; mix into
it several kinds of preserved fruit,
such as pears, cherries, apricots

såsom päron, ananas, körsbär och aprikoser, som fått afrinna väl. Blandningen slås i form, lockets fogningar smörjas med smör så att intet vatten kan intränga och formen nedsättes i is två timmar. Uppslås på ett med servet belagdt fat och serveras.

etc., which have been drained. Put the mixture in a mold and butter all the joints of the cover so that no water can penetrate. Then set the mold in ice for two hours. Dump it on a platter over which a napkin has been spread.

Viktoriapudding.

Grädde 1 quart, rifvet bröd dito, finstött sötmandel blandad med litet bittermandel 6 ounces; detta kokas upp. Sedan tillsättes fyra ounces vaniljsocker, lika mycket potatismjöl. 10 ägggulor, en om sender, och till sist 8 vispade ägghvitor. Denna massa slås i en med kallt smör smord form, beströdd

Victoria pudding.

One quart cream, the same amount grated bread, six ounces pounded sweet almonds mixed with some bitter almonds. Boil this and then add four ounces of vanilla sugar, the same amount of potato starch (or corn starch), 10 yolks of eggs, (one at a time) and lastly eight beaten whites of eggs.

Cold rice pudding,
garnished with
fresh fruit

med finhackad pistage. Formen, med tätt lock sättes i en panna med kokande vatten och får koka 2 a 3 timmar.

This mixture you now pour into a mold well buttered with cold butter and then sprinkle it with fine chopped pistachio.

Potatispudding.

Man kokar potatis och hackar den fin som gryn; derefter uppblandas den med 3 ägggulor, 4 skedblad smält smör, 4 dito söt grädde, Litet rifvet muskot och ett rågadt skedblad hvetemjöl. Sattes i form och gräddas.

Potato pudding.

Boil and chop potatoes very fine and mix it with three yolks of eggs, four tablespoons butter, melted, four spoons cream, grated nutmeg and a spoonful flour. Put in mold and bake in hot oven.

Kokt biscuit- eller mandelpudding.

Till 10 äggulor tages 1 pound strösocker hvilket arbetas väl tillsammans, hvar tillsattes ett hälft pound potatis eller hvetemjöl samt lika mycket sötmandel och 1 ounce bittermandel och rifvet skal af 1 citron. De till ett hårdt skum uppvispade ägghvitorna och ett hälft pound smält smör blandas till den öfriga massan, som sedan fylles i en smord form, hvilken täckes med lock och sättes i med vatten fyld, äfvenledes täckt lock, der den får koka 30 a 45 minuter. Serveras med sås gjord af vin, blandad med röd saft och vatten och afredes med 1 tesked potatismjöl. Såsen

Boiled biscuit or almond pudding.

To ten yolks of eggs add one pound granulated sugar and work the two parts well together. Then add to this one half pound wheat flour and as much sweet almonds and one ounce bitter almonds, together with the rind of a lemon, grated. Having beaten the whites of the eggs to a hard froth, mixing with it half a pound of melted butter, you now pour it all into a mold and cover it with a tight fitting lid. Put this mold in a pan or kettle filled with water and provided also with a tight cover. Then boil from thirty to forty-five minutes. This pudding is served with sauce made

kan också blandas med apelsinsaft och socker, hvari först kokats 1 i skifvor skuren apelsin.

Apelsinpudding.

Af 4 apelsiner och 2 citroner af-guides det gula skalet på ett stycke socker, och saften kramas derur till sockret, hvilket sedan sättes på elden att koka med en pint gelatin. Dertill vispas 3 ägg samt ¼ pint franskt vin. Sedan detta är kokt, ställes det att afsvalna. Söt grädde vispas till hårdt skum och nedröres i blandningen, som nu slås i en form på is för att stelna. Då den skall anrättas, doppas formen hastigt i hett vatten, puddingen up-pstjelpes på fat och garneras med i sockerlag kokade apelsin-klyftor, på hvilka skalen äro aftagna; en biscuit lägges emellan hvarje klyfta.

Varm citronpudding.

Det gula skalet af 4 citroner afg-nides på ett stycke socker, hva-refter saften kramas ur dem. Ett mått som håller 1 pint fylles med hälften franskt vin och hälften vat-ten, hvartill man tager 20 ägggulor

of wine mixed with juice of fruit and water; thicken with a spoonful flour. Or you may mix the wine with the juice of lemon with sugar. Boiled biscuit or almond pudding.

Sweet orange pudding.

Rub the yellow rind from four sweet oranges and two lemons; then squeeze the juice over some sugar, which put over the fire to boil together with a pint gelatin, three beaten eggs and ¼ of a pint French wine, (bordeaux). When it has boiled let it cool. Beat sweet cream to a hard froth and mix it in and place all in a mold on ice to freeze. When ready to serve, dip the mold quickly in hot water and dump the pudding on a platter; garnish with orange slices boiled in sugar. Put a biscuit between each piece.

Warm lemon pudding.

Rub the rind from four lemons; squeeze out the juice on a piece of sugar. Fill a pint bowl with half French wine and half water; add twenty yolks of eggs and sugar to

och socker efter smak, hvilket allt sättes på frisk eld att koka under flitig vispning och aflyftes genast när det tjocknar, samt ställes att svalna litet. Under tiden vispas hvitorna till hårdt skum, hvilket sakta nedröres i crémen, som genast hälles i en silfver-kastrull, beströs med socker och införes i lagom ugnsvärme. Då puddingen höjt sig, uttages den och serveras genast.

suit; put on stove and boil, beat and remove when it gets thick. Beat the whites of the eggs well and mix them with the rest; place all in a silver pan, sprinkle with sugar and put in oven to bake. It is done when it rises.

Laxpudding med risgryn.

Tvätta 1 pint risgryn 3 gånger i varmt vatten och koka den sedan i 3 pints söt mjölk och ett halft pound smör tills de äro utsvälda. Då blandas deri 6 ounces socker, litet muskot och 3 a 4 ägg; två pounds salt lax, vattnad och hackad, lägges i ett fat; deri blandas litet om sender af risgröten, tills allt är sammanblandadt, då massan lägges i en väl smord och beströdd form och gräddas i ugn, Då puddingen höjt sig lägges den på fat och serveras varm med kaprissås.

Salmon pudding with rice.

Wash one pound of rice thoroughly three times in warm water and boil it in three pints sweet milk and a half pound butter until it has swelled. Then add six ounces sugar, a little nutmeg and three or four eggs. Meanwhile, have ready on a big platter two pounds salt salmon, which has been well soaked and chopped; mix that slowly together with the rice and finally put all in a well buttered mold and bake in oven. When the pudding rises bake it out and put it on a plate and serve with caper sauce.

Äggpudding.

Åtta agg, en half sked mjöl, 1 tésked salt; 1 quart mjölk kokas

Egg pudding.

Beat eight eggs with half a spoon of flour; boil a quart of milk with

med en sked smör och slås under vispning på äggen; bakas i het ugn och serveras med köttbullar.

a spoonful butter and pour over the eggs, beating briskly while so doing. Bake in hot oven and serve hot with meat balls.

PAJER.

Deg för pastejer.

Ett pound mjöl, dessutom något mjöl att strö på rullen samt bakbrädet. Ett halft pound smör och något ister. Skär smöret och istret genom mjölet,som först bör silas. Smeten blandas sedan med kallt vatten, så att den rullar lätt. Den bör ej knådas eller vidröras med händerna mer än som är nödigt.

Pösig deg.

Till livart pound af mjöl tagesett pound smör samt närmare en half pint vatten. Mjölet och smöret böra noga vägas så att det blir i lika proportioner. Krama smöret så att det blir fritt från vatten, hvarefter det torkas med en duk; mjölet bör silas och vara alldeles törrt. Degen tillredos på följande sätt: Ett pound mjöl arbetas till en jemn smet, med ej fullt en pint vatten, hvarunder en knif brukas att blanda med. Om för mycket vatten brukas blir

PIES.

Paste for pies.

One pound of flour, a little more for rolling-pin and board, half a pound of butter and same amount of lard. Cut the butter and lard through the flour (which should be sifted) and mix with sufficient ice-water to roll easily. Avoid kneading it and use your hands as little as possible in mixing.

Puff paste.

To every pound of flour allow one pound of butter, and not quite half a pint of water. Carefully weigh the flour and butter and have the exact proportion; squeeze the butter well to extract the water from it, and afterwards wring it in a clean cloth, that no moisture may remain. Sift the flour; see that it is perfectly dry, and proceed in the following manner to make the paste, using a clean pasteboard and rolling-pin. Supposing the quantity to be one

bakelsen seg då den blir färdig. Degen rullas ut tills den blir af en jemn tjocklek af 1 tum. 4 ounces smör skäres i små stycken samt ställes på degen. Något mjöl silas deröfver hvarpå degen hopvikes, åter utrullas, hvarpå åter fyra ounces smör tillsättes. Detta upprepas tills degen rullats och smör tillagts fyra gånger, eller lika mycket smör som mjöl brukats. Glöm ej att hvar gång degen rullats något mjöl bör silas öfver så väl degen som bakbrädet och rullen, till att hålla dem från att klibba vid hvarandra. Degen bör handskas så litet som möjligt och bör ej pressas hårdt med rullpinnen. Det nästa att se till är ugnen, enär bakningen af porös deg kräfver synnerlig uppmärksamhet. Degen bör ej ställas i ugnen förr än den senare år tillräckligt het att bringa degen att jäsa sig emedan den bäst tillagade deg, om ej ordentligt bakad, blir af intet värde. Om degen borstas för livar gång den rullas ut och blandas med smör, och ägghvita tillsattes, gifver det ett godt resultat vid pösningen. Denna metod bör derför föredragas.

pound flour, work the whole into a smooth paste, with not quite half a pint water, using a knife to mix with; the proportion of water must be regulated by the discretion of the cook; if too much be added to the paste, when baked, it will be tough. Roll it out until it is of an equal thickness of about an inch; break four ounces of butter into small pieces; place these on the paste, sift over it a little flour, fold it over, roll out again, and put in another four ounces of butter. Repeat the rolling and buttering until the paste has been rolled out four times, or equal quantities of flour and butter have been used. Do not omit, every time the paste is rolled out, to dredge a little flour over the paste and the rolling-pin to prevent from sticking. Handle the paste as lightly as possible and do not press heavily upon it with the rolling-pin. The next thing to be considered is the oven, as the baking of pastry requires particular attention. Do not put it into the oven until it is sufficiently hot to raise the paste, for the best prepared paste, if not properly baked, will be good for nothing. Brushing the paste as often as rolled out and the pieces of butter placed thereon, with the white of an egg, assist it to rise in leaves or flakes. As this is the great beauty of puff-paste, it is well to try this method.

Mince paj.

Denna i Amerika så allmänt bru-
kade pajsort tillredes som följer:
2 stora koppar eller spil-kummar
skurna äpplen, en dito finhack-
adt kött, ¼ pound hackad talg
(suet), saften och det rifna skalet
af en citron (lemon), två tékoppar
molasses, 1 tésked kanel, en dito
nejlikor, en dito muskott fint rifven,
1 pound russin utan stenar, ett halft
pound vinbär, ¼ citron (lemon)
fint skuren, 1 quart cider och salt
samt socker efter behag. Allt detta
blandas och gräddas.

Mince pie.

Use two bowls chopped apples,
one of chopped meat, quarter
pound chopped suet, the grated
rind and juice of a lemon, two tea
cups molasses, one large teaspoon
each of cinnamon and cloves, one
nutmeg grated, one pound stoned
or seedless raisins, half a pound
currants, a quarter of a lemon cut
fine, one quart cider and sugar and
salt to taste. Everything should be
mixed together and baked.

Miniature mince pies

Citron paj.

Saften och det rifna skalet af 1
citron (lemon), 1 rågad matsked
corn starch blandas med vatten;
tillsätt 1 kopp kok-hett vatten och
låt det sedan koka litet. Blanda nu
de båda satserna. Vispa 1 agggula
och slå den uti det andra; vispa
nu 2 ägghvitor tills det blifver
skum med något socker deri och
häll detta öfver pajen sedan den
gräddats. Pajen sättes derpå åter i
ugnen för att ytan må brynas.

Pumpkin paj.

För 3 pajer tages: 1 quart mjölk, 3
koppar kokad och silad pumpkin,
1½ kopp socker, 1½ dito molasses,
4 ägg, litet salt, samt 1 tésked hvar-
dera ingefära och kanel. Har man
icke pumpkin, kan man begagna
s.k. Boston marrow eller Hubbard
squash, som af mån ga föredrages
såsom besittande en mildare smak.

Äppel paj.

För 3 pajer stufvas suräpplen tills
de blifva riktigt lösa, ehuru med
så litet vatten qvar som möjligt uti
dem; för hvarje paj vispas nu 3 ägg,
och för de 3 pajerna användas till-

Lemon pie.

Grate the yellow rind and take the
juice of one lemon, take a heap-
ing tablespoon of corn-starch and
mix it with cold water; add a cup
of boiling water, and cook a little;
turn together; beat the yolk of one
egg and add to the mixture; beat
the whites of two eggs to a froth
with a little sugar and put over the
top after the pie is baked. Set in the
oven to slightly brown.

Pumpkin pie.

For 3 pies; 1 quart of milk, 3 cups
of boiled and strained pumpkin,
one and a half cups sugar, half cup
molasses, 4 eggs, a little salt and 1
teaspoon each of ginger and cin-
namon. Boston marrow or Hub-
bard squash may be substituted
for pumpkin, and are preferred by
many people, as they have a less
strong flavor.

Apple pie.

Stew sour apples until soft and
not much water is left in them
and rub them through a colan-
der; beat three eggs for each pie
and use one cup butter and one

sammans 1 kopp smör och 1 dito mjöl, samt muskott efter behag.

of flour for three pies, nutmeg seasoning.

Paj med grädde.

Vispa myckel val tillsammans ½ kopp socker, 1 ägghvita och 1 matsked mjöl; dertill sättes vidare 1 kopp god söt mjölk, eller mjölk och grädde tillsammans. Grädda pajen med endast underskorpa (under crust) och beströ den öfversta sidan med rifven muskott.

Cream pie.

Thoroughly beat together half a cup sugar, the white of an egg and a tablespoon flour; then add a cup of rich milk, or part cream; bake with only an undercrust, and grate nutmeg over it.

Aprikos-paj.

Bestryk en pajpanna med puff-smet, fyll den sedan med skalade aprikoser (peaches) skurna i half-vor eller fjerdedelar och betäck dem val med socker: gör en skorpa öfver den och grädda den.

Peach pie.

Line a pie-tin with puff-paste, fill with pared peaches, and cut in halves or quarters, well covered with sugar; put on an upper crust and bake.

Körsbärspaj.

Bestryk pannan väl med smet (paste), fyll den sedan med mogna körsbär och socker efter behof, allt som körsbären äro mer eller mindre söta. Betäck med skorpa och grädda. Ätes kall med hvitt strösocker.

Cherry pie.

Line the dish with a good crust and fill with ripe cherries, regulating the quantity of sugar you scatter over them by their sweetness. Cover and bake. Eat cold with sugar sifted over the top.

Falsk mince paj.

1 ägg, 3 a 4 crackers, ½ kopp
molasses, lika mycket socker, lika
mycket ättika, half kopp starkt té,
1 kopp hackade russin, ett stycke
smör. Grädda.

Mock mince pie.

One egg, three or four crackers,
half cup molasses, half a cup sugar,
half cup vinegar, half a cup strong
tea, one cup chopped raisins, a
piece of butter. Bake.

Peach pie

NIONDE AFDELNINGEN.
Part Nine.

KAKOR OCH BAKELSER.

CAKES AND COOKIES.

Anmärkning. Allt mjöl och socker, som skall användas, måste siktas och vägas. Mycket hårdt smör bör värmas något, men ej smältas; är det salt och packadt, bör det friskas upp i kallt vatten sedan det först brutits i bitar. Blott när man begagnar sur mjölk kan man begagna soda, men med söt mjölk måste man använda cream of tartar eller "baking powder". För alla hvita och fina cake-sorter användes pulvriseradt socker; för s.k. rich cake begagnas bite socker jemtepulvriseradt, ock för mörka slag tager man brunt socker. Gamla och vana cake-tillverkare pläga först röra mjölken och alla biämnen tillsammans med smöret och sockret, derpå äggulorna, sedan hvitorna och till sist mjölet.

Remarks. All sugar and flour to be used should be sifted and weighed. Very hard butter should be warmed a little but not melted; if salted and packed, freshen it with cold water since first broken in pieces. It is only when sour milk is used that soda can be used, but with sweet milk, cream of tartar must be used or baking powder. For all white and fine kinds of cake, use powdered sugar; for so called rich cake, use crushed sugar and powdered mixed, and for dark cakes, use brown sugar. Old cake makers with experience are in the habit of beating the milk and all minor ingredients with the butter and the sugar, then the yolks of the eggs, then the whites and lastly the flour.

Chokolad-kaka.

En kopp smör, 2 koppar socker, 5 ägg, af hvilka 2 ägghvitor utelemnas, en knapp kopp mjölk, 2 téskedar "baking-powder"; blanda väl i 3 koppar mjöl, hvarpå bakning sker i 2 långa tennpannor. De 2 öfverblifna ägghvitorna vispas väl. Blandas sedan med närmare en och en half kopp socker, litet vanilj, samt 6 téskedar rifven chokolad. Kakan bestrykes med denna smet sedan den bakat och kallnat.

Kejsarkaka.

1 pound mjöl, ett halft pound smör, 12 ounces socker, 4 ägg, ett halft pound vinbär (väl tvättade), en half tésked soda, upplöst i varmt vatten, en half citron (lemon) rifven, och en tésked kanel. Bakas i små kakor å papper smordt med smör.

Fin brud-kaka.

Tag 4 pounds siktadt mjöl, 4 pounds godt, färskt smör uppvispadt likt grädde, 2 pounds hvit pulvriseradt socker; vidare 6 ägg för hvarje pound mjöl, 1 ounce

Chocolate cake.

One cup butter, 2 of sugar, 5 eggs, leaving out 2 of the whites, 1 scant cup of milk, 2 teaspoonfuls of baking powder; mix well in 3 cups of flour, bake in 2 long shallow tins. Glaze: Beat the whites of 2 eggs to a stiff froth, add a scant cup and a half of sugar; flavor with vanilla, add 6 tablespoons of grated chocolate; add the glaze when the cake is cold and cut in diamond slices.

Imperial cake.

One pound of flour, half a pound of butter, twelve ounces of sugar, four eggs, half a pound currants, (well washed), half a teaspoon soda dissolved in hot water, grated rind and juice of half a lemon, and one teaspoonful of cinnamon. Drop from a spoon upon a well buttered paper lining a baking pan. Bake quickly.

Rich bride cake.

Take four pounds sifted, flour four pounds sweet, fresh butter beaten to cream, two pounds powdered sugar; take six eggs for each pound of flour, one ounce mace

muskott eller muskott-blomma
ock en matsked af citron (lemon)
extrakt eller orangeblom-vatten.

or nutmeg and a tablespoonful of
lemon extract or orange flower
water.

Drottning-kaka.

Queen cake.

Uppvispa 1 pound smör till
grädde, blandadt med en matsked
rosenvatten; tillsätt sedan 1 pound
fint hvitt socker, 10 väl vispade ägg
och 1 pound (eller något mer) sik-
tadt mjöl. Blanda det väl tillsam-
mans och tillsätt ett kalft pound
skalade mandlar som först blötts
och förvandlats till deg. Smörj
tennpannor med smör, belägg
kanterna med hvitt papper, fyll i
massan till ett djup af en och en
half tum och grädda en timme.

Beat a pound of butter to cream
and mix with a tablespoonful
rosewater; add a pound fine
white sugar, ten beaten eggs and a
pound and a quarter sifted flour.
Mix well and beat, and then add
half a pound of shelled almonds,
blanched and beaten to a paste.
Butter tin basins, line them with
white paper, till in the mixture one
inch and a half deep, and bake for
one hour.

Svamp-kaka.

Sponge cake.

Tvä personer böra vara med vid
tillredningen af denna sorts cake.
Medan den ene vispar ägggulorna,
vispar den andre hvitorna 15 a 20
minuter; derpå invispas ¾ pound
socker med rosenvatten tills det
blir tunnt. Nu tages den vispade
hvitan och vispas tillsammans med
¼ pound socker. Den sista satsen
slås derefter tillsammans med
den första och mjölet tillsättes.
Detta sker genom att gradvis och
i små portioner vispa det ena uti

The desirable feature of good sponge
cake is its lightness, which is only
attained by long continued hard
beating; to do this well requires two
persons. While one beats the yolk
for fifteen or twenty minutes, as light
and creamy as possible and then
beats in three-quarters of a pound of
sugar with rose water until thick and
light, another person should beat the
whites until well frothed, then slowly
beat into them the remaining one-
quarter pound of sugar and whisk

Sponge cake with ground nuts and grated lemon

det andra. Men vispningen bör ske sakta, emedan massan armars hårdnar. Fyll pannorna omkring halfful-la, kanske något mer, strö socker deröfver och grädda med ej allt för stark hetta. Materialerna äro dessa: 10 ounces mjöl, 1 pound pulvriseradt socker, 12 ägg, tvä skedblad rosen vatten, samt vanilj och citron (lemon) efter behag.

it until it no longer stiffens, or until the former preparation is complete. Now, lightly and steadily add the last mixture and the flour with the first, a little of each alternately, stirring only enough to mix them well, avoiding hard beating which would toughen the whole. The buttered pans should be ready, and whether round, square or patty pans, fill them half to ⅔ full; sift sugar over them and bake in a moderate oven. Ingredients: Ten ounces of sifted pastry flour, a pound powdered sugar, twelve eggs, two tablespoons rose water, or other flavors may be used, as almonds, using an ounce blanched bitter almonds; lemon, use the grated rind and juice of two large lemons, mixed and strained after standing an hour, vanilla, use a tablespoon of vanilla sugar, beat in with the yolks at first—the two others mix with the sugar.

Födelsedags-kaka.

Ett och ett halft pound fint socker, lika mycke smör, 3 och ett halft pounds torkade vinbär, 2 pounds hvetemjöl, ett halft pound sockradt citronsskal, ett halft pound mandel, 2 ounces kryddor, det rifna skalet af 3 citroner (lemons) 18 ägg, ¼ pint brandy. Låt det grädda i 3 timmar.

Birthday cake.

One and half pound fine sugar, the same amount of butter, three and a half pounds of dried currants, two pounds of flour, half a pound candied peel, half a pound almond, two ounces spices and the grated rinds of three lemons, eighteen eggs and a gill of brandy. Bake in oven three hours.

Guld- och silfverkaka.

Gulddelen: 8 agggulor, 1 knapp kopp smör, 2 koppar socker, fyra koppar mjöl, l kopp sur mjölk, 1 tésked soda, 1 matsked cornstarch samt litet citron och vanilla. *Silfuerdelen:* 2 koppar socker, 1 kopp smör, 4 koppar mjöl, 1 kopp sur mjölk, 1 tésked soda, 1 dito corn starch. 8 ägghvitor samt litet mandel. Pannan ifylles med ett skedblad af guld och ett skedblad af silfver-delen om hvartannat.

Gold and silver cake.

Gold part: eight yolks of eggs, one cup of butter, two cups sugar, four cups flour, one cup sour milk, one teaspoon soda, one teaspoon corn starch and some lemon or vanilla. *Silver part:* two cups sugar, one of butter, four of flour, one of milk, one teaspoonful soda, one teaspoon corn starch, eight whites of eggs and some almonds. Put in one spoon of each part alternately.

Kaka i hast.

2 ägggulor och 2 hela ägg vispas med 3 matskedar socker tills det hvitnar. Då iröres litet citronrasp och några stötta bittermandlar samt ett rågadt matskedblad potatismjöl; gräddas i en smörad och med rifve-bröd bestruken form.

Hasty cake.

Two yolks and two whole eggs you beat with three tablespoonfuls sugar until it whitens. Then stir in a little grated lemon rind and a few pounded bitter almonds and a heaping spoonful of corn starch. Bake in buttered and breaded molds.

Blixtar.

1 pound smör röres med ett halft pound socker tills det pöser och bildar blåsor. Då iröras två hela ägg, vispade tillsammans med 2 hvitor, litet stött kanel och bitter-

Lightnings.

Stir a pound of butter together with half a pound sugar until it rises and forms small bladders. Then add two whole eggs, beaten with two whites, a little pounded

mandel, 1 téskedblad hjorthorns-
salt och 1 pound mjöl. Massan slås
ut på plåtar, gräddas och skares i
rutor. De kunna torkas och bev-
aras en tid.

Emmys kaka.

Äpplen skalas och klyfvas, ka-
trinplommon (eller annan sort)
förvälles och urkärnas, båda
delarne kokas i godt sockerlag.
Ett stycke socker hastigt dop-
pad i vatten sättes på elden i en
tackjernskastrull att smälta tills
det blir brunt, men aktas noga
att det ej brännes. Det hälles i en
förut uppvärmd form; de kokta
äpplena och plommonen läggas
på sockret och öfverslås med en
god äggstadning. Gräddas i ugn,
uppstjelpes och serveras med
vaniljsås.

Frukt-kaka.

En kopp smör, 1 kopp brunt
socker, en half pint sirup, 2 ägg, en
kopp sur mjölk, 1 tésked soda, 1
pound mjöl, ett och ett halft pound
korinter, ett och ett halft pound
russin samt kanel och kryddpep-
par.

cinnamon and bitter almonds, a
spoonful gelatin and a pound of
flour. Pour out the mixture on flat
pans, bake, and cut in squares.
This cake can be dried and pre-
served for some time.

Emmy's cake.

Pare and cut in two a number of
apples, scald some plums, and re-
move their kernel stones and then
boil both parts together in strongly
sugared water. A big piece of sugar,
quickly dipped in water, must now
be put in a wrought iron pan over
the fire to be browned, but careful-
ly guarded against burning. Place
the sugar in a previously heated
mold and put on the top the boiled
apples and plums, which cover
with beaten eggs. Bake in oven, tip
over plate when ready, and serve
with vanilla sauce.

Fruit cake.

One cup butter, one cup brown
sugar, half pint syrup, two eggs,
one cup sour milk, one teaspoon
soda, one pound flour, one and a
half pounds currants, add some
raisins and cinnamon and spices
to taste.

Fruit cake

Ekonomisk kaka.

Man tager: 1 pound mjöl, ¼ pound socker, ¼ pound smör, eller ister, ½ pound korinter (vinhär) 1 tésked soda, 4 ägghvitor och ½ pint mjölk. Anmärkas bör att man, om man vill vara sparsam, kan undvara både äggen och korinterna och ändå få en rätt god kaka. Uppvispa hvitorna till smörets tjocklek och iblanda alla andra beståndsdelar utom sodan, som tillsättes sist, då allt är väl arbetadt. Lägg kakan i en smörad form och grädda den i lagom ugnshetta en och en half timme.

Economical cake.

One pound flour, quarter pound sugar, quarter pound butter or lard, half pound currants, one teaspoon soda, four whites of eggs and half a pint milk. To be very economical you can make a very good cake even if you leave out the eggs and currants. Beat the batter to a cream and stir in all the ingredients but the soda which, you add lastly when all is well worked. Put the cake into a buttered mold and bake in a moderately heated oven one hour and a half.

Kalifornia-kaka.

2 koppar socker, 1 kopp smör,1 kopp mjölk, två hela ägg, 3 téskedar baking powder och 3 koppar siktadt mjöl jemte den frukt man önskar samt s.k."flavors." Detta äro nog för 2 kakor.

California cake.

Two cups sugar, one cup butter, one cup milk, two whole eggs, three teaspoonfuls baking powder and three cups sifted flour. Also fruit and flavors to suit. This recipe is enough for two cakes.

Mördeg till bakelser.

1 pound smör sättes på elden och när det är väl smält, hälles det upp i ett fat, men aktas derunder att ej saltet medföljer. Det vispas

Dough for fine cookies.

Put a pound of the best butter you can get over the fire, and when it is well melted, pour it on a platter, taking care that the salt does not

eller röres sedan tills det blir hvitt som grädde. Derpå tillsättas 5 eller 6 ägggulor och så mycket godt hvetemjöl, att det blir som en lös deg. Sist röres ¼ pint grädde deruti. Degen ställes sedan att väl stelna. Under tiden smörjer man de formar man skall använda, med kallt smör och strör derpå litet hvetemjöl. Sedan tages med en träsked af den stelnade degen och strykes jemnt öfver formarna dermed till en half tums tjocklek. Denna deg passar till allt slags kött, hvaraf man vill göra pastejer.

På annat sätt.

Ett pound mjöl, ¾ pound smör, ett halft pound socker, 2 ägg och litet citronrasp arbetas väl till en deg, som lägges att hvila, hvarefter den begagnas till tébröd, kringlor m.m.

Savarinbakelser.

Ställ 1½ pound hvetemjöl att torka i närheten af stoven. Gör ett hål i mjölet och slå deri ½ ounce jäst blandad med litet söt mjölk (¼ pint). Rör om detta så att det blir en tunn deg, och när denna börjar höja sig, tillsattes 8 hela ägg, ½ pound socker, något litet mjölk

come with it. Then beat it until it becomes white and frothy like cream. Add five or six yolks of eggs and enough fine sifted flour to make a thin dough. Mix quarter pint cream in this, and put the dough aside to become stiff, meanwhile you butter the molds to be used with cold butter, then cover with flour with a wooden spoon, you now take the stiffened dough and line the molds with it to a depth of half an inch. This dough is suitable to make pastry for any kind of meat dish.

In another way.

One pound flour, three-quarters pound of good butter, half a pound of sugar, two eggs and a little grated lemon rind. Work it well and set aside to be used for tea bread, etc.

Savarin cookies.

Put one and a half pounds of flour to dry near the stove, make a hole in it and put in ½ ounce yeast and ¼ of a pint milk. Beat to a thin dough, and when it rises, add 8 whole eggs, half pound sugar, some milk and ¾ pound of well worked butter. Mix well with the

och ¾ pound färskt och något
arbetadt smör, hvarefter alltsam-
mans väl blandas med handen och
lägges på ett bakbord. Der arbetas
den och lägges sedan i smorda
formar, som ställas att jäsa. Gräd-
das och doppas i sockervatten med
vanilj uti.

hand and put on a baking table
and work it until it no longer sticks
to the table. Put in buttered molds,
bake, and then dip in sugar water
mixed with vanilla.

Vaniljbakelser.

Ett halft pound smör med ett
quart vatten sättes på elden; när
det kokar, iröres så mycket mjöl,
att det blir som en vanlig deg,
hvarefter det aflyftes, och 6 hela
ägg i röras, blott ett i sänder, dertill
socker efter smak. När detta är väl
inarbetadt, upplägges det på en
kopparplåt, hvarpå det får ligga
tills det blir kallt. Då tager man
deraf ett stycke i sänder och gör
rullar, hvaraf skäres tärningar,
hvilka kokas i flottyr, hvarunder
de vändas. Då de äro gulbruna
uppläggas de på grått papper, att
flottet må dragas ur dem. Derefter
uppläggas de högt på ett fat samt
öfverströs med vaniljsocker.

Vanilla cookies.

Put half a pound butter and a
pint and a half water over the fire;
when boiling stir in flour enough
to make a common dough. Lift it
off and add six whole eggs, one
at a time and sugar to suit. When
well worked, put it up on a metal
plate, copper preferred and let
it remain until cold. Then take a
piece at a time and make rolls, out
of which make dice and cook in
lard, turning them all the time.
When brown put them up on
paper to be drained from the lard.
Finally place them in a heap on a
platter and sprinkle vanilla sugar
over them.

Mandelbakelser.

Fran ½ pound smör skires saltet
väl och röres tills det har höjt sig
och synes hvitt. Sedan röres deruti

Almond cookies.

Work half a pound drawn butter
until white; mix in half pound
flour. Beat eight yolks with half a

½ pound hvetemjöl; 8 ägggulor röras tillsammans mod ½ pound finsiktadt socker åt en sida mycket väl, hvarefter detta med det förra sammanblandas. Hvitorna vispas till hårdt skum och iröras sist. Man lägger ett papper på en plåt och tager sedan med en sked små plattar af massan och lägger derpå. De öfverströs derefter med finskuren söt- och bittermandel, blandad med socker, och insättas sedan i ugnen.

pound fine sugar and add this to the other part. Beat the whites of the eggs to a froth and stir them in at last. Put paper on a pan and upon it in small portions, the dough, and cover with sugar and almonds. Place in oven and bake until light brown.

Almond cookies

Äggbakelser.

8 ägg, 1 tékopp socker och 4 matskedar smält smör arbetas med så mycket godt mjöl, att det blir som en lös deg, hvilken utkaflas tunn. Häraf utskäras sedan små rundelar som fasttryckas i små formar, smorda med skiradt smör samt prickas med en nål. Gräddas ljusbruna i ugnen, stjelpas ur formarna och fyllas med citronkram eller vispad grädde, blandad med sylt.

Egg cookies.

Eight eggs, one teaspoonful sugar and four of butter should be worked together with flour enough to make a moderately thick dough, which then should be rolled out quite thin. Of this, cut small round cakes and put them in small molds battered with melted butter and prick them with a needle. Bake them till they become a light brown, dump them on platters and fill them with preserves.

Pepparkakor.

Blanda 1 quart sirap, ½ pound socker, 6 skedar grädde, 4 ägg, från hvilka 2 af hvitorna borttagits. ½ ounce pottaska och 1 pound mjöl; tillsätt pomerans-skal, fint skurna nejlikor och anis, och kanel; vidare ½ pound mjöl; arbeta det och låt det hvila en stund. Kafla ut och grädda i blockformar.

Molasses cookies.

Mix one quart syrup, half a pound sugar, six tablespoons cream, four eggs, from two of which remove the whites, half an ounce potash (salts of tartar) and one pound flour; add orange peels, cloves cinnamon, anis seed and half a pound flour. When well worked let it rest awhile and then roll it out, cut and place in tin molds to bake.

Smörbakelser.

Vanlig smördeg utkaflas till ¼ tums tjocklek och formas med bleckmått i halfmånar. En smet göres af socker och mandelmassa samt röres med vispad ägghvita

Butter cookies.

Common butter dough, prepared for similar purposes, is rolled out to a thickness of quarter of an inch. Then make a thin batter of sugar and almonds, beaten with

så att den blir smidig och låter smeta sig och bredos derefter med en knif tunnt på bakelsen, som beströs med fint socker och införes i ugn att gräddas. Anrättas i pyramid.

the whites of eggs so as to become pliable; mold the cookies and line them with this batter and finally strew them with sugar and bake them Arrange them as pyramids.

Vienerbakelser.

Man tager 10 skedblad skirdt smör och rör det tills det höjer sig och ser hvitt ut. Deruti röres 4 ounces hvetemjöl; sedan vispas 8 ägg-gulor väl med 5 ounces finstött och siktadt socker; detta blandas tillsammans med det förra. Då ugnen är tillreds, hvilken ej får vara hetare än att ett papper, som lägges deri blir brunt, så har man tillreds små formar smorda med kallt smör, uti hvilka smeten hälles, men ej så att de blifva för fulla; de insättas genast att gräddas.

Vienna cookies.

Beat ten tablespoonfuls melted butter until it rises and assumes a white appearance, stir in four ounces flour. Next, beat eight egg yolks with five ounces sifted sugar. Mix both parts. When the oven is ready, (the oven must not be hotter than to make a white paper brown when put into it), put the batter in small molds, buttered with cold butter and bake.

Tårtor.

Spansk smörtårta.

Vanlig smördeg utkaflas till en slants tjocklek; af den skäres en botten efter anrättnings-fatets storlek. Sedan skäres en dylik, men mindre och tunnare, och vidare så

Tarts.

Spanish butter tart.

Roll common tart dough to the thickness of a twenty-five cent piece. Out of this cut a bottom according to the size of the platter intended for serving. Then cut

många man behagar, allt mindre och mindre, vanligtvis dock 6 eller 7. De läggas nu hvar för sig på en smord plåt att gräddas i lagom varm ugn. De anrättas med sylt emellan hvarje botten—den största underst och den minsta öfverst. Sedan vispas några ägghvitor till skum och deri blandas ett halft pound siktadt eller pulvriseradt socker samt några droppar citronsaft. Detta strykes nu jemnt öfver tårtan och derpå hvitt groft socker. Gräddas 15 minuter i svag ugnsvärme.

Engelsk blindtårta.

En botten af smördeg tillskäres efter fatets storlek samt lägges på en plåt med smordt papper under, hvarefter något slags sylt bredes derpå, men ej för nära kanten; nu vätes den med vatten, och en dylik botten läg-deruppä samt skäras litet med en bakelsesporre och öfverpenslas med uppvispad ägghvita; derefter föres den in i ugn att gräddas, och när den är gräddad, öfversiktas den med socker, införes åter i ugn och glaseras.

a smaller and thinner and so on until you have cut it up in smaller and smaller pieces, commonly 6 or 7. Put them separately on a buttered plate to be baked. When baked and ready to be served, place the largest undermost and the rest in order of size. Beat some whites of eggs to a froth and mix it with half a pound fine sugar and a few lemon drops. Polish the tarts with this and sprinkle the surface with coarser sugar. Put it in a moderately hot oven for a few minutes and then serve.

English blind tart.

Take already prepared tart or cake dough and proceed as in the previous recipe. When cut, put it on a platter spread with buttered paper and put some preserves on top; then wet with water and another cut on the first one. Then take a feather dipped in whites of eggs and pass it lightly over the surface. Bake in oven and when done sprinkle with sugar, after which pass into the oven again to be glazed.

Mandeltårta.

Man tager 1 pound mandel och 1 pound socker, hvilket stötes hvart för sig; sedan sönderslås 24 ägg med hvitorna för sig; till gulorna slås sockret, hvilket omröres med en slef, och sedan mandeln, som nu röres tills det bläddrar sig. Tolf ägghvitor vispas till hårdt skum och tilläggas slutligen; hvarefter alltsammans slås i en väl smord form, hvilken insättes i lagom ugnsvärme. Den, som vill hafva tårtan glaserad, kan uppvispa ägghvitor med socker till hårdt skum och bestryka tårtan dermed.

Almond tart.

Take a pound of almonds, 1 pound sugar, and pound them separately; break 24 eggs and part the yolks from the whites, add the sugar to the yolks and mix well and then add the almonds. Finally add 12 beaten whites and now put the whole into a mold to be placed in the oven, which must not be too hot. If you wish the tart glazed, beat whites of eggs with sugar and pass with a feather over the surface.

Brödtårta.

Härtill tages, för omkring 18 personer, 12 ägggulor och 5 hvitor, hvilka röras åt en led med ett halft pound socker tills det börjar höja sig, då man ilägger ett halft pound skållad och stött mandel, 3 ounces stött och finsiktad kryddlimpa, ett skedblad stött kanel och 2 stötta nejlikor. De öfriga ägghvitorna vispas till hårdt skum och nedrörassist, hvarefter massan hälles i en smord form och insättes i svag ugnsvärme en timme. Tårtan uppstjelpes på fat och serveras med sylt.

Bread tart.

Supposing you have eighteen persons to serve, take twelve yolks of eggs and five whites, mix well with half a pound of sugar until it rises, when you add half a pound of pounded almonds scalded, three ounces pounded bread, one tablespoonful pounded cinnamon and two spoons cloves. Beat the other whites to a hard froth and add them also, and then put it all in a buttered mold and place in the oven, taking care that the heat is not too strong. Serve with jam.

*Almond tart sprinkled
with sliced almonds*

Pudertårta.

Tjugu ägggulor röras åt en led en
timme tillsammans med 1½ ounces
skalade och fint stötta bittermand-
lar, hvarefter ett halft pound rifvet
och siktadt socker, 5 ounces puder
som något förut fått torka och sist
16 ägghvitor, vispade till hårdt
skum, sakta iröras. Nu har man
tillreds en med skiradt smör smord
och med mjöl bestruken form, hvari
tårtan gräddas i svag ugnsvärme.

Powder tarts.

Twenty yolks and one and a half
ounces shelled and pounded bitter
almonds; mix this and add half a
pound fine powdered sugar, ten
whites of eggs, beaten into a hard
froth. Have ready a mold, buttered
with melted butter and floured.
Put the batter in and bake with low
heat.

Fransk tårta med sylt.

Tag 12 ägggulor, 4 hela ägg, och
3 pints pulvriseradt socker som
arbetas tills det börjar blifva hvita-
ktigt; då hälles ⅛ pint skirat smör
deruti, hvarpå inarbetas så mycket
mjöl att degen låter kafla sig så
tjock som ett femtiocentsstycke,
hvarur sedan skaras 9 a 10 kakor,
runda eller aflånga allt efter behag.
Dessa sättas på plåtar, smorda med
smör och piggas med en nål, att
de ej blifva blåsiga, hvarefter de
gräddas bruna. Läggas sedan på fat
med olika sylt emellan hvarje kaka.
Sedan kokar man socker i vatten
tills det börjar tråda sig; man dop-
par sedan fingret eller en sticka i
kallt vatten ochderpå i sockret, och

French tart with preserves.

Work together twelve yolks,
four whole eggs, and three pints
powdered sugar until it begins
to appear white; then pour in an
eighth of a pint melted butter and
add fine flour, sufficient enough
to allow the dough to be rolled
into a thickness of a half dol-
lar. Out of this make nine or ten
cakes, round or oblong according
to taste. Place these in buttered
pans and prick to prevent bub-
bling. Bake them brown and put
up on a platter, placing different
kinds of preserves between them.
Boil sugar in water until it fastens
around the finger after it has been
dipped in cold water. Dip a beater

åter i kalltvatten; om då sockret fästersig som glas omkring fingretså lyfter man af det, doppar en visp deri och öfverspinner tårtan med sockret.

in the sugar water and sprinkle the tarts until covered.

Sockertårta med sylt.

10 ägg vägas och vispas en timme jemte lika mycket socker. Sedan iröres halfva vigten mjöl. Degen gräddas i bottnar i en tårtpanna; mellan hvarje botten lägges syltade krusbär eller annan icke för saftig sylt. Eljest gräddas tårtan hel och skares till tébröd.

Sugar tarts with jam.

Weigh ten whole eggs, break them and beat them for one hour, with the same weight of sugar. Then work in half that weight of flour. Bake the dough in layers between which place preserved currants or some other fruit that is not too juicy. Otherwise you may bake the tart whole and afterwards cut it into tea-bread.

Våfflor.

Arbeta tillsammans 8 ägg-gulor, något mindre än en half pint mjölk, halft pound mjöl, några stötta kardanmmmor och 4 ounces smält, smör. De 8 ägghvitorna jemte en quart grädde uppvispas till ett hårdt skum hvarefter alltsammans omblandas. Sedan våffeljernet blifvit varmt, smörjes det med en fläsk-svål och ett skedblad af smeten slås i jernet, som sättes öfver elden och vändes under gräddningen.

Waffles.

Take eight yolks of eggs, a little less than half a pint milk, half a pound flour, some cardamoms and four ounces melted butter. Beat to a hard froth the eight whites together with a quart cream, and then mix the two parts well. Warm the waffle iron and grease it either with a piece of pork or a piece of linen dipped in butter. Pour in a spoonful of the batter at a time and place the iron over the fire. Turn while baking.

Sockervåfflor.

Man vispar hårdt 6 ägggulor och
ilägger ett halft pound pulvriseradt
socker, allt under flitig vispning;
4 matskedar skiradt och svalnadt
smör iröres samt ett halft pound
hvetemjöl. Sist islås de till ett hårdt
skum vispade ägghvitorna och
massan arbetas väl tillsammans.
Om mjölet icke är af det bästa
slaget, så torde man få taga litet
mer. Våfflorna gräddas på vanligt
sätt och serveras med sylt.

Sugar waffles.

Beat six yolks and add half a
pound of powdered sugar, beating
fast all the time; then stir in four
tablespoons of melted and cooled
butter and half a pound of flour.
Finally add to all of this the whites,
previously beaten into froth, when
you once more work the whole
mixture. If the flour is not of the
very best, you may add more of it.
Bake as usual and serve with jam.

*Sugar waffles dusted with powdered sugar and served with fruit
preserves and fresh berries* Ⅴ

Mandelformar.

Man rör tillsammans i ett fat: 1 agg, 6 ounces socker, 1 ounce söt och ett halft ounce bitter-mandel, båda delarne skållade och fin-stötta. Detta arbetas tillsammans med 6 ounces tvättadt smör och 10 ounces hvetemjöl. Nar degen ar val arbetad strykes den tunnt i bakelseformar och gräddas i lagom ugnsvärme.

Almond molds.

Take a bowl and mix in it one egg, six ounces sugar, one ounce sweet and half an ounce bitter almonds, both kinds pounded fine, after having been scalded. Work this together with six ounces washed butter and ten ounces flour. When well mixed, pour the dough thin in waffle molds and bake in not too hot oven.

Gräddvåfflor.

En pint söt eller sur grädde upp-vispas till hårdt skum, och deruti röres så mycket mjöl att det kännes någorlunda tjockt för vispen; sist ihälles en half pint vatten. Under tiden upphettas våffeljernet på elden och smörjes med litet hvitt vax; derefter gräddas våfflor af smeten. Första våfflan pröfvas; skulle den vara för hård, så spädes smeten med vatten; är den för lös, tillägges mjöl.

Baked waffles.

Take a pint heavy cream and beat to a fast froth; then stir in flour until it feels quite steady for the beater; pour in half a pint of water. Meanwhile warm the waffle-iron and grease it with a little white wax or butter, and proceed with the baking. Test the first waffle and if not hard enough, add more flour, if too hard, more water.

Jästvåfflor.

6 ägg vispas väl med litet mjöl och en half pint smör. Tilllika med ett halft stop söt mjölk, uppvärmd, så att den är litet mer än ljum. Sedan vispas deri så mycket hvetemjöl

Yeast waffles.

Beat six eggs together with a little flour and half a pint butter and a pint sweet milk, made tepid over the fire. Mix flour enough to make the batter as thick as porridge;

att smeten blifver tjock som en
välling; derefter 2 skedar god jäst.
Detta får väl jäsa upp, och sedan
gräddas våfflor på vanligt sätt.

lastly two spoons of good yeast.
Let it rise and bake in the usual
way.

Gräddmunkar.

1 pint sur grädde vispas tillsam-
mans med 4 ägg-gulor, ett halft
ounce hvetemjöl, 2 skedblad stött
socker och 2 fint stötta kardemum-
mor. Undertiden vispas ägghvi-
torna till hårdt skum och nedröres
sist i smeten, hvarefter munkarne
genast gräddas i munkpanna.

Cream monks.

Beat one pint sour cream with
four yolks of eggs, half an ounce
of flour, two tablespoons pow-
dered sugar and two cardamoms,
pounded fine. Meanwhile, beat
the whites into a hard froth and
stir into the batter; then bake the
monks in a so called monk iron.

Gräddmunkar
utan ägg.

2 pints tjock, sur grädde vispas till
hårdt skum; i ett annat karl vispas
så mycket hvetemjöl att det blifver
som en gröt, för hvilket ändamål
begagnas en half pint vatten; detta
blandas med det första och derpå
gräddas munkarne i en förut
upphettad munkpanna, smord
med skiradt smör. Observera att
munkarne ej få läggas på hvar-
andra när de äro gräddade, utan
hvar försig på grått papper tills de
skola anrättas, dåde placeras på
anrättningsfatet och öfversållas
med strösocker.

Cream monks
without eggs.

Beat two pints thick sour cream
into a hard froth; in another vessel
make, by beating, a pretty thick
mush of half a pint water and
flour; mix this with the first and
bake the monks in an iron, but-
tered with melted butter. When
ready, do not pile them, but put
them separately on a gray paper
until serving, when serving, place
them on a platter and strew them
with sugar.

Dough nuts.

2 koppar mjölk, en kopp socker, en half kopp smör, en half kopp flott, 1 kopp jäst deg (sponge yeast), 2 agg; tillsätt nog mjöl alt åstadkomma en styf deg och låt den jäsa. Då den är utjäst, baka den. När "dough nuts" uthuggits få de stå qvar på bakelsebordet tills de jäst upp. De stekas i kokhett flott och doppas medan ännu varma i pulvriseradt socker.

Doughnuts.

Two cups milk, one cup sugar, half a cup butter, half a cup lard, one cup sponge yeast and two eggs; then add enough flour to make a pretty stiff dough, which must rise. When the doughnuts have been cut out, let them remain on the baking board until they rise, and then bake. They are then boiled in lard and after that dipped while still hot in powdered sugar.

Vanliga våfflor.

1 quart mjöl, 1 tésked salt, en matsked smält smör, och nog mjölk att göra en tjock smet; detta sammanblandas väl, hvarpå tillsattas 2 vispade ägg, 2 rågade skedblad tartaric acid och 1 skedblad soda. Blandas väl och gräddas.

Common waffles.

Take one quart flour, a teaspoon salt, a tablespoon melted butter and milk sufficient to make a thick batter; mix thoroughly; add two wellbeaten eggs, two heaping teaspoons tartaric acid and one moderately heaping teaspoon soda; stir well together and bake at once in waffle-irons.

På annat sätt.

1 pint mjöl, 1 dito söt mjölk, 3 ägg, ett stort stycke smör, salt, 1 sked cream of tartar, en half sked soda. Smalt smöret och irör mjölet och det andra.

In another way.

One pint flour, one of sweet milk, three eggs well beaten, a piece of butter the size of an egg and a half, a little salt. one heaping teaspoon cream-tartar, half a teaspoon soda; melt the butter and stir in flour, milk and egg. Sift the cream-tartar and soda through a fine sieve.

Frasvåfflor.

1 pint tjock grädde vispas med litet socker till hårdt skum. Då röres sakta deruti 1 kopp hvetemjöl, som först spädes med en half pint vatten och sedan med en half kopp kokhett smör. Under tiden har man våffeljernet på elden, så att det blifver myckel hett, och smörjer det vid första våfflan.Så fortfares med gräddningen tills smeten är slut. Sedan putsas de och anrättas högt på fatet samt öfverströs med socker.

Frothy waffles.

One pint thick cream and a little sugar is beaten into a hard froth. Thereupon stir in a cup of flour beaten into half a pint water and add half a cup melted butter, meanwhile have the waffle-iron on the fire, making it real hot; grease it and bake. The waffles are placed on a platter and covered with sugar.

Franska våfflor.

Späd ut 2 ounces färsk drick-jäst med 1 pint god mjölk och inblanda två pints hvetemjöl. Ställ denna smet på en varm plats för att jäsa. Blanda den sedan med en half ounce sockor, två hela ägg och 4 gulor samt litet rifvet citronskal eller orangedroppar; rör väl om och tillsätt slutligen 12 ounces ljumt smör, 4 ägghvitor och 2 skedar grädde, vispade till skum. Denna smet ställes sedan på varmt ställe och får der jäsa till sin dubbla storlek. Grädda våfflorna som vanligt.

French waffles.

Dilute two ounces fresh beer yeast with one pint milk and stir in two pints flour. Place it in a warm place to rise. Then mix in half an ounce of sugar, two whole eggs and four yolks, and also some grated lemon peeling. Mix well again and finally add twelve ounces butter a little warm, four whites of eggs and two spoons cream, beaten into a froth. Put this batter in a warm place to rise until double its size. Bake in the usual manner.

TIONDE AFDELNINGEN.
Part Ten.

GELEER OCH SYLTER.

JELLIES AND PRESERVES.

Anmärkning. Bland de många olika saker, hvari socker ingår som en hufvudsaklig beståndsdel öro: geléer, sylter, krämor, marmelader, konfekter m.m. Vid tillverkandet häraf är det viktigt att veta hvad och hur mycket man bör använda af de olika ingredienserna liksom att förstå sjelfva anrätt-ningsmetoden, emedan man härvidlag lätt löper risken att få betala inbesparad tid med materialier. All använd frukt måste vara riktigt frisk och god samt om möjligt är, plockad på morgonen och i torrt väder, emedan de då gifva den bästa aromen och hålla sig längst sunda. Hvad sedan sockret beträffar, så bör det alltid vara det allra bästa för liknande ändamål. Vidare får ihågkommas att kärlen böra vara af porslin, granit, tenn eller metall, såsom koppar eller messing. Begagnar man dessa tre metallslag, så är det myckel

Remarks. Among the many different things where sugar enters as a chief ingredient are: jellies, preserves, creams, marmalades, candies, etc. When making jellies, it is important to know how much to use of the different parts and also to know for certain the way to make them, as one in this case easily may run the risk of wasting time and trouble by the waste of materials. All fruit used must be strictly fresh and good and if possible picked in the morning and in dry weather, as it then possesses the best aroma and keeps the longest. Concerning the sugar be it enough to say that it must be of the very best. Then is to be remembered that the vessels must be of porcelain granite, tin or finer metals, as copper or brass. If vessels of the last named metals are used, they must be kept shining by scouring. For stirring use wooden

nödvändigt att man håller dem
blankskurade. Att röra med använ-
des träskedar i företräde till tenn-
och silfverskedar. Geléer bevarar
man helst i glasburkar, öfvertäckta
med hvitt papper, som på insidan
öfverstrukits med ägghvita.

spoons rather than such of tin or
silver. Jellies are best kept in glass
jars covered with white paper,
coated with whites of eggs on the
inside.

Rödt vinbärsgelé.

Vinbären plockas och kokas med
litet vatten samt silas genom
silduk. Efter saftens vigt tages lika
mycket socker som jemte saften
sättes på elden att koka tills det
håller geléprofvet. Derefter hallos
det genast i glasburkar att forvaras.
Den som önskar hallon eller
smultronsmak derpå, kan lägga
sådana bär ibland vinbären, när
dessa kokas.

Red currant jelly.

As soon as the berries are picked
and cleaned, boil them with some
water and after that strain them
through a cloth. Then weigh them
and add their weight in sugar; put
them for the second time over the
fire and let them boil until as thick
as jelly, then pour in glass jars for
preservation. If you desire straw-
berry or raspberry flavor, put some
such berries in while boiling.

Gul gelé.

När vingelé blir svalt men ej
stelnadt, hälles det i en djup skål,
hvilken ställes på is, och geléet
vispas tills det frasar sig och ser
hvitt ut; upphälles sedan i formar
och serveras.

Yellow jelly.

Take some wine jelly (quantity ac-
cording to taste) and let it cool, but
not enough to become stiff. Pour
it into a deep bowl and place it on
ice, meanwhile beating it into a
froth. It is then ready to preserve.

Red currant jelly

Äppelgelé.

Syrliga äpplen sköljas, skäras i skifvor med skal och kärnor; ty dessa gifva god smak, kokas med litet vatten; när det mosar sig samt blir saftigt, slås moset i en silduk, så att saften får afrinna. Saften väges och dertill tages lika mycket socker; litet citronsaft gjutes derpå. Detta får sedan koka på sakta koleld, tills det börjar tjockna, hvarunder det skummas väl klart och profvas. Geléet upphälles i glasburkar och förvaras i kallt rum.

Apple jelly.

Wash some apples (somewhat sour) and cut them in slices with rinds and kernels, as that imparts a good flavor, then boil in a little water; when the apples begin to mash and become juicy, take them up and place in a straining cloth, where the juice is allowed to run off. Weigh the juice and add its weight in sugar and some lemon juice. Let it all boil over a slow cool fire until it thickens, skimming it all the time in order to make it clear. Preserve in glass jars in cool room.

Apelsingelé.

Man gnider socker på 5 a 6 apelsiner och klämmer saften ur dem tillika med saften ur 2 citroner öfver en sil. Detta hälles i en kastrull jemte litet brunnsvatten och något gammalt franskt vin, så att geléet får smak deraf, ett godt stycke hjorthornssubstans samt ett par uppvispade ägghvitor. Detta sättes på frisk eld att koka upp 2 a 3 gånger, hvarefter geléet uppsilas och hälles på formar.

Orange jelly.

Rub sugar on five or six oranges and then squeeze the juice out of them over a strainer. Pour the juice into a pan, add a little well water and some old French wine, (enough to flavor the jelly); also, a good sized piece of gelatin and two beaten yolks of eggs. Put it on a brisk fire to boil two or three times. Then strain and preserve in bowls or molds.

Saftgelé.

Man tager körsbärs- och hallon-
saft, samt dertill en pint brunns-
vatten eller mer, efter smak, ifall
saften är mycket tjock. Detta sättes
på elden i en malmgryta och til-
lägges substans efter 3 ounces hus-
bloss. Detta silas sedan genom en
ny florsikt, och når geléet kallnat,
slås det uti en vacker form att frysa
omkring 3 eller 4 timmar.

Gelé med frukt.

Bottnen på en vacker form
betäckes med hjorthornsgelé
(gelatin) och derpå lägges här och
der en vindrufva och ljus-röda
körsbär eller bigarråer, hvarftals,
så att geléet ser prydligt ut, när
det uppstjälpes. När man lagt ett
hvarf med bär, så hälles derpå
gelé, och när det har stelnat åter
ett hvarf, så vidare till dess att
formen är full, hvarefter den
nedsättes att frysa. På samma sätt
kan man äfven nedlägga i geléet, i
en djup kristallskål, apelsiner eller
äppel-klyftor. Skålen klädes med
en krans af frukt upptill och en
blomma i midten.

Juice jelly.

Take one pint and a half cherry and
raspberry juice, and add to it one
pint well water, or more if you de-
sire. Put over the fire in a cast iron
pan and increase the contents with
three ounces isinglass jelly. Strain
through a new cloth; and when it
has cooled, place it in some nice
shape according to taste and let it
freeze three or four hours.

Jelly with fruit.

Cover the bottom of a nice mold
with gelatin and on the top of
that scatter some grapes and red
cherries in layers, in order to make
the jelly look beautiful when ready
and put up. When you have made
a layer of berries, pour jelly over
them and when this has become
stiff, repeat with a new layer and
so on, until the mold is filled, and
set it down to freeze. In the same
manner you may put in the jelly
oranges and slices of apples and
other kinds of fruit. Ornament the
bowl with a wreath of fruit at the
top, and a flower in the middle.

Citrongelé i skal.

Man skär citroner midt i tu på
längden och gräfver ur allt inkråmet;
derefter ställas skalen i vacker ord-
ning på ett fat. Då har man tillreds
citrongelé och fyller dermed skalen,
hvarefter man låter dem stelna.
Derpå serveras de upplagda på flata
kristallskålar.

Lemon jelly.

Cut the lemons in two lengthwise
and dig out all the inner part and
then arrange the rinds in a pretty
way on a platter. Keep lemon jelly
on hand and fill the rinds with
it, which now leave to cool and
stiffen. Serve on flat glass dishes.

Äpplen i gelé.

Hjorthorns-gelée upphälles i små
släta formar, hvilka fyllas dermed
och ställas derefter att kallna.
Sedan urtages med en tesked, gelé,
något mer än att en äppelklyfta,
som förut är kokt till compote och
kallnad, kan der få rum. En sådan
klyfta ilägges; derefter smältes det
urtagna geléet och formarne fyllas
dermed samt ställas åter att stelna.
När de serveras, doppas de i hett
vatten, aftorkas och uppstjälpas på
en flat kristall. De anrättas högt i
form af en pyramid.

Apples in jelly.

Fill a few small and smooth molds
with gelatin and then put them
aside to cool. Now remove with
a spoon a piece of the jelly big
enough for a piece of apple which
has been boiled and cooled. Fill
the hole with a part of the apple.
Melt the removed jelly and pour
it back into the forms, which is
again allowed to stiffen. When
they are to be served, dip them in
hot water, dry them and tip them
on a glass plate in the shape of a
pyramid.

Vingelé.

Tag ett ounce gelatin, en half pint
vin, ett pound socker, ett rifvet cit-
ronskal samt saften af två citroner.
Gelatinen begjutes med vatten och
får stå en half timme; sedan hälles

Wine jelly.

Take one ounce gelatin, half a
pint wine, one pound sugar, a
grated lemon rind and the juice
of two lemons. Pour water over
the gelatin and let it stand half an

deröfver en och en half pint kok-
hett vatten vintertiden (sommar-
tiden blott en pint) och tillsättes
vin, socker och citron.

Afsilas sedan genom en mycket fin
sikt eller en grof handduk öfver en
form eller i koppar och ställes på
en sval plats.

SYLTER.

Syltade hallon.

Till 3 pounds hallon tages saften
af ett pound röda vinbär. Pern
pounds socker doppas i vatten och
sättes på elden jemte vinbärssaften
att koka tills det blir en tjock sirup;
då islås hallonen och kokas några
minuter. De skummas flitigt och
upptagas sedan med en hålslef,
men sockerlagen kokas tills den
håller det profatt, när en droppe
deraf hälles pä en tallrick, den
icke vidgar sig. Derefter ihälles
hallonen och omskakas, tills mesta
hettan är afgången.

Syltade körsbär.

När kärnorna äro borttagna, tages
lika mycket socker som bären

hour. Then pour over it one and
half pints boiling water, (in the
winter, for in the summer one pint
is enough); add wine, sugar and
lemons. Finally strain it through
a fine sieve or a coarse towel, over
a mold or in cups, which put in a
cool place.

PRESERVES.

Preserved raspberries.

For three pounds raspberries,
take the juice of one pound red
currants. Soak five pounds sugar
in water and put it over the fire;
together with the currant juice let
it boil until it has turned into a
thick syrup. Then add the raspber-
ries and continue the boiling a few
minutes. Skim constantly and take
it up with a big spoon. The sugar
must boil until a drop of it dropped
on a plate remains whole, without
spreading the least. Then put in the
raspberries and shake well.

Preserved cherries.

Remove the stones and then
take as much sugar as the berries

väga. Sockret doppas och kokas till en deg. Derefter islås bären för att koka 15 minuter. De upptagas med slef. Sockerdegen kokas tills den blir tjock, då bären iläggas för att uppkokas, hvarunder de skummas val. Derefter omskakas de tills de svalna och se fulla ut och hällas i burkar att förvaras.

Syltade röda krusbär.

På bären borttagas stjälkar och blomsnoppar, hvarefter de sköljas, och vattnet får afrinna. Sedan tages lika mycket socker, som bären väga, och af detta kokas en deg, som får

weigh. Dip the sugar in water and boil until it becomes quite thick. Then put in the berries to boil fifteen minutes. Take them up with a big spoon. Let the sugar continue boiling until real thick. Then add the berries and let them boil a minute, skimming while boiling. Shake well, cool and put up in jars.

Preserved red gooseberries.

Remove the stalks and the hulls from the berries; then rinse them and let the water run off. Weigh the berries and take their weight in sugar, of which make a thin paste;

Preserved red gooseberries

kallna, hvarefter bären slås deruti
och får stå på det sättet öfver nat-
ten. De sättas nu på elden att koka
tills de synas klara, då de aflyftas
och skakas tills mesta hettan är
afgången, hvarefter de genast ösas i
burkar att förvaras. Dessa bär kunna
också genast kokas i sockerdegen,
men de vilja då gerna gå sönder.

Att sylta röda plommon med sprit.

Till 5 pounds plommon tages 4
pounds finstött socker. Plom-
monen nedläggas hvarftals med
sockret uti en stenburk, hvilken
öfverbindes med en oxhinna,
och ett lock eller en tallrick sättes
derpå. Burken ställes i en djup,
dertill passande stengryta, uti
hvilken hälles så mycket vatten,
att det står jemt med plommonen.
Grytan ställes på koleld och får
sakta koka i 5 timmar. Derefter
upptages burken, och öfver plom-
monen slås ½ pint fin, stark sprit;
hvarefter burken öfvertäckes och
får förblifva i vattnet tills mesta
hettan är afgången. Derefter up-
phällas plommonen i en glasburk
och förvaras på vanligt sätt.

let that cool and then put in the
berries and let them remain over
night. In the morning put them
over the fire and let them boil until
they appear clear, then remove
them from the fire and shake them
until most of the heat has passed
off. Then they are immediately put
in jars for preservation.

Red plums preserved in alcohol.

For five pounds plums take four
pounds powdered sugar. Put the
plums in alternate layers with the
sugar in a stone jar, which cover
with the bladder of an ox or some-
thing similar and put a plate on
the top. Place the jar in a deep iron
or stone pan and pour in water to
the height of the plums. Put the
pan over the fire and boil for five
hours. Then take up the jar and
pour over the plums fine, strong
alcohol; then cover the jar and let
it remain in the water until it has
cooled. The plums are now ready
for preservation.

Syltade pomeransskal.

Pomeranserna skäras itu på längden och allt inkråmet uttages, äfvensom litet af det hvita skalet. Halfvorna läggas i friskt vatten ett dygn, men vattnet ombytes derunder fyra gånger. Sedan kokas de i friskt vatten tills de kännas mjuka, hvarefter de uppläggas på ett rent linne, att vattnet blir väl urdraget. Derefter kokas en tjock sockerdeg, som slås på skalen, så att den står öfver dem. När de så hafva stått i 8 dagar, och degen är tunn, silas den från skalen och kokas ihop med mera socker, att den blir väl tjock, och hälles sedan på skalen så het som den är, hvarefter de omskakas och skummas samt sedan förvaras i burkar på vanligt sätt.

Syltade päron i ingefära.

En peck päron af något hårdt slag, dock icke stenpäron, skalas, kärnhuset urskäres med en pennknif uppifrån blomändan. Dertill tages en gallon mellan-sirap, som slås i en syltkittel. Päronen iläggas jemte ett pound ingefära, som bör hackas sönder i helt små bitar. Detta kokas på sakta eld med lock,

Preserved orange peelings.

Cut the oranges in two lengthwise and remove all the meat and also some of the white rinds. Put the halves in fresh water for twenty-four hours, changing the water four times. Then boil in fresh water until soft, when ready, put them on a clean cloth to drain. Make a strong sugar water and when cold, cover the peelings with it for eight days. Then take the water and boil it with more sugar until thick when ready, pour it over the peelings while hot. Shake and skim, and preserve in jars.

Preserved ginger pears.

A peck of pears of rather a hard kind; peel and remove the kernels with a pen knife from the stalk end. Then take somewhat less than a gallon of medium quality syrup, and pour it in a kettle. Add to it the pears and a pound ginger, chopped into quite small pieces. Boil it over a gentle fire and have

men omskakas ofta och skummas; skulle det ej blifva nog starkt, kan man tillägga mera ingefära. Då det kokat så att päronen kännas mjuka, plockas de varsamt upp i en burk; hvarefter lagen påsilas genom en grof sil. Man kan äfven stöta ingefära och lägga den på bottnen i en tunn påse; men då drager det mera sirap bort från frukten utan att smaken derigenom blir starkare.

it covered, but shake it often and skim. If not strong enough add more ginger. Having boiled until the pears feel soft, pick them up carefully and put them in a jar and pour the juice over them through a strainer.

Syltade persikor.

När persikorna äro halfmogna upplockas de och sättas på elden i en syltkittel med kallt vatten uti, nog att stå öfver dem. När de kännas mjuka upptagas de och läggas på ett rent linne; derefter klyfvas de itu, kärnorna uttagas och skalen afdragas. Sedan kokas en tjock lag af socker, hvilket senare skall vara af samma vigt som frukten; dertill saften af en citron; persikorna ditläggas äfven. Derefter kokas dessa tills de blifva klara, och om lagen är för tjock, omskakas den litet tills den mesta hettan är afgången, hvarefter en sked brandy bör tilläggas. Nu uppläggas de i glasburkar, och om de vilja jäsa, så uppkokas vattnet med mera socker, hvarefter äfven persikorna iläggas för att kokas några minuter.

Preserved peaches.

Pick the peaches when only half ripe and put them in a kettle over the fire, being then covered with cold water. When they feel soft, take them up and place them on a clean linen. Cut them in two and remove the skin and stones. Next cook a strong sugar water, using sugar equal to the weight of the fruit, the juice of a lemon is added and then the peaches. These are now boiled until they appear lucid; if the water seems to thick, shake until the heat has passed off and then add a tablespoonful of brandy. The peaches are put in glass jars for preservation. If they later on are inclined to rise, boil the water once more and add more sugar, whereupon the peaches themselves are put in and boiled.

Syltade aprikoser.

De behandlas på samma sätt som persikor; men man kan äfven låta dem vara hela och oskalade, om man så vill; men då fordras det mera socker till syltningen. De tåla uppkokas en gång mera än persikor och böra sedan noga efterses, emedan de ganska lätt jäsa.

Preserved apricots.

Treat them in the same way as the peaches, but you may leave them unpeeled, if you so desire. They may sometimes need one more boiling. Also be careful that they do not rise after being put up.

Syltade qvitten.

Man skalar frukten, hvarpå den placeras i syltkitteln med något mer vatten än att skyla dem. Den får nu koka omkring 30 minuter eller till dess att den börjar blifva mör, då den upptages och silas genom en ylleduk. Till hvarje pound frukt tages nu 4 ounces socker, hvarpå de båda delarne sammankokas i 30 minuter eller mer. Om lagen blir för tjock, spädes den med litet vatten under kokningen.

Preserved quinces.

Peel the quinces and put them in a kettle with water enough to more than cover them. Let them boil about thirty minutes or until they become tender; then take them out and strain the water in which they have boiled through a woolen cloth. For each pound of fruit take four or six ounces sugar, sometimes half a pound, all depending on the sweetness of the fruit. Boil and if the syrup is too thick, dilute with water.

Qvitten stekta i ugn.

Vackra, mogna qvitten stekas hastigare än äpplen. Sedan uppskäras de och kärnhusen borttagas. Strö socker pä dem och servera dem, innan de helt och hållet kallnat, med grädde och socker.

Baked quinces.

Bake some nice ripe quinces, for quinces you need less time than for baking apples. Then cut in two and remove the cores. Sugar them and serve them with cream and sugar before they have had time to become cold.

Syltäpplen.

Man tager ett halft pound socker till ett pound äpplen. Sockret smältes i kallt vatten och den sålunda erhållna sirupen uppkokas, slås öfver äpplena och får kallna. Äpplena ställas sedan på elden och kokas långsamt 25 a 30 minuter.

Preserved apples.

For a pound of apples take half a pound sugar. Let the sugar melt in cold water. Then let the syrup thus obtained, boil up and now pour it over the apples, which are allowed to cool before they are placed over the fire to boil for half an hour.

Syltade vindrufvor.

Skala drufvorna och stufva dem lösa, sila af saften och lägg skalen i desamma, utspäd med litet vatten samt koka dem tills de blifva mjuka, hvartill må åtgå en half timme eller mindre. Till sist iläggas lika mycket socker som drufvorna väga, hvarpå det hela uppkokas.

Preserved grapes.

Peel the grapes and stew them slightly; part the juice from them by straining and put the peelings in the juice, diluting it with some water and boil until they become soft, or about thirty minutes. Then add as much sugar as the grapes weigh and boil again.

Syltade meloner.

De meloner, som växa på hösten, äro de bästa, emedan de ej böra vara mogna, men något stora; de gröna äro äfven de finaste. De skalas samt skäras i fyra delar, och kärnorna borttagas. Den, som så behagar, kan äfven späcka dem som gurkor; men helst böra de vara ospäckade. De förvällas i vatten och uppläggas sedan på ett rent linne. Derefter kokas en sockerlag med en gill vinättika till hvarje pound socker. Melonerna

Preserved watermelons for salad.

Melons grown late in the season are the best for this purpose, as they need not be ripe but large; the green are as a rule the finest. Peel them and cut them in four parts and also core them. Scald them and put them on a cloth. Then make a syrup of sugar, with half pint vinegar to each pound sugar. Immerse the melons in this syrup and let them boil until they appear clear. Take them out, but let the

läggas i denna lag, för att koka litet tills de börja klarna. Då upptagas de, och sockerlagen får koka tills den blir som en sirap. Melonerna nedläggas i en burk och lagen hälles öfver dem, så het den är. När de skola användas, skäras de i skifvor.

Syltade rödbetor.

Rödbetorna kokas med litet vatten, och när de kännas halfkokta, upptagas de, påsaltas och inlindas i en handduk; när de kallnat, aftages det yttre skalet, hvarefter de nedläggas i en burk, i hvilken hälles vinättika, hvar jemte litet kummin ditlägges.

Syltade lingon eller "cranberries".

Lingonen tagas så tidigt på hösten man kan få dem, då de äro allenast ljusröda. Till hvarje pound lingon tages 12 ounces socker. Vatten uppkokas samt hälles på lingonen, hvilka genast slås på en hårsikt, så att vattnet får väl afrinna, och bären utbredas derefter på ett rent linne. Nu kokas sockerlagen, och lingonen med litet pulveriserad violro tiläggas, samt få koka en half timme. Sedan ösas de i burkar att förvaras.

syrup boil on until quite thick. Put the melons in jars and pour the syrup over them, while it is boiling hot. Cut them in slices when you serve.

Preserved red beets.

Boil the beets in a little water, and when half cooked take them out, salt them and wrap them in a towel. When cold remove the outer skin and put them in a jar, into which pour vinegar and a little caraway.

Preserved cranberries.

Pick the berries early in the fall, when they are of a light red color. For each pound of berries, take one pound of sugar. Boil the water and pour over the berries and put them immediately in a sieve so that all the water may run off. Then spread the berries on a cloth. Meanwhile, prepare the syrup as directed, and when ready, immerse the berries, which boil for half an hour. Fill the jars with the preserve and keep until needed. Remember to skim industriously while the berries are boiling and immediately after.

ELFTE AFDELNINGEN.
Part Eleven.

INLÄGGNINGAR OCH FÖR-VARINGAR.

PICKLES AND SALTED GOODS.

Att förvara dill.

Dillen tages medan den är fin och plockas fri från stjelkar, hvarefter den skäres så fin som den behöfs till såser och lägges uti en hackho samt derpå godt smör; dillen inknådas väl uti smöret och packas sedan i glasburkar, med litet salt öfverst och derpå ett lager af smält och stelnad fårtalg. När den sedan skall användas, tages smöret, som följer med dillen; hvadan något annat smör är öfverflödigt.

To preserve dill.

Gather the dill while fine and pick it free from the stalks; next chop it as fine as you need it for sauces and put it in a chopping trough and put good butter on it. Rub the butter well into the dill and then pack it in glass jars, with some salt on top and over that a layer of cold sheep tallow. When using it, you take the butter with it, needing no other.

Att förvara persilja.

Med persiljan förfares på samma sätt som med dill i smörmen den får allenast plockas, och ej skäras förr än den skall begagnas.

To preserve parsley.

Proceed exactly as with the dill, but with the difference that parsley must not be chopped before it is served. Pickle it whole.

Att insalta persilja.

Härmed förfares på samma sätt, som med dillinsaltningen, med den skilnad, att persiljan hopbindes i små knippor, äfvensom några små knippor selleri tilläggas när den nersaltas; den sköljes väl då den skall anrättas.

Att insalta dill.

Dillen tages som den föregående, men sönderskäres ej, utan den nedlägges och saltas emellan hvarje hvarf, och öfver den lägges ett passande lock med tyngd ofvanpå. När den skall nyttjas, sköljes den väl innan den kokas.

Att inlägga diverse grönsaker.

Spenat, sallad, blomkål, ärt-skidor, spritade ärter, sparris-knopp, ärtskockor och det fina, gröna af ett selleri — allt detta nedlägges uti bleckburkar med litet kallt färskt smör, som förut är skiradt och väl skummadt. Burkarne fyllas väl, och sedan förvaras de i källare eller andra svala rum. Dessa grönsaker

To salt down parsley.

Tie the parsley together in small bunches. These together with a few bunches of celery, are put in layers, between which place salt. On top of all put a cover or something similar with some heavy weight on, to press the parsley. Rinse it well before using.

To salt down dill.

Pick the dill as for pickle, but do not chop it. Put it in layers like parsley, with salt in between each layer. Then press it as above and do not forget to rinse it well when you want to use it.

To pickle various kinds of greens.

Spinach, cabbage, cauliflower, peas or beans, asparagus buds, the fine green part of celery, all this may be placed in tins, together with some cold, fresh butter, which has been melted and skimmed. Fill the tin vessels, cover them well and keep them in a cellar or other cool place. These greens are used with

begagnas med fördel om vintern till grönsoppor. Den, som har mindre burkar, tager en för hvarje gång; men har man inlagt grön-sakerna uti större burkar, smältes en smörbotten ofvanpå för hvarje gång man tager deraf.

Att göra saltgurkor färska.

Vanliga saltgurkor, små eller stora, som äro gröna i sig sjelfva, men som se bruna ut af saltningen, läggas först ett dygn i vatten, som sedan afhälles, hvarefter gurkorna uppläggas på rent linne att urdra-gas. Sedan läggas de i en syltkittel, hvilken ställes på elden med stark ättika uti, så att den står öfver gur-korna tillika med litet kryddpep-par, krossad ingefära och lager-blad. Det får endast sjuda på sakta eld tills gurkorna synas gröna, hva-refter de uppslås i en burk, hvilken öfverbindes och ställes sedan att förvaras i kallt rum.

Att förvara sparris.

Härtill tages hvit, grof och mör sparris, hvilken jemnas, och allt fnaset borttages väl. Derefter nedlägges den mycket tätt uti

great advantage for soups in the winter season. If small cans, use one at a time; but if they are large, put a layer of butter on the top, every time you have taken some.

To freshen salt cucumbers.

Common salt cucumbers which are green but have assumed a brown appearance by being salted, may be made green again by soaking in water for a day after which they are put in a kettle with vinegar, and placed on the fire, with some pepper, bay leaves and ginger. Do not boil, but let it all cook on a slow fire, until the cu-cumbers begin to look green. Then put them back in the jars.

To preserve asparagus.

Take white, coarse and brittle aspar-agus, and free it from all downy at-tachments. Then put it compactly in oblong tin boxes, with the buds one

aflånga blecklådor med knop-
parne åt samma led. Sedan förfares
dermed som ofvan men sparrisen
kokas två och en half timme.

Att torka morötter.

Fullväxta morötter tvättas väl rena
och förvällas i vatten tills de bli
något mjuka, läggas upp på linne,
skrädas väl rena och skäras på
bräde i fina, lagom långa strim-
mor. Dessa bredas ut på tallrickar,
belagda med skrif-papper, och
torkas under flitig tillsyn i svag
ugnsvärme. Då man vill begagna
deraf till soppor böra de läggas i
ljumt vatten aftonen förut, eller 6
a 8 timmar innan man lägger dem
i soppan; vill man ömsa vatten så
kan det sista tagas med i soppan.

Att torka spenat.

Spenaten bör ej uppskäras då dagg
eller regn fallit derpå, utan i torrt
väder; den rensasväl, men får
ej sköljas; ugnen bör ha en svag
värme. Väl rengjorda jernplåtar
smörjas helt litet med skiradt
smör, derpå strös spenaten helt
tunnt och införes i ugnen under
jemn tillsyn. Efter en liten stund
uttagas plåtarna, och med en knif
eller pannkaks-spade lossas spe-

way, and now proceed as directed in
foregoing numbers, but remember
that the asparagus must boil two
and a half hours before serving.

To dry carrots.

Take full-grown carrots, wash
them well and scald them until
they become somewhat soft, put
them on a linen cloth, sort them
and cut them in slices to suit, place
on plates lined with white paper,
and dry in a not very hot oven,
while looking carefully that they
do not dry too hard. When wanted
for soups, put them first in tepid
water, six or eight hours. If the
water is changed you may use the
last for the soup.

To dry spinach.

The spinach ought not to be cut
when covered with dew or rain,
only in dry weather. It must be
well cleaned, but not rinsed. The
oven ought to be moderately hot.
Well cleaned iron plates are used.
Butter them with melted butter,
over which spread the spinach
thinly and put in oven. Take it
out after a little while and cut the
spinach loose with a knife and

naten, som bredes ut på linne att i varmt rum eftertorka. Vid begagnandet deraf bör spenaten läggas i 2 ljumma vatten, som efter en stund afsilas; sedan förvälles den i ren malm-gryta med helt litet salt, slås upp att afrinna, hackas och stufvas som färsk eller användes till spenat-pudding.

then spread it on a linen to dry in a warm room. When to be used, put it in tepid water for two hours and then scald it in an iron kettle. Lastly chop it and stew it as if fresh.

Att torka blomkål.

Täta blomkålshufvuden skäras i små klyftor, som skrapas och putsas väl samt uppträdas i stjelken med fin stoppnål på starka trådar, hållas några minuter i kokande vatten, läggas på linne och spännas sedan upp i ett varmt rum eller på en varm vind (der solen ej skiner på dem). De bredas ut med stora mellanrum; blomkål torkar långsamt och blir brun i färgen. Vid kokning deraf bör kålen ligga 4 timmar i ljumt vatten, som sedan afhälles, så åter i ljumt vallen, och om äfven detta blir brunt afhälles det, och blomkålen förvälles i kokande vatten med litet salt uti, upplägges att afrinna och stufvas.

To dry cauliflower.

Cut cauliflower heads in small pieces, clean neatly and string up by the stalk on strong threads. In that way hold them boiling, and then put them on linen, which suspend in a warm room or a garret, where the sun does not reach them. Spread them with big spaces between each. It dries slowly and becomes brown. Before cooking let it lie four hours in warm water. Should this then turn brown also, put the cauliflower in boiling water and then stew.

Att bevara rödlök.

Väl mogen, hård rödlök lägges i luftigt rum att långsamt torka,

To keep red onion.

Perfectly ripe and hard onions should be kept in an airy, well

lägges sedan i en vid korg eller ask, och förvaras i rum der det icke fryser, ej heller är för varmt. Spansk lök förvaras lika som den röda; portugisisk lök bindes i knippor och upphänges i svalt rum; hvitlök bindes i kransar och förvaras på samma sätt.

Att förvara rötter i sand.

Man bör ha en trälåda, hvar i år afdeladt flera rum, samt ordinärt fin sand, som ej är för våt eller för torr, utan endast något fuktig. I ett af rummen ställes sellerirötter, hvari den gröna blasten är till en del bortskuren, och man strör väl med sand emellan dem. I ett rum ställes purjolök, hvarpå halfva blasten är afskuren och strös väl med sand emellan, så att denna går upp på blasten; i ett annat rum läggas palsternackor med sand emellan; i åter ett annat morötter; i ännu ett annat pepparrot, m.fl. olika slags rötter tills hålen äro fylda, alltid med sand emellan och öfver dem. Sålunda ställas de i källare, och emedan de under vinterns lopp få en obehaglig källarsmak, upptagas de och vattenläggas några timmar före begagnandet.

ventilated room, in order to dry slowly, then to be put in a big basket or box, which is to be kept in a place where it cannot freeze, although it, at the same time, must not be too warm. What is called Spanish onion is kept in the same way; but Portuguese onions should be tied up in small bunches and hung up in a cool place, while garlic is tied in wreaths and kept in the same manner.

To keep roots in sand.

Take a wooden box divided into several small spaces; then procure ordinarily fine sand, not too wet nor too dry, but a little damp. Deposit some celery roots in one of the spaces, but do not do so until you have cut away the green growth around it, (but not all of it) and strew sand between them. In one of the other spaces, place onions, and proceed as with the celery; then put in parsnips, then horse radish, etc., always remembering to put in the sand over and between them. Put them in the cellar to keep over the winter, and if they contract a disagreeable cellar taste, you have only to put them in water a few hours before using, to restore them.

Att förvara rötter i jorden.

Om man har tillgång på trädgård eller annan jord, så kan man förvara palsternackor, morötter, pepparrot och andra rötter på det sätt, att man gräfver små gropar en yard djupa, nedlägger deri de sorter man vill förvara friska till våren, en sort i hvarje grop, packar väl med jord och nedsätter en käpp att märka hvad sort det är. Om kölden på vintern nedtränger till rötterna, skadas de dock ej, emedan luften och solen utestänges.

To keep roots in the ground.

If you have access to a garden, or some other place of cultivated soil, you may keep parsnips, carrots, horse radish and many other kinds of roots, simply by digging holes one yard deep, and depositing therein the things you want to preserve, one kind in each hole. Fill the holes with the earth and pack it well, and lastly put up a stick to indicate what kind of root there is in each hole.

Att inlägga tomatoes.

Tag runda, släta, gröna tomatoes, lägg dem i salt vatten, betäck kärlet och sätt det på elden, så att frukten förvälles; nu tager man af kitteln och upptager tomatoes, hvilka läggas i kallt vatten. Under tiden fylles ett annat kärl med ättika jemte en tillsats af helpeppar och senap. Nu skäras de kallnade tomatoes i tu, fröna utskakas, insidan torkas med en duk, och derpå läggas de i glasburkar, som fyllas med ättikan. Burkarne tillstoppas naturligtvis mycket tätt, så att luften icke intränger.

To pickle tomatoes.

Take round, smooth, green tomatoes; put them in salt water, cover the kettle and place it over the fire, so that the tomatoes become scalded, which is done by bringing it only to the boiling point. Take out the tomatoes. While the tomatoes now stay in cold water, have another vessel filled with vinegar, to which is added common pepper and mustard. The tomatoes are cut in two, the seeds shaken out and the insides dried with a cloth. They are now put in glass jars and the vinegar poured on. Must be kept air tight.

Mogen tomato-pickel.

För 7 pounds mogen tomatoes tages 3 pounds socker, och en quart ättika. Detta kokas i femton minuter. Sedan upptagas tomatoes, medan lagen kokar några minuter längre. Man kryddar efter behag med kanel och nejlikor.

Ripe tomato pickle.

To seven pounds ripe tomatoes add three pounds of sugar and a quart vinegar. Boil for fifteen minutes. Take out the tomatoes, but let the syrup boil a few minutes longer. Season to suit with cinnamon and cloves.

"Tomato catsup."

Tag en gallon tomatoes, hvarifrån skinnet borttagits, fyra matskedar salt, fyra dito svart-peppar, en half sked kryddpeppar, åtta rödpepparkorn och 3 matskedar senap. Koka dessa delar tillsammans för en timme, och sila det sedan genom en duk eller sil. Sedan det kallnat slås det på burkar att förvaras.

Tomato catsup.

Take a gallon tomatoes, skinned, four tablespoons of salt, four spoons black pepper, half a spoon allspice, eight pods of red pepper, and three tablespoons mustard. Boil all for one hour, and strain through a sieve or a coarse cloth. Let it cool, and then put it in jars to keep.

Favorit-pickel.

En quart rå kål, finskuren, en quart kokade rödbetor, också finskurna, två koppar socker, en matsked salt, en tésked svartpeppar, en fjerd-

Favorite pickle.

One quart raw cabbage chopped fine, one quart boiled beets chopped fine, two cups sugar, one tablespoon salt, one teaspoon black pepper, quarter teaspoon red

≺ *Fresh garlic and dill can also be added to pickled tomatoes for additional flavor*

edels tesked röd peppar, en tékopp rifven pepparrot. Kall ättika slås häröfver, hvarpå det hålles lufttätt.

pepper, one teacup grated horse radish. Cover with vinegar and keep in airtight container.

Att sylta surkål.

To pickle cabbage.

Alla gröna blad afskrädas af hvitkålshufvuden, hvarefter de hackas så tina som helgryn; sedan nedstötes kålen i en mycket ren tunna eller fjerding; men emellan hvarfven gjutas några droppar ättika samt strös några friska berberisbär och några dillkronor. Då nu kärlet är fullt, lägges en passande botten derpå och tyngd derofvanpå. På detta sätt blifver kålen stående tills den upphörtatt jäsa; nu tages tyngden bort, och möglet bortskummas af saften. Kärlet sättes i ett kallt rum att förvaras öfver vintern, och en mindre sten pålägges, för att nedhälla bottnen.

Cut away all green leaves from the heads and then chop them as fine as possible; next pack the cabbage compactly in a barrel or box, in layers, putting a few drops of vinegar, some dill slips and a few barberries on each layer. When the vessel is full, put a bottom on it and a heavy weight on top. Then it remains standing until it ceases to ferment, then remove the weight and skim off the mold, if any. Then place the vessel in a cold room to be kept over the winter, a smaller weight is then placed on the top.

Att insalta oxkött.

To salt down beef.

Ett lårstycke klyfves, benen frånskäras och stycket jemnas, så att det får vacker fason, hvarefter det ingnides med tillsammanblandadt socker och salpeter och derefter genast med vanligt salt, samt blifver liggande ett dygn. Under tiden kokas en lake af en kanna

Cut a piece of the loin in two, cut out the bones and trim the beef into a nice shape. Then rub into it sugar and saltpeter and immediately thereafter with common salt. Let it rest a day; meanwhile prepare a brine of a gallon well water and three handfuls salt, skimming

brunnsvatten och tre näfvar salt; under uppkokningen skummas den väl och aflyftes sedan för att kallna. När den är väl kall, slås den på köttet, som vändes hvarannan dag, om ej laken står öfver det. Detta kött kan kokas efter 14 dagar, med lindrig vattenläggning förut.

well while it is boiling. When cold pour it on the beef, which is turned every other day, in case the brine does not cover it. This beef can be cooked two weeks later.

Att torka päron.

Stora päron förvällas, skalas och skäras längs efter, samt insättas på torkållor i svag ugnsvärme. Sedan kokas skalen tills all musten är urkokad, då de frånsilas och saften hopkokas till en lag. Då päronen blifvit väl genomvarma, tagas de ur ugnen och doppas i förutnämde lag, hvarefter de genast insättas i ugnen; på detta sätt fortfares så länge något af lagen är qvar, hvarefter de fulltorkas i ugnen.

To dry pears.

Scald large pears, peel them and cut them lengthwise; then put them in an oven to dry slowly. Next boil the peelings until the substance is out; strain and boil the juice into a syrup. When the pears are heated through, take them out and dip them in the syrup, and replace them into the oven. Continue thus as long as there is any syrup left.

Att torka äpplen.

Dertill tages lös frukt, som skalas och skäres i halfvor; kärnhuset borttages och äppelhalfvorna utbredas på torkållor (ej på plåtar, emedan äpplena deraf blifva svarta) samt insättas i svag ugnsvärme, hvarest de blifva stående tills de kännas torra.

To dry apples.

For this purpose use soft apples, which peel and cut in half, removing the cores. Place them in the oven to become dry, but do not use common plates for this purpose, as the apples then become black.

Att insalta fläsk.

Hufvud och fötter afskäras på svinet, istret borttages, ryggen frånhugges, refbensspjell och skinkor frånskäras, och af mellanstycket skäres så stora delar man vill. Styckena gnidas med finstött salt och salpeter och nedläggas, med skinnsidan nedåt, i passande kärl med gröfre salt pä bottnen. Så fortfares tills fläsket är slut, och mellan hvarje hvarf strös groft salt. Derpå lägges sedan en botten med tyngd, och fläsket förvaras i kallt rum eller kallare.

Att röka skinka på vest-faliskt sätt.

Skinkorna skäras ifrån svinet, läggas tro dagar i kallt rum, så att de få frysa eller åtminstone stelna, saltas sedan väl med fint salt och få ligga åtta dagar. Sedan upptagas de ur saltet och läggas mellan två breda träskifvor med stark tyngd uppå, så att all blodlaken utpressas; ned-salta dem åter. Efter tre dagar upptagas de ur saltet och hängas i kall enrök en hel månad. När de

Salting pork.

Cut off head and feet from the hog, remove the suet, part the back from the body, separate also the ribs and the hams and then cut from the middle part as big slices as you want. These pieces are now to be rubbed with fine salt and saltpeter, where upon put them, skin side down, in a proper vessel, as a tub, with coarse salt on the bottom. Keep on thus as long as there is any pork left, sprinkling coarse salt between each layer. Finally put a plate on the top and on that a heavy weight. The pork is kept in a cool room.

To smoke ham the Westphalian way.

Cut the hams from the hogs and let them lie three days in cold water, so as to freeze or get stiff at least; then salt them well with fine salt and let them lie that way for eight days. Put them between two wide planks and press the blood out of them. Put again in salt and saltpeter; after three days they are ready to take up and smoke in cold juniper smoke for a month; when ready hang them in the ceiling of a room where a fire is kept.

äro färdigrökta hängas de under taket i ett rum, hvarest dagligen eldas, och två eller tre veckor i en bod eller vind.

Att röka skinka på amerikanskt sätt.

En skinka af omkring 10 pounds vigt ingnides med 2 ounces salpeter, hvarefter den får ligga ett dygn. Tre pounds fint salt, ett pound fint socker och en näfve krossade enbär blandas och dermed ingnides skinkan. Sedan får den ligga i två dagar, och vändes derefter på andra sidan. Under loppet af 14 dagar vändes och ingnides skinkan några gånger med dessa kryddor, hvarefter den är färdig att rökas. Rökningen bör ej vara stark. Skinkan inlindas derunder i gammalt linne, som genast efter rökningen aftages.

To smoke ham the American way.

Rub two ounces saltpeter into a ham weighing about ten pounds and then let it rest twenty-four hours. After that time rub into it three pounds fine salt, one pound fine sugar and a handful crushed juniper berries, all first well mixed together. Let the ham lie two days before turning it, and having turned it, let it remain fourteen days, turning it and rubbing it with the above mixture. It is now prepared to be smoked. The smoking need not be hard, and during that process, have it wrapped in old linen, take off when through.

TOLFTE AFDELNINGEN.
Part Twelve.

GRÖNSAKER.

Anmärkning. Ju friskare alla grönsaker äro, desto bättre, emedan de då äro ej blott smakligare, utan äfven helsosammare. Sättet att pröfva huruvida de äro friska eller ej är att böja eller bryta dem. Om de då visa sig sköra och gå af lätt, äro de goda, hvaremot de äro delvis skämda, om de visa sig sega eller lätt böjliga. För öfrigt är det ju lätt att på de flesta grönsakers utseende döma till huru friska de äro eller tvärtom. I allmänhet kan man till friskhet återställa delvis vissnade trädgårdsalster genom att bestänka dem med kallt vatten och placera dem i källare eller annat mörkt och svalt rum. I fråga om kokning bör ihågkommas att lent vatten är mycket bättre än brunnsvatten. Före kokningen böra alla grönsaker ligga i kallt vatten några timmar. Om brunnsvatten måste begagnas, så är det bäst att lägga litet soda deri innan det sättes på

VEGETABLES.

Remarks. The fresher all the greens are, the better, as they then are not only better tasting, but also more wholesome. The way to test whether fresh or not, is to bend or break them. If they show themselves brittle, easily breaking, then they are good, but at least partly spoiled if they are flexible and tough. Otherwise it is easy enough to judge by the appearance of a vegetable whether it is fresh or not. Generally, it is possible to restore comparative freshness of partly wilted garden produce by simply sprinkling them with cool water and putting them in a cellar or other cold and dark room. As to cooking, remember that soft water is much to be preferred to well water. All greens ought to lie in cold water a few hours before boiling. If well water must be used, then put some soda in it, before placing it over the fires; moreover it must

elden. Vidare får man ihågkomma att grönsaker måste kokas väl, som vill säga hvarken för litet eller mycket, emedan de blifva förstörda i båda fallen, och härvid är att märka att unga grönsaker tåla mindre kokning än äldre och mognare. Vattnet bör alltid vara väl saltadt och sakerna icke iläggas förrän vattnet börjat koka, emedan de hårdna genom att ligga i vattnet innan det kokar. Lök bör blötas i varmt saltadt vatten före kokningen. Bönor, majs, o.s.v. beredes ej för kokningen innan vattnet är färdigt att mottaga dem. Morötter, rofvor och lök klyfvas ej, utan skäras i ringar på tvären för att koka så mycket lättare. Vidare underrättelser meddelas längre fram under denna afdelning, då vi komma till potatis, tomatoes m.fl.

be borne in mind that vegetables must not boil too long or too short a time, as they in either case will be spoiled, and in connection with this is to be noticed that young vegetables stand less boiling than older and more ripe ones. The water should always be well salted and the greens not put in before it has begun to boil, because they only harden by lying in the water waiting to boil. Onions should be soaked in warm salted water before boiling. Beans, corn, etc., need no preparation for the boiling. Carrots, turnips and onions should not be split, but cut in rings sidewise in order to cook so much easier. For further particulars see the "Potatoes" section.

Att plocka sparris.

Man plockar medan den ännu har morgondaggen på sig; man skär icke af stjelken, utan bryter den, lemnande den hårda träaktiga delen. Sedan bildas små knippen, med 8 a 12 stjelkar till hvarje knippa, allt efter storleken. När man köper sparris får man dem i myck-

Gathering asparagus.

Gather with the morning dew upon it; do not cut it off, but snap it, avoiding the hard or woody part of the stalk; tie in bunches, eight to twelve stalks to the bunch, according to size; when purchased the bunches come in much larger

et större knippen, hvilka då böra delas. Om den skall bevaras någon tid före begagnandet (hvilket icke bör vara mer än en dag), så ställer man knippan upp och ner i en half inch högt kallt vatten. Do större stjelkarne bereder man med hvit sås, eller stekas de, hvaremot de mindre bäst användas såsom man anrättar gröna ärter.

sizes, and should be divided. If to be kept some time before using (never more than a day), place the bunch upright in about half an inch of cold water, and keep cool. The larger stalks, or first cut, are prepared vinaigrette, with white sauce, or fried; the small ones or second cut, like green peas, are better if taken from the water when still firm; if boiled soft they loose their flavor.

Sparris.

Lägg den gröna delen i saltadt vatten och koka 5 minuter; afhäll nu vattnet och fyll i nytt kokhett vatten och koka 10 a 15 minuter. Ilägg litet smör, salt och peppar; torka tre tunna brödskifvor, bred smör på dem, lägg å en tallrick och bäll sparrisen deröfver.

Asparagus.

Put the green part into boiling water, slightly salted; boil five minutes and pour off the water; add more boiling water and boil ten to fifteen minutes; then put in a lump of butter; salt and pepper (some stir in a thickening made of one teaspoon flour mixed with cold water); toast three thin slices bread; spread them with butter, put in a dish and turn the asparagus over it.

Gurkor, kokta eller stekta.

Skala och klyf dem på längden i fyra delar, tag ut alla frön och skär dem i indilånga stycken.

Cucumbers boiled or fried.

Peel and split them lengthwise in four parts; take out the seeds, and cut in pieces about an inch long;

Lägg dem i kokande vatten, som är något saltadt, och låt dem koka tills färdiga. Derpå upptagas de och läggas på en handduk att torka. Sätt en stekpanna på elden och lägg något smör deri. När den blifvit riktigt het, ilägges litet finskuren persilja, salt och peppar. Två minuter senare ilägges gurkorna, som stekas några minuter, hvarunder de vändas hit och dit.

put them in boiling water with a little salt and boil until done; put them in a towel to dry; put some butter in a frying-pan, and place it over a good fire; when hot put in some chopped parsley, salt and pepper; two minutes after put in the cucumbers, fry a few minutes, tossing them now and then, and serve.

Råa gurkor.

Utse sådana som äro medelstora samt riktigt friska, sådana som icke legat i solen, och lägg dem i vatten en half timme. En timme före användandet skalas och skäras de i stycken med en tunn knif eller annat passande verktyg. Man måste börja skärningen vid den tjocka ändan, emedan de annars blifva beska. Lägg skifvorna i en panna kallt vatten, der de förblifva tio minuter. Vattnet får afrinna för att ersättas med nytt ett par gånger. Sedan betäckas gurkorna med is och ställas i en afkylare (refrigerator) tills de skola serveras, då man slår salt, peppar och ättika öfver dem, samt olja, om man behagar. Så beredda, blifva gurkor,

Raw cucumbers.

Select those of medium size and very fresh, which have not lain in the sun before gathering, and put them in cold water for half an hour; an hour before they are required peel thin, and slice on a slaw cutter set close, or very thin with a knife commencing with the thick or blow end, or they are very likely to be bitter; let the slices drop into a pan of cold water, in which let them lie for ten minutes; pour off the water and replace once or twice; finally cover them with ice, and set away in the refrigerator until wanted to serve, when salt and pepper them and pour over good cider vinegar; some add salad oil also. From

som annars äro hardt när osmält-
bara och derför farliga, ej blott
helsosamma, utan äfven riktigt
aptitliga.

being an indigestible, strong and
dangerous edible, by this process
they become wholesome and very
enjoyable. Sliced onions are also
served with them, but they should
be mild, the Bermuda onions
being the best.

Fyldt kålhufvud.

Skär ut den innersta delen af ett
stort friskt kålhufvud, hvilket sker
genom att försigtigt vika bladen
tillbaka sedan man först hällt hett
vatten öfver dem. Fyll nu tom-
rummet med hackadt kalfkött
eller hönskött som rullats till små
bullar uti ägggula. Bind sedan ihop
hufvudet, lägg det i en duk och
koka det ett par timmar. Man får
pä detta sätt en fin rätt.

Stuffed cabbage.

Cut out the heart of a large fresh
cabbage by gently spreading back
the leaves, to do which without
breaking, pour over it boil-
ing water; fill the vacancy with
thinly chopped and boiled veal
or chicken rolled into balls with
the yolk of an egg. Tie firmly
together with twine, or tie it in a
cloth and boil in a covered kettle
2 hours. This is a very fine dish
and quite economical in using
cold meats.

Brynt
hvitkålhufvud.

Ett hårdt hvitkålhufvud rensas från
alla gröna blad, och stocken från-
skäres. Litet salt och peppar, sirap
eller socker iläggas der stocken su-

Browned white
cabbage.

Take a hard white head, clean from
it all green leaves and cut away
the stem. Take a little each of salt,
pepper and sugar or syrup and put

tit, och kålhufvudet omlindas med segelgarn. Derefter lägges det jemte ett stycke smör i en kastrull med tätt lock att koka i sin egen saft på sakta eld tills det blir gulbrunt och mört. Man får ofta se efter att det ej vidbrännes. Kålhufvudet upplägges på en karott, och den i kastrullen qvarvarande saften afsimmas med litet mjöl. Denna hälles sedan öfver kålhufvudet, hvilket ätes till hvad köttratt man behagar.

Hvitkål stufvad med grädde.

Ett kålhufvud rensas, stocken frånskäres och hufvudet delas i små klyftor, som förvällas i kokande vatten, tills det blir mjukt, då de uppslås på ett durchslag att afrinna. Sedan sammanfräses smör och mjöl, samt spädes med hälften grädde och mjölk; socker, muskott och salt tillsättas efter smak. När såsen uppkokar, vispas två ägggulor deri, och kålen ilägges samt omskakas väl, men får ej koka, utan blott hållas väl varm vid elden. Anrättas på fat eller karott och ätes till kötträtter.

that in where the stem was. Tie up the head with strong cords and place it with a piece of butter in a pan or kettle and provided with a tight cover and there let it boil in its own juice, until light brown and tender. Meanwhile, you must look carefully, to see that it does not burn; when cooked take it out, and mix a little flour in the remaining juice, which pour over the cabbage. Serve with meat.

White cabbage with cream.

Clean a cabbage head and cut away the stem; then cut it in small parts, which scald in boiling water until soft. Take it out and place it in a strainer for the water to run off. Melt some butter with flour and mix into it milk and cream, half of each; sugar, salt and nutmeg to suit. When the sauce boils stir into it two yolks; then put in the cabbage and shake well without boiling, only heating. Serve on platters with meat dishes.

Rödkål a la Orleans.

Tag ett medelstort kålhufvud, koka det i en half gallon buljong, hvari lägges en lök späckad med nejlikor och två glas godt rödvin. Krydda starkt och stufva det hela.

Blomkål med kräftor.

Några tjocka förvälda kräftor ränsas, köttet tillvaratages, och skalen stötas samt beredas till kraftsmör. Under tiden förväl-les hvit blomkål i litet salt vatten med ett stycke smör. När den kännes mjuk, upplägges den på ett durchslag, men öfvertäckes under tiden så att den håller sig varm. Af kräftsmöret göres, en simmig sås, hvilken spädes med kålspadet och litet grädde; socker, salt och muskotblomma tillsättas efter behag. Kräftköttet lägges i såsen och omskakas väl öfver elden så att det blir riktigl upphettadt. Blom-kålen anrättas midt på ett fat med kräftstufningen omkring. Serveras som mellanrätt.

Red cabbage a la Orleans.

Take a head of middle size, boil it in half gallon bouillon, wherein place an onion lined with cloves, and two glasses red wine. Then spice it quite strong and stew it. Makes a very fine dish.

Cauliflower with crabs.

Take a few fat crabs and clean them, scald them, and take good care of the meat, while pounding the shells and preparing them for a crab butter. Meanwhile scald some white cauliflower in salt water, having added a piece of butter. When it is soft take it out and let the water run off. When this is done, cover the cauliflower to keep it warm. Make a somewhat thick sauce of the crab butter and dilute it with the juice of the cauliflower and a little cream; add sugar, salt and nutmeg, or mace to suit the taste. Put the crab meat into the sauce and shake over the fire without boiling. Serve the cauliflower on a platter, with the crab stew arranged around it. Use as middle dish.

Spenat.

När den är plockad, sköljd och
förväld lägges den några minuter
i kallt vatten och uppsilas, urkra-
mas väl och hackas med litet
mjöl. Smör fräses i en kastrull och
spenaten lägges deruti, omröres
och spädes efter behof med söt
mjölk och får koka upp endast en
gång. Litet salt, muskot och socker
tillsättes efter smak.

Ugnstekt lök.

Tag stor spansk lök, som är bäst
för detta ändamål; tvätta den, men
skala den ej, och lägg den i en
såspanna i vatten lindrigt saltadt;
låt den koka en timme, och fyll
på med hett vatten i den mån det
bortkokar. Lägg sedan löken på
en duk att torka; rulla hvarje lök i
papper smordt med smör. Vrid om
papperet (det bör vara sidenpap-
per) så att löken qvarhålles, och
grädda den en timme i lagom
ungshetta tills den blifvit mör.
Lägg den nu i ett djupt fat, sedan
den först skalats. Sedan brynes den
i ugnen och kryddas med salt och
peppar.

Spinach.

When picked, cleanse and scald it;
then put it in cold water for a few
minutes; now strain and squeeze
it, then chop fine with a little flour.
Melt some butter in a kettle, put in
the spinach and stir well, diluting
according to need with sweet milk.
Must not boil long, only a minute;
add sugar, salt and nutmeg.

Baked onions.

Use the large Spanish onion, as the
best for this purpose; wash them
clean, but do not peel, and put
them into a saucepan, with slightly
salted water; boil an hour, replac-
ing the water with more, boiling
hot, as it evaporates; turn off the
water and lay the onions on a cloth
to dry them well; roll each one in
a piece of buttered tissue paper,
twisting it at the top to keep it on
and bake in a slow oven about an
hour, or until tender all through;
peel them, place in a deep dish,
and brown slightly, basting well
with butter, for fifteen minutes;
season with salt and pepper, and
pour some melted butter over
them.

Ärter stufvade i grädde.

Man lägger tre eller fyra pints unga gröna ärter i en panna med kokande vatten, och innan de blifvit fullt kokta, aftagas de, och vattnet får afrinna. Nu smälter man två ounces smör i en vanlig stufpanna, blandar deri litet mjöl, och håller det så öfver elden ulan att låta det brynas; man iblandar sedan en gill grädde och en half tésked hvitt socker, låter detta koka och ilägger då ärterna, som få koka ett par minuter. Det är nu färdigt att anrättas.

Peas stewed in cream.

Into a sauce-pan of boiling water, put 2 or 3 pints of young green peas and when nearly done and tender, drain, then melt 2 ounces butter in a clean stew-pan, thicken evenly with a little flour and hold it over the fire, do not let it brown; mix in a gill of cream, add half a tea-spoon white sugar, bring to a boil, pour in the peas, and keep the pan moving for 2 minutes, until well heated, serve hot.

Stekta palsternackor.

Skrapa dem och skär dem på längden omkring ¼ inch tjocka och stek dem bruna i smör eller klart köttfett. Man kan koka dem först för att så mycket lättare kunna steka dem.

Fried parsnips.

Scrape and slice them lengthwise, about a quarter-inch thick, and fry brown in a little butter or clear beef drippings; if previously boiled, they will fry sooner, or the remnants of those boiled for dinner may be used.

Kokade palsternackor.

Tvätta dem och skrapa dem och borttag hvarje svart eller mörk liten fläck och rand, och skär de stora i fyra delar. Koka dem i vatten saltadt med en rågad matsked salt för hvarje half gallon vatten. Låt dem koka snabbt tills de blifva möra, låt vattnet afrinna och servera med salt fisk eller kött.

Stufvade palsternackor.

Tvätta, skrapa och skär dem i en half inch tjocka skifvor; lägg dem i stekpannan med en half pint hett vatten och en matsked smör; krydda och täck väl öfver, och stufva tills vattnet försvunnit.

Att rengöra morötter.

Bortskär alla mindre rötter, tvätta och skrapa dem varligt, tvätta dem igen, skär dem i skifvor ¼ inch tjocka, antingen på längden eller bredden, hvilket gör detsamma.

Boiled parsnips.

Wash and scrape them, and remove any black spots blemishes and if quite large, quarter the thick part. Put them into boiling water, saltet with one heaping tablespoon to half gallon water; boil rapidly until tender, drain, and serve in a vegetable dish; serve with salt fish, boiled pork or beef.

Stewed parsnips.

Wash, scrape and slice half inch thick, put in a frying-pan with half a pint hot water and a tablespoon butter, season, cover closely, and stew until all the water is cooked out, stirring to prevent burning; they should be a cream light brown.

To clean and prepare carrots.

Trim off the small roots; wash and scrape them gently, the skin only; wash well; drain and cut in slices quarter inch in thickness, either across or lengthwise.

Kokade morötter.

Bered dem som ofvan och lägg
dem i en såspanna med litet salt
och vatten nog att skyla dom; låt
dem koka tills de äro färdiga och
afsila vattnet.

Torra bönor—
Lima, hvita och
bruna.

Torkade bönor böra alltid ligga i
vatten innan de kokas — från 5 till
10 och 24 timmar, om de äro från
ett till två år gamla. Är man oviss
om deras ålder, skadar det dock
icke attlåta dem blötas så länge
som helst. Ibland de hvita bönorna
äro de minsta alltid de bästa.
Såsom näringsämne äro bönor
kanske för högt uppskattade, dock
qvarstår som sanning uppgiften att
de i detta afseende ega stort värde.
Att koka dem—Lägg bönorna i en
vanlig såspanna i kallt vatten och
låt dem koka sakta, tills de blifva
möra. Fyll på med kallt vatten i
den mån det bortkokar. Begagna
aldrig salt vid kokandet af tork-
ade bönor, emedan saltet hindrar
kokningen. Afsila vattnet när de

Boiled carrots.

Prepare as above, put them in a
sauce-pan with a little salt and
enough water to more than cover;
boil gently until tender, then drain;
the time will depend upon how
young and tender they are.

Dry beans—Lima,
white or colored.

Dry beans should be soaked in
water for some time, from 5 or 10
to 24 hours, if a year or two old; if
uncertain as to the age, it will do
them no harm to soak them the
longer time, and drain. If white
beans are used, the smaller sized
ones are the best. Their nutriment
although overrated, is great, and
for making a very palatable and
cheap soup they are very valuable.
To boil—Put the beans in a sauce-
pan with cold water, and boil gently
until tender; as the water evaporates,
fill up with cold water. Never use
any salt in boiling dry beans, as it
prevents their cooking. When boiled
tender, drain, and they are ready to
be baked, or used as they are.
With pickled pork or bacon—Boil
a quart of beans as directed above;
dice half a pound of salt pork or

äro färdiga, då de kunna stekas eller användas som de äro.

Med fläsk eller skinka—Koka en quart bönor efter ofvan stående anvisning; skär ett halft pound salt fläsk i tärningar och sätt det på elden i en såspanna; när det är halfstekt iläggas bönorna och omröres, ställes sedan i varm ugn i 20 minuter. När det är färdigt strös hackad persilja, peppar och salt öfver det.

Bostonbönor, stekta.

En quart små hvita bönor läggas i blöt öfver natten i friskt vatten. På morgonen ombytes vattnet, bönorna läggas i en porslinskittel. Kokas tills skinnen rynkas. Afsila vattnet och salta bönorna, hvilka nu läggas i en stenpanna (tenn dugericke); lägg en bit salt fläsk med en skåra uti midt ibland bönorna. Blanda en matsked molasses, en tésked senap och en half tésked "baking powder" i en kopp och häll det öfver bönorna. Fyll pannan med varmt vatten, lägg locket tätt och stek i lagom ugnshetta hela dagen, och se till att vattnet icke upptorkar. Vid tretiden på eftermiddagen upphör man att påhälla vatten,

bacon—about medium fat and lean—and put it in a sauce-pan over the fire; when half fried, add the beans, mix and stir for a minute, and place in a warm oven for about twenty minutes, stirring occasionally; when done, sprinkle on the top some chopped parsley, pepper and salt to taste, if not already sufficiently salted. Ham or fresh pork may be used instead of salt pork or bacon, if preferred.

Boston baked beans.

Soak in fresh water overnight a quart of small white beans; in the morning change the water and put them in a porcelain kettle, with water enough to cover, and parboil until the skins wrinkle; then pour off that water, mix the beans with salt, and put them in an earthen bean-pot (do not use a tin pan); take a a piece of fat, salt, pork, score the top and place in the middle of the beans; in a cup mix a tablespoon molasses, a teaspoon dry mustard, a half teaspoon baking soda, and pour over the beans; fill the pot with warm water, cover the top with the earthen lid, and bake in a slow oven all day, being

men bönorna få stekas ännu en timme.

careful not to let the water dry out, and thus dry the beans; keep replacing the water until about three o'clock, and then let them remain in the oven untouched until four.

Spenat med buljong.

Spenaten ränsas och sköljes, förvälles 5 minuter öfver friskt vatten och omröres, så att den fort kallnar till att behålla sinfärg. Urkramas noga, hackas fin med mjöl. Smör fräses i en kastrull, spenaten ilägges, kokas några minuter under jemnomröring, och spädes med god buljong. Sedan kan spenaten anrättas, garnerad med hackade, hårdkokta ägg, förlorade ägg eller hvetebrödsskifvor, skurna i trekanter och brynta i smör.

Spinach with bouillon.

Pick the spinach and clean it, then scald it for five minutes over a brisk fire; put it immediately in fresh water and stir so as to make it cool quick and retain its color. Now squeeze out the water and chop it fine together with flour. Melt butter in a pan, put the spinach in it for a few minutes, while stirring, dilute with bouillon or the juice of the spinach. The spinach can be served with chopped, hard boiled eggs, poached eggs or slices of bread cut small and browned in butter.

Stufvad sparris.

Öfverblifven kokt sparris, äfvensom de smärre sparrisen, kan härtill användas, då den skrapas och kokas som vanligt, hvarefter den skäres i 1½ tums långa bitar;

Stewed asparagus.

Leavings of boiled asparagus, along with the smaller parts of the plant, may be used for this purpose. Prepare it as usual and cut in pieces one and half inches

derefter göres en sås af sam-
manfräst mjöl och smör, hvarpå
spädes, under jemn vispning med
buljong eller i brist deraf med det
spad, hvari sparrisen kokat. När
denna sås uppkokas, ivispas två a
tre skedblad söt grädde och 1 eller
2 äggulor, allt efter myckenheten
af sparrisen; derefter ilägges den
sönderskurna sparrisen, som
omskakas väl i såsen, hvarefter den
är färdig att anrättas på fat. Nu bör
man hafva till reds stufvade kräft-
stjertar, hvilka läggas som en krans
kring sparrisen.

long. Now make a sauce of melted
butter and flour, and dilute it,
while stirring all the time, with
bouillon or the juice in which the
asparagus has boiled. When the
sauce boils stir in two or three
tablespoons sweet cream and one
or two yolks of eggs, all according
to the quantity of the asparagus.
Immerse the asparagus, stir well
and serve on a platter. Then have
ready some stewed crab tails with
which to garnish the asparagus, as
if with a wreath.

Stekt selleristjelk.

Selleriet skalas och skäres något
tjockare an till salad. Sedan
blandas tillhopa rifvet bröd och
socker; 3 ägg sönderslås och vispas
mycket väl; selleriskifvorna doppas
i äggen och vältras i det hopblan-
dade brödet och sockret. Derefter
läggas de i en pannkakspanna med
smält smör och stekas gulbruna på
bägge sidor. De äro då färdiga att
serveras, hvarefter smöret vispas
upp med äggulorna och hvitt
vin till sås. Garneras med stekt
persilja.

Fried celery stalks.

Peel the celery and cut it some-
what thicker than for salad. Then
mix grated bread or bread crumbs
and sugar; break three eggs and
beat them well; dip the celery in
the egg and roll it in the bread and
sugar. Next put it in a frying pan
with butter and brown it on both
sides. It is now ready to be served.
Sauce is prepared by beating the
butter and the eggs with white
wine. Garnish with fried parsley.

Bondbönor.

Bönorna urspritas och förvällas. hvarefter skalen aftagas. Smör och mjöl fräsas, uppvispas med buljong och tillsättas sedan med bönorna, som få småputtra. När de skola anrättas, afredes de med söt grädde, och en ägggula ivispas; derefter tillsättes litet salt, socker, muskott och persilja; serveras till kokta kötträtter.

Hvita bönor.

Dessa blötas en timme i kallt vatten och sättas derefter med salt vatten och smör på elden att koka. Man tillägger salt, litet hvitpeppar och några droppar citronsyra.

Bruna bönor.

De blötas i kallt vatten en timme och sättas sedan att koka med kallt vatten öfver lagom stark eld, tills de blifva mosiga. Sirap och ättika tillläggas efter smak. Användas till salt kött, fläskrätt, stekt fisk o.s.v.

Welch beans.

Shell and scald the beans; then stir some flour and butter together, diluting it with bouillon; put the beans into the sauce and boil gently. They are finished by adding some sweet cream and a yolk beaten with the cream; season with sugar, salt and nutmeg, also a little parsley. Can be served with meat dishes.

White beans.

Soak them an hour in cold water; then put them in salted water over the fire; put some butter in the water. In order to impart a good flavor, add some drops of lemon juice, besides salt and pepper.

Brown beans.

Soak in cold water for one hour; then they are put on the stove in cold water to boil until mushy, syrup and vinegar are added according to taste. They are then served with salt meat, pork, fried fish, etc.

Gröna ärter.

Ärterna äro bäst, när de plockas och spritas straxt före kokningen. Lägg dem i kokt vatten med litet salt och koka dem väl tills de blifvit möra. När de äro färdiga, tagas de upp med skumslef; salt och smör tillsättas efter smak.

Green peas.

Peas are always best when picked just before shelling and cooking. Place them in boiling water with a little salt and let them boil until tender. Then add salt and butter to suit.

Stekt äggplanta.

Plantan skäres i skifvor ⅓ inch tjocka, hvarpå dessa doppas i vispade ägg, hvari blandats litet salt och peppar. Sedan rullas de i brödsmulor och stekas i mycket hett flott.

Fried eggplant.

Cut the plant in slices one-third of an inch thick and dip these in beaten eggs mixed with some salt and pepper. Then roll them in bread crumbs and fry them in hot lard.

Fylda ugnstekta tomatoes.

Skär en tunn skifva från blomändan af ett dussin mogna goda tomatoes och uttag med en liten sked innanmätet utan att bryta skalet; hacka ett litet kålhufvud och en lök och iblanda rifvet bröd jemte det uttagna innanmätet; krydda det med peppar, salt och socker, och tillsätt en kopp grädde.

Stuffed and baked tomatoes.

From the blossom end of a dozen tomatoes—smooth, ripe and solid—cut a thin slice, and with a small spoon scoop out the pulp without breaking the rind surrounding it; chop a small head of cabbage and a good-sized onion finely, and mix with these fine bread crumbs and the pulp; season

Fyll tomato-skalen harmed, ditsätt de afskurna skifvorna och lägg tomatoes i en med smör smord bakbunke med de skurna ändarne upp; ihäll sedan litet vatten i bunken, lägg en liten smörklimp på hvarje tomato och låt dem stekas en half timme. Lägg åter en smörbit på, dem och servera.

with pepper, salt and sugar, and add a cup sweet cream; when all is well mixed. Fill the tomato shells, replace the slices, and place the tomatoes in a buttered baking-dish, cut ends up, and put in the pan just enough water to keep from burning; drop a small lump of butter on each tomato, and bake ½ hour or so, till well done; place another bit of butter on each, and serve in same dish.

Stufvade tomatoes.

Skala och förväll dem och lågg dem i en stufpanna; krydda dem och låt dem sjuda (få ej koka) i 45 minuter. De kunna kokas med rifvet bröd eller brödtärningar, då man begagnar ungefär lika mycket bröd som tomatoes.

Stewed tomatoes.

After scalding and peeling, cut them into a stewpan; season and let them simmer (not boil) for three quarters of an hour. May be cooked with soft bread crumbs or small squares of bread, using nearly as much bread or crumbs as tomato, adding it after they are nearly done.

POTATIS.

Val af potatis.

I allmänhet gäller som regel att ju mindre ögonen äro desto bättre fir potatisen. Utse den medelstora

POTATOES.

To select potatoes.

As a general rule the smaller the eyes the better the potato. Choose those of medium size, and as

sorten, som är slät och jemn. Om man afskär en skifva i storändan kan man säga om den ar frisk eller ej, ty om den då visar sig durkslag af koppar, fläckig eller ihålig kan man taga för gifvet att den är skämd. Hvil-ken särskild sort man bör välja beror på årstiden, somliga sorter hålla sig längre än andra, somliga åter förruttna innan vintern är öfver. De böra alltid förvaras i en mörk men kall och framförallt torr källare för att förhindras från att gro.

Att bereda potatis.

Gammal potatis bör skalas innan den kokas eller stufvas, och om den ej genast användes efter skalningen, bör den läggas i kallt vatten medan den väntar; de bibehålla derigenom sin klara färg, emedan luften gör dem mörka. Torka hvarje potatis innan den ilägges att koka. Om potatisen skäres i skifvor, så böra äfven dessa ligga i kallt vatten tills de skola kokas.

smooth as possible. By cutting a slice off the larger end it may be discovered if sound; if spotted or having a large hollow they are not, and therefore inferior. The variety to select from depends greatly on the season; some sorts keep better than others; others decay and go out of market as the season advances. Potatoes should be kept in a dark but cool and dry cellar, to prevent vegetating.

To prepare potatoes.

Old potatoes should be peeled before boiling or stewing, and immediately dropped into cold water, to remain until required, in order to keep them clear in color, as exposure to the air darkens them; wipe each one dry before cooking; for the same reason, when sliced, let the slices drop into a pan of cold water.

Att koka potatis.

Att ångkoka potatisen anses nu allmänt som det bästa sättet. För det första går det lättare, för det andra fortare, och för det tredje blir potatisen smakligare, emedan den bibehåller mera af sin stärkelse och blir mjöligare. Att veta när den är kokt är mycket vigtigt, emedan den ofta blir vattnig och oaptitlig. I och härför bör manvälja jemnstor potatis, och om den är mycket stor, bör den sönderskäras i lika stora stycken. Gammal potatis göres mycket bättro genom att läggas i blöt öfver natten. Är den blöt i sig sjelf, göres den fastare med litet kalk i vattnet under kokningen. Ny potatis bör kokas i två vatten. Medelstor potatis kokas eller stekes på 20 a 30 minuter.

To cook potatoes.

Steaming is now generally regarded as far preferable to boiling potatoes; first, from being more easily accomplished, and next, they cook a little sooner, and if watched, frequently tested, and taken up as soon as done, will preserve the starch, i. e., be more mealy and dry. The great point in steaming, boiling or baking is to know when done, and act accordingly, or they will be watery or "soggy," as it is homely, but expressively termed. For this reason too, it is essential that potatoes of a uniform size should be selected for each cooking, commencing with the largest, and continuing each time until the supply is exhausted. Quite large potatoes, for steaming or boiling, should be cut in four parts, smaller ones in two; remove the middle or core, if hollow or defective, also all worm holes or other blemishes. Very old potatoes may be vastly improved by soaking in water over night; if quite watery, a small piece of lime dropped into the water in which they are boiling will cause them to cook dryer than without. New potatoes should be boiled in two waters. Medium sized new potatoes will cook—boil or bake—in

twenty to thirty minutes; matured or old ones in about double that time, and either, when peeled, some fifteen minutes sooner.

Potatis a la francaise.

En quart kall kokad potatis skäres i små tärningar; sedan tages tre matskedar smör, en matsked hackad lök och en dito hackad persilja, jemte peppar och salt; krydda potatisen med pepparn och saltet, stek löken i smöret, och när löken ar gulbrun ilägges potatisen. Omrör med en gaffel, men se till noga att potatistärningarne icke gå gånder. När massan är riktigt het ilägges persiljan, och nu kokas alltsammans två minuter längre.

Potatis för hvarje dag i veckan.

Skala, ångkoka och mosa po-tatis på söndagen. Tillsätt mjölk, smör och salt. Låt det koka upp och omrör det väl tills det blir som en tjock smet. På måndagen steker man potatis med skalen på. Se då till att de då upptagas innan de bli skrynkliga. Om de ej ätas

Potatoes in the French style.

One quart cold boiled potatoes cut into dice, three tablespoons butter, one of chopped onions and one of chopped parsley, pepper and salt; season the potatoes with the salt and pepper, fry the onions in the butter, and when they are yellow add the potatoes; stir with a fork, being careful not to break them; when hot add the parsley, and cook two minutes longer.

Potatoes for every day of the week.

On Sunday, peel, steam and mash; add milk, butter and salt and then steam and beat like cake batter until nice and light; the longer the better—Monday, fried potatoes in the skins; be sure to take them up when done, or they will be wrinkled if not served immediately,

genast, så bevaras de i servetter.
På tisdagen stekes potatis skalad
tillsammans med rostbiff. På ons-
dagen bereder man potatisen efter
seden i Kentucky (se härnedan).
På torsdagen skalas den, ångko-
kas och serveras hel. På fredagen
skalas den, skäres i skifvor på
längden, beströs med peppar och
salt och stekes i flott eller smör. På
lördagen kokas den i skalen.

do them up in a napkin and tie
close to keep hot—Tuesday, peel
them and bake with roast beef,
cooking them under the meat—
Wednesday, prepare in Kentucky
style, (see below)— Thursday, peel,
steam and serve whole—Friday,
peel, cut in thin slices lengthwise,
sprinkle with pepper and salt,
and fry on a griddle greased with
butter or beef drippings, and turn
like pancakes—Saturday, potatoes
boiled in their skin.

Potatis på Kentucky-metoden.

Skär potatisen i tunna skifvor
öfver en panna med vatten uti och
låt den stå en half timme, hvilket
gör den hård. Lägg den sedan i en
puddingform eller större stekpan-
na med salt, peppar och en pint
mjölk; låt, den stekas en timme;
uttag den och tillsätt en smörklimp
så stor som ett ägg smöret strös i
små bitar öfver potatisskifvorna.
Det bör alltid vara tillräckligt
mjölk att bli något öfver såsom sås.

Potatoes Kentucky style.

Slice potatoes thin on a slaw cutter
placed over a pan of water, and
let stand for half an hour, which
hardens them; put them in a
pudding-dish or dripping-pan,
with salt, pepper and about half
a pint of milk; bake for an hour,
take out and add a lump of butter
half the size of an egg cut in small
bits and scattered over the top. The
quantity of milk cannot be exactly
given; enough to moisten the pota-
toes, with a little left as a gravy.

Potatis i smör.

Skala och skär potatis; skölj och aftorka den väl på en ren handduk. Töm en klump smör i en panna och låt det smälta, men ej brynas och lägg sedan potatisen deruti. Låt den sjuda i smöret under 3 a 4 minuter eller tills den erhållit en jemn, ljusgul färg; när den kännes mjuk för fingret är den färdig, och bör då genast serveras.

Potatoes in butter.

Peel and cut the potatoes; wash them and wipe them with a towel. Put a piece of butter in a pan and let it melt but not brown. Add the potatoes and let them remain three or four minutes or until they become light brown. When they feel soft to the finger, take them off the fire and serve while hot.

Stekt potatis.

Skala 6 potatis, som äro sä jemnstora som möjligt, och skär dem i tämligen tjocka skifvor. Lägg ett godt stycke skumfett i en panna och låt det smälta vid frisk eld. Lägg sedan potatisen i den beta flottyren och rör emellanåt om den med en skumslef, så att den blir jemnstekt. Efter 10 a 12 minuter bör den vara färdig att läggas på ett halster öfver stoven att afrinna, beströs sedan med fint salt och användes till garnityr. Den som tycker om potatis med hård stekt ytterskorpa bör låta den stekas ytterligare i 5 minuter.

Fried potatoes.

Peel six potatoes of middle size and cut them in pretty thick slices. Put quite a big lump of skimmed fat in a pan to melt over a brisk fire. Immerse the potatoes in the fat and stir with a big spoon so that the potatoes become evenly fried; it ought to be ready in ten or twelve minutes; then put it over a griddle to drain; sprinkle it with fine salt and use it for garnishing. If potatoes with a hard fried crust are wanted, fry them five minutes longer.

Potatislåda.

Potatisen skalas, kokas och får
kallna; sedan rifves den på rifjern
eller stötes tillsammans med ett
godt stycke smör, att deraf blifver
en mos, som uppblandas med ett
skedblad rifvet bröd, litet socker
och några stötta bittermandlar,
peppar, salt, ett par skedblad
söt grädde samt fyra ägg. Sedan
formas massan på en karott och
föres in ugnen att gräddas. När
potatisen höjt sig är den färdig
att anrättas till rostbiff eller biff
a la mode. Af den här beskrifna
potatismassan kan äfven göras
rouletter, som doppas i ägg och
rifvet bröd och stekas i skiradt
smör eller flottyr.

Potatis med sås.

Man bryner i en kastrull smör med
3 fint hackade rödlökar eller en
skuren portugisisk lök; när detta är
väl brynt, påspädes litet vatten och
sedan ilägges den skalade pota-
tisen, skuren i tu eller i flera bitar,
allt efter dess storlek, samt salt,
peppar, persilja och gräslök. Detta
får koka på sakta eld. Serveras
som mellanrätt med sås gjord på
följande sätt.

Potato box.

Peel the potatoes, boil them and
let them cool. Then grate or pound
them and mix with a large lump
of butter so as to make a kind of
mash, which mix with a table-
spoonful of bread crumbs, a little
sugar, pounded bitter almond,
salt, pepper, two tablespoons
sweet cream and four eggs. Shape
the mixture on a platter and put
it in the oven to bake. When the
potatoes have puffed up it is ready,
and can be served to roast beef or
beef a la mode. Of potatoes thus
prepared you can also make rou-
lets, which dip in egg and bread
crumbs, and fry in butter or lard.

Potatoes with sauce.

Brown in a pan butter and three
red onions chopped fine; oth-
erwise one chopped Portuguese
onion will do. When brown pour
on some water, and immediately
thereupon put in the potatoes,
which should be peeled and cut
in two or more pieces, all accord-
ing to their size; add salt, pepper,
parsley and chives. This is to boil
over a gentle fire. It is served as a

Man smälter smör eller fläsk-flott i en kastrull, strör litet hvetemjöl derpå tillika med några portugiska lökar. När löken börjar brynas, späder man med köttspad och kryddar med salt, peppar och muskot. Detta får nu koka tills löken alldeles sönderkokats. Några droppar ättika ihälles vid serveringen.

middle dish with sauce made as follows: Melt butter or lard in a pan; sprinkle flour on top, and also a few onions. When the onions are brown, dilute with bouillon and season with salt, pepper and nutmeg. Let it boil until the onions fall to pieces. Just before serving, add a few drops vinegar.

Råstekt potatis.

Man skalar potatisen, skär den i strimmor och lägger ett stycke smör i en kastrull att fräsa öfver frisk eld; häri lägges potatisen att lätt brynas. När den är mjuk lägges den på etl uppvärmdt fat och öfverströs med litet fint bordssalt. Har man mycket små potatis, kunna de sålunda helkokas i smör eller het flottyr. När potatisen stekes i flottyr bör den brynas hårdare och läggas på läskpapper, så att flottet utdrages.

Potatoes fried raw.

Peel the potatoes and cut in fillets. Put a lump of butter in a pan and let it melt over a strong fire. Brown the potatoes in the butter; and when soft put them on a warmed platter and sprinkle with fine salt. If the potatoes are very small, you may cook them whole in butter or lard. If in lard, they should, when done, be laid on fine blotting paper for the fat to be absorbed.

Potatissnö.

Tag stor och mycket hvit potatis, fri från fläckar och knölar, och koka den oskalad i salt vatten tills den blifver mör men ej sprucken; torka och skala den sedan. Sätt

Potato snow.

Take large and very white potatoes, as free from spots or blemishes as possible, and boil them in their skins in salt and water until perfectly tender, but not overdone;

ett varmt fat framför elden och krama potatisen genom en sikt å fatet. Rör sedan icke vid den, utan servera den så het som möjligt. 6 potäter är nog för 3 personer.

drain and dry them thoroughly near the fire, and peel. Put a hot dish before the fire, and rub the potatoes through a coarse sieve on to it; do not touch them afterwards or the flakes will fall; serve as hot as possible. Six potatoes are enough for three persons.

Sötpotatis.

Rengör dem och stek dem i ugn en timme eller i inkoka från 30 till 45 minuter, eller ock låt dem blifva något mer än halfkokta för att derpå ugnstekas en timme. Ett annat sätt är att sönderskära dem sedan de kokats i vallen eller ånga och steka dem i smör; vidare kan man skala och stycka dem råa och steka ett hvarf om gången på ett halster eller en stekpanna i litet flott, då man måste tillse att de icke stekas för länge, emedan de lätt blifva hårda. Åter ett annat sätt består uti att lägga dem hela i stekpannan och vända dem tills de blifva brynta å alla sidor. Slutligen kan man skära dem i halfvor eller fjerdedelar och steka dem i ugn tillsammans med rostbiff, då man ofta öfverhäller dem med det fett, som utpressas ur steken.

Sweet potatoes.

Dress, clean and bake them in an oven for an hour, or place in a steamer and steam from thirty to forty-five minutes; or when steamed and nearly done scrape and peel them, place in a pan and bake half an hour; or, cut them (steamed or boiled) in slices and fry in butter or lard; or, peel and slice when raw, and fry a layer at a time on a griddle or in a frying-pan, with a little melted lard, using care not to cook them too long, or they will become hard; or drop in boiling lard in a frying-pan, turn them till a nice brown on both sides; or, halve or quarter them and bake in a pan with roast beef, basting them often with its drippings.

TRETTONDE AFDELNINGEN.
Part Thirteen.

SOPPOR OCH GRÖTAR.

Svag fiskbuljong.

Härtill användes endast fiskar med fast kött, såsom karp, gädda, abborre flundra, o.s.v. Och man förfar på sätt som följer: Man lägger den utsedda i en förtend kopparpanna. Till omkring 2½ pounds fiskkött tages en gallon vatten. Soppan får koka upp och skummas; derefter ilägges lök, morötter och purjo. Kokningen, som sker vid mycket svag eld fortsättes tills fisken är fullkomligt mjuk.

Fiskbuljong.

För hvarje pound fisk användes en quart vatten och morötter, selleri, persilja, lök, ett par nejlikor, ett halft lagerblad och ett stycke smör kokas tillsammans

SOUPS AND MUSHES.

Weak fish bouillon.

For this purpose use only fish with solid meat, such as carp, perch, pike, flounder, etc. Proceed as follows: Put the fish selected in a copper pan. For each 2½ pounds fish with bones, take a gallon of water. Let it boil and skim; now add to it onions and carrots. Continue the boiling with a very slow fire until the fish boils to pieces.

Fish bouillon.

For each pound fish use one quart water, and boil it together with carrots, celery, parsley, onions, a couple of cloves, half a bay leaf and a piece of butter. Let it boil until

dermed tills fisken gått sönder. Buljongen slås genom en sikt, och fisken får afrinna utan pressning. Buljongen kan afredas med några vispade ägggulor och försättes med förut under en halftimme i smör frästa färska grönsaker. Rostadt bröd lägges i skålen, soppan slås derpå och serveras med rifven ost.

Rysk fisksoppa.

För denna soppa begagnas abborre, gädda eller annan sort. Den skäres i stycken, hvarpå den öfvergjutes med svag fisk-boullion och kryddas med 1 lök, 2 nejlikor, 1½ ounces persilja, 2 lagerbärsblad, en nypa salt, en dito muskott. Detta får koka tills fisken är mjuk, då spadet silas genom sil eller duk. Nu skäres fisken i små bitar som åter läggas i soppan, hvilken får koka efter ens smak och tycke. Några skifvor citron eller ett glas hvitt vin kan tillsättas för att gifva bättre smak åt soppan.

Spenatsoppa.

Skuren spenat fräses med smör och mjöl, och man tillspäder

the fish goes to pieces. Then let the bouillon go through a sieve, while the fish is drained without pressure. Finish the bouillon with a few beaten yolks of eggs and enrich it with fresh greens fried for half an hour in butter. Put roasted bread in the plate and pour the soup over it. Then serve with cheese.

Russian fish soup.

For this soup is used perch, pike or other fish. Cut it in pieces, pour weak fish bouillon over it and spice it with one onion, two cloves, one and half ounces parsley, two bay leaves, one pinch of salt, and the same of nutmeg. Let it boil until the fish is soft and then pour it through a sieve or cloth. Cut the fish in small pieces or chop it fine and then put it in the soup, which boil to suit the taste. Add some slices of lemon if agreeable. A glass of white wine will tend to enrich it.

Spinach soup.

Chopped spinach fried slightly in butter and flour, place in a pan to

under lindrig kokning så mycket buljong som behöfves. Två pints kall kokt grädde sammanvispas med 5 ägggulor och tillsättes till soppan under fortsatt ifrig vispning. Soppan serveras tillsammans med stekta brödskifvor.

Soppa på gurkor.

Skala 5 stycken gurkor, skär dem i tvänne delar och borttag kärnorna. Skär dem i skifvor och koka dom mjuka i vatten,hvarefter de få afrinna. Nu brynas de i en kastrull med litet smör och en nypa socker. Derpå ihälles två matskedar köttgelé och 10 skedblad gräddsås. Detta inkokas hastigt några minuter, hvarpå det drifves genom en tagelsikt och slås åter i en kastrull för att blandas med god bouillon. En liten stund före den skall anrättas saltas och peppras den samt tillsättes med litet smör, och till soppan serveras särskildt stekta brödskifvor.

Grönärtsoppa.

1 pint sockerärter, 1 dito engelska gröna ärter (eller i brist deraf, 1 gallon af de förra), 1 pint i fina

boil, and while boiling slowly it is diluted with bouillon. Beat five yolks of eggs with two pints cold boiled cream and pour that into the boiling soup, stirring while so doing. Serve the soup with toasted bread slices.

Cucumber soup.

Peel five cucumbers and cut in two, removing the cores. Then cut them in slices and boil them until soft, then drain them. Brown them in a kettle with a little butter and a pinch of sugar. Add two tablespoonfuls beef jelly and ten spoons cream sauce. Let boil briskly a few minutes, and then force it through a hair sieve. Next put it back into a kettle, mixed with good bouillon. Just before serving season it with salt and pepper, and a little butter. To be eaten with toasted slices of bread.

Green peas soup.

Take one and half pints sugar peas, the same quantity of English green peas (or if you have none of the

tärningar skurna morötter och några socker-rötter kokas tillsammans i svag buljong. Har man sparris, så tilllägges litet sådan kort förrän kokningen är slutad. När allt detta är väl kokt, afredes soppan med litet smör och mjöljemte hackad persilja, salt, socker och muskotblomma efter smak, samt anrättas genast.

Soppa a la Colbert.

Forma 20 små runda kulor af fina morötter, 20 dito af kål rötter och lika många af blomkål. Förväll morötterna och kålrötterna i livar sin kastrull, och sodan de fått afrinna läggas de i skilda kokkärl och begjutas med kraftsoppa af höns. Lägg ¼ ounce socker i hvarje kastrull, låt soppan koka in i legymerna och då detta skett, slås legymerna tillsammans i en kastrull med 1½ pint soppa, som kokas upp, hvarpå de få afrinna. Förväll under tiden blomkålsklyftorna i saltvatten och låt dem afrinna, lägg slutligen alla legymerna i soppskålen och töm 3 quarts kokande kraftsoppa deruti. Servera soppan med 12 förlorade agg på ett fat.

latter, take so much more of the former), less than a pint of carrots diced, and boil it all together in weak bouillon. Add some asparagus, if handy, shortly before the peas are ready boiled. When it is all boiled, finish the soup with a little butter and flour and chopped parsley, salt, sugar and nutmeg or mace. Serve hot.

Soup a la Colbert.

Form twenty small round balls of fine carrots, twenty others of turnips and as many of cauliflower. Scald the turnips and carrots in separate kettles; drain them, and put them once more into separate vessels and pour over them strong chicken soup. Put quarter ounce sugar into each of the kettles, let the soup boil in the vegetables and then put the carrots and turnips together in a kettle with one and half pints soup, which bring to boiling, and then drain. Meanwhile, scald the cauliflower cuts in salt water and let them drain; now put all the vegetables together in the soup bowl and add to them three quarts boiling strong soup. Serve the soup with twelve poached eggs on a platter.

Äkta sköldpaddsoppa.

Afhugg sköldpaddans hufvud och låt blodet afrinna i 15 timmar. Skär upp henne och tag ut inelfvorna, afhugg de 4 simfenorna och såga henne i 4 delar, koka dem och fenorna i vatten; tag upp, när skalen lossna, rensa bort alla slemmiga delar, lägg henne i en kastrull med en kryddqvast, morötter, lök, salt och peppar, skumma väl och koka i 4 timmar. Tag sedan 3 gallons vatten till 10 pounds sköldpaddkött. Koka, skumma, krydda med salt, peppar, lök, nejlikor och en kryddqvast, koka i 4 timmar. Tag 8 pounds uppskuret oxkött, 8 pounds kalfkött, ½ ounce basilika, 1 ounce mejram, 1 ounce rosmarin, 1 ounce timjam, l ounce lagerblad, 6 ounces persilja, 30 ounces lök, 20 ounces persiljrötter, 50 dito champignoner, 2 ounces selleri och en nypa cayennepeppar. Lägg allt detta i en kastrull och bryna med 12 ounces smör och lika mycket mjöl. Späd sedan med 2½ gallons sköldpaddsoppa och lägg deri en brynt höna och koka alltsammans i 4 timmar. Sila soppan genom durkslag och koka en timme. Skär sköldpaddan i skifvor, lägg dessa i en kastrull med 2 buteljer madeiravin och koka 20 minuter. Servera både kött och soppa i skålen och häll i en matsked citronsaft.

Genuine turtle soup.

Cut off the head of the turtle and let the blood drain fifteen hours. Take out the inside; cut off the four fins and saw her in four parts. Boil them and the fins in water; take up when the shells loosen, clear away all slimy parts, put her in a kettle with a bouquet, carrots, onions, salt and pepper; skim and boil four hours. Take three gallons of water to ten pounds of turtle. Boil, skim and season with salt, pepper, onion, cloves and boil four hours. Take eight pounds cut up beef, eight pounds cut up veal, half ounce basil, one ounce marjoram, one ounce rosemary, one ounce thyme, one ounce bay leaves, six ounces parsley, thirty ounces onion, twenty ounces parsley roots, fifty ounces champignons, two ounces celery and a pinch of cayenne pepper. Brown all this in twelve ounces butter and as much flour. Dilute with two and half gallons turtle soup and add to it a browned chicken. Boil four hours. Strain the soup and boil it one hour. Cut the turtle in slices, put them in a kettle with two bottles madeira wine and boil twenty minutes. Serve the turtle and the soup in bowls and put a little lemon juice over it.

Hvitkål med fläsk.

Ett hårdt hvitkålshufvud afskrädes och skäres i små klyftor. Under tiden påsättes en lagom stor kittel med ett stycke godt fläskflott. I fall man har det senare, kan man taga mindre smör. När det är väl brynt, lägges kålen uti och omröres en god stund, tills den blifver väl brun; derefter påspädes buljong, kött- eller fläskspad, allt efter som man har tillgång, och sist ilägges litet kryddpeppar och mejram. När kålen har kokat med dessa kryddor en stund och den kännes mör, är den färdig och afredes då med litet smör, som fräses med litet mjöl. Skulle den ej då hafva vacker brun färg, lägges litet socker-soja derpå. Den ätes med fläsk eller fläsk-korf; äfven begagnas köttfrikadeller.

Hvitkål med mjölk.

Hvitkål ränsas och skäres i strimmor samt förvälles i vatten, liksom den nästföregående. Derefter uppslås den på durkslag, att vattnet får väl afrinna; sedan spädes den med god söt mjölk och kokas mör samt affräses med ett stycke smör och litet mjöl, tills den blifver lagom simmig. Socker, salt och muskotblomma tillsättes efter smak.

White cabbage with pork.

Cut a hard white cabbage head in small parts after having picked away the outer leaves. Meanwhile put a kettle on the stove with water and some butter or pork fat in. Put in the cabbage and let it become brown, stirring it well. Add bouillon, beef or pork juice, according to circumstances, and finally season with allspice and marjoram. When the cabbage has boiled a while with these spices and feels tender, finish it off with some butter fried with flour. If not of a nice brown appearance, add some Worcester sauce. Eaten with pork or meat dishes.

White cabbage with milk.

Clean white cabbage, cut it in small fillets and scald it in water, as in the above description. Then drain it well and next boil it in sweet milk, finishing it with butter and flour melted together. Sugar, salt and nutmeg may be added to taste.

Potatissoppa.

Några välskalade och väl tvättade potäter kokas i buljongtills de blifa mjuka, då de med en sked passeras genom ett durkslag och läggas åter i buljongen, hvari man kokar fina strimmor af morötter, palsternackor och persiljerötter. Då de äro kokta, serveras soppan varm med litet skuren persilja i soppskålen.

Om buljongen ej är nog kryddad, så lägges litet hvit helpeppar och skuren ingefära i en ren, fin lapp, som sammanvikes och ombindes med tråd samt får koka med potatisen och rötterna, hvarefter den upptages. I brist på buljong kan soppan kokas med vatten och smör eller vatten och fläskspad.

Soppa af välska bönor.

Bönorna spritas och de så kallade naglarne brytas af. En half gallon (mer eller mindre) kokas i vatten med litet smör och några saltkorn; morötter skrapas, sköljs och skäras i tunna, runda skifvor tills man har ½ pint deraf, hvilka kokas tillsammans med bönorna i kött-spad. Då de äro mjuka slås de tillsammans upp i ett fat. I panan fräses en sked

Potato soup.

Peel and wash some good potatoes and then boil them until soft in bouillon. Take them out and force them through a strainer and put them back into the bouillon, in which at the same time boil fine fillets of carrots, parsnips, roots of parsley. Serve the soup quite hot and then put in some finely cut parsley. If the bouillon is not sufficiently spiced, you may remedy that by putting some white pepper and ginger in a piece of linen which when tied together by threads, boil with the roots and potatoes. If you have no bouillon, water with butter may serve the purpose.

Soup of Welch beans.

Shell the beans and break off the so called nails. Take half a gallon (more or less) and boil them in water wherein has been placed a little butter and salt. Scrape and wash a few carrots, cut them in thin round slices until you have obtained a pint and boil them with the beans in very little water. When they are all soft take them

smör med en sked mjöl, spadet slås
dertill samt vispas om, och sedan
ilägges bönorna samt morötterna.
Man slår deri så mycket söt mjölk
att soppan blir lagom tunn, och
då den kokar ilägges litet skuren
persilja och litet rifven muskott,
hvarefter soppan serveras.
Om bönorna äro mycket stora
ha de kärfvare skal och något
frän smak; man kan då hastigt
förvälla dem i vatten, som slås
bort, och sedan koka dem som
ofvan beskrifvits. Om man vill ha
soppan rikare, kan man legera den
med äggulor samt socker och
grädde.

Sagogryn-soppa.

Ett halft pound russin, ett stycke
kanel och en half citron kokas en
stund; deruti vispar man en pint
sagogryn, men aktar noga att det
ej klimpar sig. Skulle soppan blifva
för tjock, spädes den med vatten,
och är den för tunn, blandas litet
potatismjöl i kallt vatten, som hälles
i den kokande soppan. Vin om man
behagar och socker efter smak.

out and place them on a platter.
Melt a spoonful butter in the pan,
add a spoon of flour to it, add
further the juice, stir well and
finally put in the beans and the
carrots. Now pour in sweet milk
enough to make a moderately
thick soup. When boiling add a
little parsley and grated nutmeg.
This finishes the soup. If the beans
are overgrown they may have a
bitter or stringent taste, which may
be mitigated by first scalding the
beans in a separate water. They
may be improved by yolks of eggs,
cream and sugar.

Sago soup.

Half a pound raisins, a piece of
cinnamon, half a lemon. Boil these
for a while. Then stir in a pint sago,
taking good care that it does not
make lumps. If the soup should
become too thick, thin it with wa-
ter; and if too thin, mix some corn
starch in cold water and pour into
the boiling soup. Add wine if you
so desire, also sugar.

Grön krusbärssoppa.

En gallon gröna, omogna krusbär
ränsas och sköljas samt kokas i
en malm- eller stengryta med
½ gallon vatten i 10 minuter
och passeras genom en hårsikt,
hvarefter socker och kanel blandas
deruti efter smak; ställes åter i
samma gryta att hastigt uppkoka,
samt afredes med ett skedblad
potatismjöl, upplöst i kallt vatten.
Derpå rifves litet af det gula skalet
af en citron och äfven af apelsin,
om det finnes, uti anrättnings-
skålen och sorteras med röd, grön
och brun sylt; soppan slås då upp
deruti, omröres samt serveras med
biscuits. Denna soppa kan ätas
kall, om det behagas.

Nyponsoppa.

En half gallon torra nypon ställas
att koka i två gallons vatten. När de
äro mjuka, slås de upp i en hårsikt.
Sikten ställes på ett djupt fat eller
på en kastrull, hvari kokningen
skall ske. Nyponen gnidas sönder
så väl som möj-ligt, och den

Green gooseberry soup.

Pick and wash a gallon unripe
gooseberries and boil them in
a cast iron pan or one made of
clay. The water should be half a
gallon and the time for boiling ten
minutes. Then press them through
a hair sieve and add sugar and
cinnamon to suit. Boil it again in
the same vessel and thicken with a
spoonful corn starch dissolved in
cold water. Grate some of a lemon
rind and also of an orange rind
and put that in the bowl in which
the soup is to be served. Pour in
the soup and stir. This soup may
also be served cold.

Hip soup.

Hip grows on the rose bush. Boil
half a gallon of them in 2 gallons
of water. When soft take them
out and pass them through a hair
sieve. Then take the parts squeezed
out together with the juice and
put it over the fire, adding half a

utkramade massan jämte spadet sättes på elden med ett halft pound russin, litet kanel och citronskal, att koka ¼ timme. Ett skedblad potatismjöl blötes i kallt vatten och slås i soppan, att den blir simmig; socker eller sirap tillsättes efter smak. Nu har man till hands ett par näfvar skållad sötmandel, som är skuren i tunna blad. Soppan anrättas i sin tillärnade skål, och mandeln strös ofvanpå.

Körsbärssoppa.

Nio pints färska körsbär stötas i steumortel så att kärnorna gå väl sönder; har man tid att låta dem stå i en kruka öfver natten, eller åtminstone några timmar, sä blir det starkare smak af kärnorna, i annat fall vrides massan strax efter stötningen genom en duk och saften kokas upp med så mycket socker att soppan blir lagom söt. Man tillspäder med vatten efter behof, och då soppan kokar vispas en rågad matsked potatismjöl eller corn starch i en pint vatten och hälles under flitig vispning i soppan. Då den åter kokar slås den upp i skål att bli alldeles kall. Vid anrättningen iläggas med tésked små klimpar af vin- eller

pound raisins, a little cinnamon and lemon peelings. Boil fifteen minutes. Soak a spoonful corn starch and put in the soup. Sweeten it to taste and finally flavor it with a handful sweet almonds, which strew over the soup in the bowl.

Cherry soup.

Pound in a mortar nine pints of fresh brown cherries until the stones are crushed. If there is time for it, the berries may be placed in cold water over night previous to using them, as thereby a stronger taste of the stones is procured. A few hours may even do. When done with the pounding, squeeze the mass through a cloth, put the juice in a pan with sugar enough to make the soup as sweet as you want it. Dilute with water if need be, and when the soup boils, stir in a heaping spoonful corn starch, mixed with a pint of water. When the soup boils again, pour it up and let it become cold. When ready to serve add some dump-

äppelgelé eller annars syltade
körsbär. Soppan serveras medsmå
sockerbröd.

Soppa af torra körsbär.

Två pounds torra körsbär stötas
sönder val och läggas i en hög
och small stenburk; 1 gallon eller
något mindre kokande vatten slås
derpå och röres väl om med en
silfversked. Efter en timme eller då
soppan synes klar, afsilas genom
fin hårsikt allt det klara spadet,
en gallon kokande vatten påhälles
åter och röres om, samt får sjunka,
och afsilas till det förra. Den klara
soppan sättes på eldon att koka
med litet kanel eller citronskal
samt omkring 1 pound socker och
afredes med en stor rågad matsked
corn starch. I en annan panna har
man kokade plommon eller sviskon samt russin hvilka slås med
sitt spad till soppan, som serveras
varm eller kall med sockerbröd
eller sockerskorpor. I stället för
socker kan till tarfligare bord tagas
sirap, och i stället för russin och
sviskon kan kokas plommon eller
klyftor af torra päron.

lings made of wine or apple jelly,
or preserved cherries. Serve with
small sweet biscuits.

Soup of dried cherries.

Two pounds dried cherries should
be pounded in a stone mortar until
all the stones are crushed, then
to be placed in a high but narrow
jar. There pour over them a gallon
boiling hot water and stir good
with a silver spoon. After an hour,
or when the soup seems clear,
separate the clear soup from the
thick part with a sieve; add to the
thick part a gallon boiling water
and stir again; now let it settle and
then add the new clear soup to the
one already obtained. The clear
is to be boiled with a little cinnamon and lemon peeling, and also
one pound sugar; thicken with a
spoon of corn starch. Have ready
in another kettle, boiled prunes or
plums and raisins and add to them
the cherry soup with juice and all.
The soup is now ready and may be
served warm or cold with sweet
biscuits or rusks.

Vinsoppa.

En half gallon vatten kokas en stund med det gula skalet af en citron, tunnt skuret samt all syran väl utpressad och silad deri; fyra ounces socker lägges deri, och då soppan smakar nog af citron, tegas skalen upp. I en half pint franskt vin blötes en matsked corn starch, och då den är väl smält, afredes soppan denned under flitig vispning. I anrättningsskälen vispas 6 eller 8 ägggulor väl tillsammans med två matskedar socker, att de bli mycket fradgiga. I anrättningsskålen slår man till äggen först en a två skedar af soppan och vispar väl om, sedan slås litet mera deraf, och till slut hälles all soppan till äggen och vispas flitigt tills soppan serveras med sockerbröd eller biscuits. Om man fråntager citronsyran, så kan man vispa några matskedar söt grädde ibland ägggulorna, då soppan blir mycket mild.

Kräftsoppa.

God buljong afredes med smör och litet mjölk. 40 stora kräftor ränsas, köttet af stjärtar och klor hackas fint, blandasmed åtta ägg, litet söt grädde,10 stötta skorpor,

Wine soup.

Boil half a gallon water for a while with the yellow rind of a lemon, cut very thin, the juice well squeezed out and strained into the water; add four ounces of sugar; when the soup has a sufficiently strong lemon taste, take out the rind. Now soak a spoonful of corn starch in half pint of French wine, and thicken the soup with it, stirring while so doing. Beat six or eight yolks of eggs in the soup bowl, together with two spoonfuls sugar, until quite frothy. Pour on this, in the bowl, first one or two spoonfuls of the soup, stirring it well; then a little more, and again more until all the soup is emptied, stirring all the time. Then serve the soup with sweet biscuits. If you want rather a mild sort of a soup, you may dispense with the lemon juice and add instead a few spoonfuls of sweet cream to the yolks.

Crab soup.

Thicken good bouillon with butter and a little flour. Then prepare forty big crabs by boiling them and chopping the meat of the tails and the claws very fine and mixing

5 ounces smör, en matsked socker, litet muskott, samt något mindre än 1pint hvitt vin. Af denna blandning formas små frikadeller, hvilka kokas en half timme i buljong. Skalen och inkråmet af kräftorna, utom sjelfva buken, som bortränsas, kokas i ¼ gallon vatten med ½ pound smör tills all musten är urdragen, då spadet frånsilas och får kallna. Kräftsmöret, som samlar sig ofvanpå spadet, samt så mycket af detta, som fordras att ge soppan god kräft-smak, slås i soppskålen; den afredda kokande buljongen tillsättes under vispning, jemte en pint rödt vin (St. Julien); frikadellerna iläggas och soppan serveras.

Italiensk soppa.

Ett halft pound macaroni brytes i små stycken och kokas mjuka i klar buljong, som bör vara litet brun. Nu sammanvispas 6 ägg, ½ pint grädde, ¼ pint skiradt smör och ½ pint rifven parmesan-ost; detta slås i en smord form, som sättes i kokande vatten tills det stannar. Då stjälper man upp det och afskär långa tärningar; dessa läggas i soppan, som genast serveras.

it with 8 eggs, some sweet cream, 10 sweet rusks, 5 ounces butter, a spoonful sugar, a little nutmeg and less than a pint white wine. Of all this is to be made meat balls, which boil ½ hour in bouillon. Now boil the shells of the crabs and all the other parts, except the stomachs, (throw those away), in a quart of water with ½ pound butter, until all the substance is boiled out and then strain it, and let it cool. The fat on the surface of the water is added to the soup and enough of the water itself, to impart a pretty good crab flavor. The bouillon and a pint red wine (St. Julien) is poured on, and the meat balls are put into the soup; it is now ready to serve.

Italian soup.

Break half a pound macaroni in small pieces and boil them until soft in clear bouillon, which ought to be a little brown. Now beat together six eggs, half pint cream, quarter of a pint melted butter and half pint or more grated parmesan cheese. Pour it all into a buttered mold and put it in boiling water, where it remains until it has thickened. Then pour it out and add to it long square pieces of macaroni already boiled.

Löksoppa.

Man beräknar en lök till hvar person; den får ej vara för liten. Den brynes i smör och spädes med bouillon, att den får god smak; har man någon god köttsky, så är så mycket bättre. Den afredes med brynt smör och mjöl, att den blir lagom tjock, och serveras med fransyska smörgåsar.

Oxsvanssoppa.

Man tager 10 pounds oxsvansar, som huggas i syeken jemt efter lederna på svansen. Dessa rensköjas väl och uppläggas för att utdragus, men ej längre än man behöfver för att i en kittel fräsa ett godt steke smör. När detta är fräst, iläggas de afhuggna styckena jemte litet salt och hvitpeppar; detta stekes jemt och under ständig omröming. Under tiden fräses litet smör, hvaruti lägges en större kålrot, selleri, morötter och palsternackor, hvilket allt bör stekas hårdt, men noga aktas från vidbränning; när detta är brunstekt, påspädes bouillon, som är kokt af kalf eller oxkött. Då detta har stekt en half timme, silas det upp tillsammans med den bouillon, hvari svansköttet är kokt. Denna soppa afredes, såsom den föregående, med smör och mjöl

Onion soup.

Take one onion for each person served, not too small a size. Brown the onions in butter and pour bouillon over them, and if you have some meat jelly to use with the bouillon, so much the better. Thicken with browned butter and flour and serve with butter and bread in French manner.

Ox tail soup.

Take ten pounds of ox tails, cut them in pieces at the joints. Rinse them well and put them in water while melting some butter in a kettle. Put the chopped pieces of the tail in the kettle and some salt and white pepper. Fry while constantly stirring. Melt a piece of butter in another pan and put in a turnip, some celery, a few carrots and parsnips, and fry them until quite hard, not burning them. When brown, pour over bouillon made of veal and beef. When this has fried for thirty minutes, strain it with the bouillon of the ox tails. Then thicken it with butter and flour. Put the oxtails in the soup. One or two pieces to each plate to be served, also a couple pieces of egg. Finally pour in some port wine.

tillika med den afsilade buljongen.
Svansköttet lägges uti soppan, och
vid serveringen tages 1 a 2 bitar till
hvarje portion, äfvensom ett par
klyftor hårdkokta ägg. Sist ihälles
portvin eller madeira.

Hönssoppa.

Ett eller tvenne höns göras väl
rena, med fötter, vingar och hjärta.
Alltsammans ställes på elden att
stekas med ett godt stycke smör.
Då det är stekt upptages det, och
bröstet aflossas, men hönsskrofven
stötas i en mortel, med vingar
och fötter samt ett stycke kalfbog.
Allt det smör, hvaruti hönsen åro
stekta. Tillika med en purjolök, ett
selleri, tvenne morötter och litet
hvitpeppar, böra koka i tvenne
timmar; sedan uppsilas det, och
allt fettet afskummas. Soppan
uppkokas och saltas efter smak.
Derefter skäras fyrkantiga bitar
af hönsbröstet, hvilka läggas i
anrättningsskålen, soppan uppslås
deruti och serveras sålunda in till
bordet eller ock afredes den först
med två äggulor.

Brysselkålsoppa.

Ett halft pound fläsk och en
rödlök, båda delarne skurna,

Chicken soup.

Prepare one or two chickens with
feet, wings and heart. Place it all
over the fire to fry with a lump of
butter. When fried take it up and
separate the breast, but pound all
the rest in a mortar, having added
to it a piece of calfs shoulder. All
the butter in which the chickens
were fried, is now to be boiled with
an onion, a little celery, two carrots
and some white pepper; let it boil
two hours. Then strain it and skim
off the fat; salt and season to suit,
Cut square pieces of the chickens
breasts and put them in the soup
bowl. Add two yolks, if you wish,
and then serve.

Cabbage soup.

Place over the fire half a pound
pork and an onion, both cut in

och ett halft pound smör sättas på svag eld i 10 minuter.En stund förut kokas 5 brys-selkälhufvuden, utkramas, hackas och slås till fläket att koka i fem minuter. Ett par skedar mjöl, något mer än en kanna buljong en quart mjölkivispas under 10 minuters kokning. Socker peppar och salt tillsättas; derefter silas, skummas och servaras.

Blomkålpuré.

3 ounces smör, lika mycket fläsk. 1 ounce mjöl, litet purjo, selleri och lagerblad fräsas i 10 minuter vid stark eld. Två förut förvälda kålhufvuden och 1 gallon kalfbuljong slås till, får koka litet, sockras, saltas och drifvas genom en hårsikt. En quart mjölk tillsättes, får koka upp, afredes med 3 ägggulor och ¼ pint grädde. Ett kokt, och i små bitar skuret blomkålhufvud lägges i soppskålen, puréen tillslås och serveras.

Ölsupa.

Man tager ½ gallon godt svagdricka jemte 2 kardemummor och en bit ingefära och kokar det i en kastrull. När det uppkokat, ivispas

pieces; in another pan, melt half pound butter over a slow fire for ten minutes. Previous to this boil five heads of Brussel cabbage; squeeze and chop them and add them to the pork, to be boiled for five minutes. Then stir into it two tablespoons of flour, then a gallon bouillon, and a quart milk. Add sugar, pepper and salt; then strain, skim, and serve.

Puree of cauliflower.

Melt in a pan two ounces butter, two ounces pork, one ounce flour, some onion, celery and bay leaves. Ten minutes over a strong fire will be long enough. Then add to it two cauliflower heads already browned and a gallon veal bouillon. Boil a while, sugar it, salt it and force it through a sieve. Then add one quart of milk and boil again. Thicken with three yolks of eggs and quarter of a pint cream. Before serving add to the soup a head of a boiled cauliflower cut in pieces.

Beer soup.

Take half gallon of quality beer and two cardamoms and also some ginger; boil it together in a pan or kettle. When reaching the boiling

en quart söt mjölk och en näfve godt hvetemjöl; socker eller sirap tager man efter smak.

Ölost.

Man kokar upp mjölken och drickat hvar för sig, och då ölosten serveras, tages ⅔ mjölk till ⅓ dricka eller efter smak.

Chokolad.

Till ½ pound chokolad tages 1½ quart mjölk och hälften så mycket vatten; chokoladen lägges i den kalla mjölken och sattes på elden under flitig vispning; allt efter som mjölken blir varm smälter chokoladen, hvilken bör koka ½ timme, hvarunder fortsättes med vispningen. Sockra efter smak.

Varm mandelmjölk.

4 ounces söt och 2 ounces bittermandel skållas och stötes i en stenmortel mycket fint och spädes med två skedar mjölk under stötningen. Derefter uppkokas något mindre än en gallon söt mjölk, och

point, stir in a quart of sweet milk and a handful flour. Sweeten with sugar or syrup to suit.

Beer and milk.

Boil a quantity of milk and beer separately, and when ready to serve mix two-thirds of the milk with one-third of the beer and sweeten to suit.

Chocolate.

For half pound chocolate, take one and half quart of milk and half as much water. Put the chocolate in cold milk and place it over the fire while whisking quickly. Let it boil half an hour and then sweeten to suit.

Warm almond milk.

Scald and pound four ounces sweet and two ounces of bitter almonds. They ought to be pounded in a stone mortar and diluted with two tablespoonfuls milk during the time. Then boil about a

den stötta mandeln vispas med så mycket socker att mjölken blir lagom söt, hvarefter den silas och serveras.

gallon sweet milk and stir into it the pounded almonds with sugar enough to make it moderately sweet. Then strain and serve.

Vaniljmjölk.

Omkring 1 gallon söt mjölk sättes på elden att koka några minuter med en skida vanilj, hvilken derefter upptages. I anrättningsskålen vispas 2 ägggalor, och vaniljmjölken hälles deröfver under flitig omvispning; socker tillsättes efter smak. Den är sedan färdig att serveras.

Vanilla milk.

Put about a gallon sweet milk over the fire and let it boil a few minutes with a pod of vanilla, which is to be taken out again after a while. Beat two eggs in a bowl and pour the vanilla milk over them and stir thoroughly. Add sugar to suit the taste. It is now ready to serve.

Kokt jästmjölk.

Omkring 1 gallon söt mjölk uppkokas och ställes sedan att afsvalna. Hälften så mycket tjock sur grädde ivispas, hvarefter det får stå öfver natten. En servet utbredes öfver ett såll, hvilket bör stå på ett fat, och blandningen slås på serveten så att vasslan får afrinna. Sedan vispar man ½ gallon tjock sur grädde till skum, hvilket spädes med lika mycket söt mjölk. Deri lägges klimpar af jösmjölken, hvilka tagas med en sked ur serveten, så stora som behagas.

Boiled yeast milk.

Bring a gallon sweet milk to boiling point and then place aside to cool. Stir into it half that measure of thick sour cream and now let it stand that way over night. Spread a napkin over a coarse strainer which must be placed over a platter. Pour the mixture on the napkin. Thus the whey is separated from the other part. Beat half a gallon thick sour cream to froth, dilute it with as much milk. Into this put lumps of curdled milk from the napkin.

Vinkallskål.

Man lägger i anrättningsskålen ett stycke socker, som får upplösa sig i kallt vatten (brunsvatten) samt ett stycke is, omman har tillgång derpå. Derjemte iläggas citronskifvor eller och citronskal, som skäres fint, samt saften af en eller en half citron, allt efter behof. Sist tillkommer ungt eller gammalt franskt vin efter behag tillika med rifven muskot, serveras med skorpor.

Kallskål af bärsaft.

Tag ½ gallon godt svagdricka till ett glas buteljöl samt sockersirap eller socker, saften af ½ citron samt fina strimlor af skalet. Rifven muskot påströs. Ätes med skorpor.

Buljong med ris och ägg.

En half pint goda risgryn sköljas väl och afkokas uti litet svag buljong. När de börja krusa sig, äro de färdiga; då läggas de uti soppskålen, och derpå slås kokande buljong, som förut är färdig och klar. Vill man hafva

Diluted wine.

Put into a bowl a lump of sugar and let it dissolve in cold well water, a piece of ice may also be put with it. Then put in slices of lemon or lemon peelings, cut very fine; also the juice of one or two lemons, all according to taste and convenience. Lastly pour on it old or young French wine with grated nutmeg. Makes a delicious soup for summer.

Beer and juice.

Half a gallon good small beer and a goblet bottled beer; sugar syrup or sugar and the juice of half a lemon, also the rind of a lemon cut in small pieces. Sprinkle with grated nutmeg and eat with rusks.

Bouillon with rice and eggs.

Wash and rinse half pint of good rice and bring it to boil in a kettle of water, which strain off and let the rice boil again, this time in a little weak bouillon. When the rice begins to curl it is ready and it is then placed in the soup bowl, where hot

ägg i buljongen, böra dessa vara färska och förloras en stund före soppan skall anrättas. Det lägges ett ägg i hvarje tallrick, när soppan serveras.

Buljong med klimpar.

2 ägg vispas med ett skedblad socker, dertill slås 2 skedblad grädde, två skedblad skirdt smör, 3 skedblad mjöl och en stött kardemumma. Detta arbetas en stund. Mjöla litet på bordet, trilla degen tjock som ett finger, skär den sedan i stycken af en fingerborgs storlek, samt haf då klar buljong att koka och lägg dessa klimpar att koka i två minuter.

Afredd gul buljong.

Kort före soppan skall anrättas, vispas litet godt smör och mjöl tillsammans samt påspädes med uppkokt buljong. Till en gallon buljong tages 4 ägggulor och ½ pint grädde, som vispas i anrättningsskålen, och den kokta soppan slås uti, saltas efter smak och ätes med stekt bröd.

bouillon is poured over it. If it is desired to have eggs in the bouillon it is to be remembered that they must be fresh and good and poached a little ahead of the time. One egg is to be placed in each bowl of soup.

Bouillon with dumplings.

Beat two eggs with a tablespoonful sugar; add two spoonfuls cream, two of melted butter, three of flour and one pounded cardamom. Work this for a little while. Then flour the table and roll the batter to the thickness of a finger. Then cut it in pieces of the size a thimble. Boil up some clear bouillon and let the dumplings boil two minutes.

Thickened brown bouillon.

Just before the soup is to be served, a little butter and flour is beaten together and then thinned with hot bouillon. To a gallon of bouillon take four yolks of eggs and half pint of cream, which beat in the bowl; then pour in the soup and salt it to suit. Eat with toasted bread.

Buljong.

9 pounds oxkött kokas i tillräckligt vatten vid sakta eld. Finskurna morötter och palsternackor, lök och jordärtskockor och en selleri kokas i en särskild panna. Detta blandas, när köttet är väl afsiladt, med buljongen, som förut fått sammankoka till behörig stadga.

Klimpar i köttsoppa.

2 skedblad smör arbetas med en träsked i 5 minuter; dertill en pint söt grädde, 4 ägggulor och 2 hvitor samt godt hvetemjöl; litet socker, salt och muskotblomma efter smak. Man kan taga af smeten med en tésked, och formera af den små klimpar, samt koka en sådan till prof och derefter rätta smaken.

Små klimpar.

2 ägg vispas med ett skedblad socker; dertill slås 2 skedblad grädde, 2 dito skirdt smör, 3 dito mjöl och en stött kardemumma. Detta arbetas en stund. Mjöla litet på bordet, rulla deraf så tjockt som ett finger, och skär det sedan i stycken af en fingerborgs storlek.

Bouillon.

Boil nine pounds of ox beef in a sufficient quantity of water on a slow fire. In another vessel boil carrots and parsnips cut fine, onions, peas pods and celery. The two parts are mixed when the meat has been separated from the bouillon, which must boil until quite firm.

Dumplings in beef soup.

Two tablespoons butter should be worked with a wooden spoon for five minutes; add one pint of sweet cream, four yolks of eggs, and two whites, also some wheat flour. Salt, sugar and nutmeg to suit. Now shape with a teaspoon small dumplings and boil them. Test the batter by making and cooking only one first.

Small dumplings.

Beat two eggs with a spoonful sugar; add two spoonfuls cream, two of melted butter, three of flour and one cardamom. This is to be worked for a while. Then flour the table, roll the dough thick as a finger and cut dumplings the size of a thimble. Boil as above.

Smörgröt.

Ett halft skålpund färskt smör
sattes på elden. När detta är väl
smält, arbetas deruti med en visp
så mycket hvetemjöl, som det
kan taga till sig, så att det blifver
mycket tjockt. När det så blifvit
arbetadt en stund, spädes det med
ett skedblad söt mjölk, och dermed
fortfares, under flitig omrörning,
tills det blifver som en vanlig gröt.
Den saltas och ätes med söt grädde
samt socker och kanel.

Risgrynsgröt.

Grynen tvättas väl, först i kallt, så
i ljumt och sist i kok-hett vatten,
hvarefter de sättas på elden att
koka i söt mjölk och litet färskt
smör; smöret användes blott för
att få grynen snarare mosiga.
Finnes tillgång på mjölk, är det så
mycket bättre; i annat fall får man
ej slå på vatten, förr än grynen äro
half kokta; sedan påspädes mjölk
efter behof. Då gröten är färdig,
saltas den efter behag. Har man
användt vatten, så uppvispas ett
par ägggulor i 2 skedblad grädde,
hvilket iröres litet förr än gröten
anrättas. Söt grädde eller sådan
uppvispad med söt mjölk, ätes till
gröten, samt socker och kanel.

Butter mush.

Put half pound fresh butter over
the fire. When it is melted, work
into it as much flour as it will take,
making it quite thick. Stir it for
quite a while, and then add to it
a spoonful of sweet milk; stir and
continue adding milk until it is
like common mush. Salt and eat
with cream, sugar and cinnamon.

Rice mush.

Wash the rice well, first in cold,
then in tepid, and finally in boiling
hot water. Afterwards let them boil
in sweet milk with some butter
added. The butter is used to get
the rice to mash so much sooner.
When half cooked, add more
milk, if it is to be had, otherwise
use water. Continue thus until the
rice is moderately thick. Then salt
it to suit. If much water is used,
you may beat two yolks and a little
cream and put in to make it richer.
Eat with sweet cream, sugar and
cinnamon.

Råg-grynsgröt.

Man tager råg, som är nyss skördad och tröskad, eller endast sådan, som är affallen på logen. Den vannas och sköljes samt lägges sedan på linne i solen att aftorka. En jerngryta sättes på elden, och när den är het, lägges rågen deruti och röres flitigt omkring, tills den börjar spraka, blifver gulbrun och krossas mellan tänderna. När den är så torr, males den på en handqvarn. Då den males, får den ej blifva mjöl, utan så grof som finare gryn. När detta är gjordt, vispas den i kokt vatten med salt uti och behandlas alldeles som vanlig vattengröt, men tål koka on hel timme. Den ätes med god gräddmjölk. Denna gröt är hård då den blifver kall, kan derföre skäras uti skifvor och stekas gulbrun uti smör. Den ätes då afven med god grädd-mjölk.

Rye mush.

Take newly harvested and threshed rye, or otherwise gleanings from the barn floor. Put an iron pan with water over the fire, and when it has become hot, place the rye in it and stir steadily until it begins to crack and the rye assumes a light brown color. When dried this way, grind it in a hand mill, but not fine, about the size of small rice. This done, stir it into boiling water already salted. Boil for 1 hour and eat with cream and milk. When cold this mush is hard, and can be cut in slices and fried in butter.

Äppelgröt.

Goda karolinarisgryn tvättas väl i både varmt och kallt vatten; fullkokas sedan i vatten till en tjock gröt, med en bit kanel och ett stycke citron-skal. Under tiden skalas goda äpplen, som skuras i skifvor och kokas till mos; deraf tages något

Apple mush.

Take good Carolina rice and wash well in warm and cold water and then boil it until quite thick, adding some lemon peelings and cinnamon. Meanwhile peel good apples, cut them into slices and boil them into a mash. Mix the

drygare än risgrynen och blandas tillsammans med tillrackligt socker, hvarefter gröten uppöses och garneras med gräddskum. Serveras både kall och varm. Den ätes med söt grädde såsom annan gröt.

apple mash and the rice and add sugar. Put it up in a bowl and garnish with cream beaten into foam. Can be served both cold and warm.

Ugnstekt gröt.

Risgryn (eller krossgryn) sköljas väl och kokas med mjölk till en stadig gröt, hvilken uppöses i en form; när gröten hunnit skinna sig, instickes här och der små bitar af färskt smör, hvarefter gröten tjockt öfverströs med socker och kanel samt insättes i en någorlunda het ugn att ofvanpå blifva väl brun; den serveras varm med söt grädde.

Mush fried in oven.

Wash and boil rice, using milk, until a firm mush is obtained. Put it in a mold. When a skin has begun to form on the surface of the mush, put in here and there, small pieces of butter, and then strew sugar thickly over it; also cinnamon. Now place it in an oven and let it stand until brown. Serve with sweet cream.

KLIMPAR OCH FÄRSER M.M. TILL INLÄGGNING I SOPPOR.

Klimpar för köttsoppa.

Två skedblad grädde arbetas med en träsked i 5 minuter; dertill

DUMPLINGS, FARCES, ETC. FOR SOUPS.

Dumplings for beef soup.

Work two tablespoonfuls cream with a wooden spoon for five

blandas något mindre än 1 pint söt grädde, 4 ägggulor, 2 hvitor och godt hvete mjöl, jemte litet socker, salt och muskotblommor efter smak. Man kan taga af smeten med en träsked och forma små klirapar, samt koka 1 sådan till prof, och derefter rätta smaken.

minutes; add to it a little less than a pint sweet cream, four yolks, two whites and some good wheat flour, also some sugar, salt and mace to suit. Form small dumplings out of this batter, using a wooden spoon for the purpose. Boil in bouillon.

På annat sätt.

Två ägg vispas med 1 tésked socker; dertill slås 2 téskedar grädde, 2 dito skirdt smör, 3 dito hvetemjöl och 1 kardemumma. Detta arbetas en stund; mjöla litet på bordet, rulla af degen så tjock som ett finger, och skär den sedan i stycken af en fingerborgs storlek. Dessa små klimpar läggas sedan i klar buljong, hvari de få koka 2 minuter.

In another way.

Beat two eggs with a spoonful sugar; add to this two spoonfuls cream, two of melted butter, three of wheat flour, and one cardamom work it awhile. Then flour the table, roll the dough as thick as a finger, and cut it in pieces the size of a thimble. Put these dumplings in clear bouillon and boil them for two minutes.

Rifvebrödsklimpar.

Dertill tages smet som till föregående, med den förändring, att i stället för hvetemjöl tages rifvebröd.

Dumplings of bread crumbs.

Use the same kind of dough as in the foregoing, with the difference of using bread crumbs instead of flour.

Små frikadeller.

Ett pound kalfkött skrapas väl, befrias från alla senor samt hackas och bultas tillsammans med en bit godt smör. Derefter blandas färsen med litet grädde eller mjölk, litet rifvebröd, 3 agg, litet hvitpeppar och salt. Forma dem till nötter med en tésked och koka dem i buljong. De nyttjas i soppor.

Small meat balls.

Scrape half pound of veal, free from all sinews; chop and pound it together with a piece of butter. Then mix this farce with a little cream or milk, bread crumbs, three eggs, white pepper and salt. Shape them into nuts with a teaspoon and boil them in bouillon. They are used in soups.

Hönsfrikadeller.

Bröstet af en höna skrapas val, hackas mycket fint och stötes i en stenmortel med ett stycke färskt smör, så att massan blir smidig och sammanhängande. Deruti röres 2 a 3 ägg, några skedblad söt grädde och mjölk samt hvitpeppar och muskot efter smak. Nu göres af degen frikadeller, vanligen af en nöts storlek, hvilka kokas i buljong.

Meat balls of chicken.

Take the breast of a hen or chicken and scrape it well and then chop and pound it in a stone mortar together with a piece of fresh butter, making the mixture elastic and cohesive. Then stir into it two or three eggs, a few spoonfuls sweet cream and milk, white pepper and mace to suit. Now make balls of the dough; generally they are made the size of a nut. Boil in bouillon.

Fiskfrikadeller.

En liten gädda fläkes och alla benen borttagas, köttet skrapas af skinnet, hackas och stötes fint med 2 ounces smör och något njurtalg. så att det blir mycket smidigt.

Fish balls.

Split a small pike in two and remove all the bones; then scrape the meat from the skin, chop and pound it together with two ounces butter and some fine lard or tallow,

Deruti arbetas en matsked hvetemjöl, jemte 2 ägg, men blott ett i sender, litet söt grädde, något salt och muskotblomma. Små klimpar göres häraf och kokas i buljong.

Frikadeller till kål.

Två pounds oxfärs och 1 pound fiskfärs hackas och bultas tillsammans, så att man får en jemn deg; deri blandas 3 ägg, litet grädde, litet muskot, hvitpeppar och salt. När detta ärväl inarbetadt formas med 2 skedar större eller mindre frikadeller, hvilka kokas i buljong och nyttjas i sur- eller hvitkål.

Fågelfrikadeller.

Om man gör anspråk pä att de skola vara hvita, så tages brösten af ett par hjerpar, hvilka skrapas väl och behandlas sedan som beskrifvits om hönsfrikadeller.

so as to make it pliable. Work into it, tablespoon of wheat flour and two eggs, but only one at a time; also sweet cream, salt and mace. Make small dumplings and boil in bouillon.

Meat balls with cabbage.

Chop and pound together two pounds of ox farce and one pound fish farce, making an even dough of it. Mix into it three eggs, some cream, nutmeg, white pepper and salt. When very well worked, form out of it, with two spoons, small balls, which boil in bouillon and use in sour or white cabbage.

Meat balls of fowls.

If you want them white and nice, take the breast of two pheasants; scrape them well and treat as directed for meat balls of chicken.

FJORTONDE AFDELNINGEN.
Part Fourteen.

KUSTARDER, KRÄMER OCH GLACEER.

CUSTARDS, CREAMS, AND ICES.

Anmärkning. Att tillreda dessa delikatesser med framgång är icke den lättaste delen af kokkonsten, hvarför följande allmänna regler och anvisningar torde vara af nytta för nybörjaren. En s.k. kustard-kittel bör alltid finnas i ett väl ordnadt kök, men när det icke finnes någon till hands, kan man göra en provisorisk genom att placera en vanlig tennkanna (tin pail) i en kokkittel eller såspanna. Gelatin som begagnas för krämer, bör blötas en timmes tid eller deromkring i kallt vatten eller mjölk, satt på ett varmt ställe; en bål placerad på toppen af en tékanna är ett mycket lämpligt ställe. För krämer eller kustarder, böra äggen vispas i sten- eller krukkärl, emedan de då lättare fradga sig.

Remarks. The successful preparation of these delicacies is a matter of considerable care and attention and the following condensed directions are necessary: A custard-kettle is almost indispensable, but one may be improvised by setting a tin pail within a kettle or sauce-pan; it is made of blocked tin or tinned iron, one within the other, forming a water bath. Gelatin used for creams should be soaked for an hour or so in a little cold water or milk set in a warm place; a bowl set in the top of a tea kettle will be most convenient. Use it by pouring in the hot custard just after removing from the fire. For creams or custards, eggs should be beaten in stone or earthenware to attain the creamy lightness desirable. For custards

Den vanliga regeln för kustarder är 4 ägg, en kopp socker, en tésked salt och en quart mjölk. Grädda den i en vanlig bakpanna tills den blifvit fast i midten. Iakttagas bör myckel noga att icke hettan blir för stark, emedan hela kustarden då lätt förvandlas till vassla. För kokade kustarder begagnar man endast gulorna; för sparsamhets skull, kan man dock begagna hela ägget. Koka mjölken i kustardkitteln; när den börjar sjuda ilägges sockret. Låt det qvarstå på elden några minuter och vispa tills det tjocknar, men låt det icke ysta. Sätt då den inre kitteln i kallt vatten eller töm innehållet i ett kallt kärl, emedan det yster, om det får stå. I korthet; att göra kustarder, dertill fordras den största försiktighet till att lyckas väl. En tung förtend sked med långt handtag bör brukas för kustarder och krämer. Formar för charlotte russe, blanc mange och alla sorters krämer böra blötas med kallt vatten förr ände sättes pä is att hårdna. Det är ej nödvändigt att bruka gelatin vid tillverkandet af charlotte russe; fyllnaden kan göras styf medelst vispning.

the usual rule is four eggs, a cup of sugar and a tea-spoon salt to a quart of milk. Bake in a baking-dish until firm in the center, taking care that the heat is moderate, or it will turn mostly to whey; it will thus be more delicate. For boiled custards, the yolks alone should be used, but for economy, you may use the whole egg; boil the milk in the custard-kettle, and when, by a light foam on top it shows to be about boiling, add the sugar; let it remain a few minutes, stirring until it thickens a little, but not long enough to curdle, then immediately set the inner kettle or pail, if not a custard-kettle, in cold water, or at once turn out into a cold dish; curdling will result from its standing in the kettle. Boiled custards require the closest attention until finished. A box-wood or heavily tinned iron spoon, with a long handle, should be used for custards or creams. The molds for charlotte russe, blanc mange, and all other creams should first be wet with cold water before setting on the ice to harden. Gelatin is not necessary for charlotte russe; the filling may be made stiff enough by using an egg whip, beater, or whip churn.

Fin kräm till fyllnad.

Blanda 12 ägggulor med 4 ounces hvetemjöl, lika mycket socker, en nypa salt och något mindre än en quart grädde. Massan sättes på elden; aflyftes när massan tjocknat, men får ej koka; omröres tills den svalnat, nyttjas att fylla små tårtor.

Arrakskräm.

Det gula skalet af 3 citroner afgnides på ett stycke socker, citronerna skäras i tu och saften utkramas. Nu slås en pint brunsvatten på sockret och der efter lika mycket arrak eller i brist derpå god brandy. Närsockret är smält och blandningen har lagom söt smak, inblandas 10 ägggulor och 6 hela ägg. Några minuter föra krämen serveras hälles den i en kastrull sä att tillräckligt rum finnes för vispningen, hvarefter den, under stark vispning, får uppkoka på frisk eld, då den genast ar färdig att serveras.

Äggkräm.

En pint grädde, lika mycke mjölk, ½ pound socker, 10 ägggulor och

Fine cream for filling.

Mix twelve yolks together with four ounces flour, the same weight of sugar, a pinch of salt and somewhat less than a quart cream. Place it all over the fire; remove when it begins to become firm; do not let it boil; stir until cool. Is used for filling small tarts.

Brandy cream.

Rub off the yellow outer skin of three lemons on a piece of sugar; cut the lemons in two and squeeze out the juice. Pour a pint of well water on the sugar and then the same quantity of arrack or French brandy. When the sugar is dissolved and the mixture has the right degree of sweetness mix into it ten yolks and six whole eggs. A few minutes before serving the cream, pour it into a pan with room enough for stirring, then let it boil a moment over a brisk fire, stirring all the time. It is now ready to serve.

Egg cream.

One pint cream, as much milk, half pound of sugar, ten yolks and

en näfve mjöl sättes på eldon att koka under jemn vispning. Smeten aflyftes och vispas, tills mesta hettan är afgäugen. Sex agghvitor vispas till hårdt skum och nedröres sakta i blandningen. Krämen hälles på en djup karott och öfverströs tjockt med strösocker. När detta small införes den i svag ugnsvärme. När krämen höjt sig, är den färdig.

Citronkräm.

I en kastrull slås en pint franskt vin, lika mycket vatten sann l6 ägg, från hvilka 8 hvitor äro afskilda. Det gula skalet af 3 citroner gnidas på ett pound socker som ilägges; saften af citronerna ikramas genom ett durchslag. Allt detta får under jemn vispning uppkoka; sedan tages krämen af elden, och vispningen fortsättes, tills mesta hettan är afgången. Anrättas i kristallskål och ätes kall med biscuits.

Vaniljkräm.

En pint söt grädde kokas med en bit vanilj. När den är ihop kokt till hälften, slås deri en pint grädde

a handful flour. Put all this over a fire and let it boil while stirring it incessantly. Then remove from the fire and still stir till all the heat has passed off. Beat six whites of eggs to a firm froth and stir it gently into the other part. Put it now into a deep platter or bowl and cover it thickly with fine sugar. When the sugar is dissolved, put the cream into a pretty warm oven where it is to remain until it puffs up.

Lemon cream.

Put a pint French wine into a kettle, as much water, and sixteen eggs from which eight whites have been separated. Rub the yellow skin from three lemons over a pound sugar and squeeze the juice of the lemons through a strainer over the sugar. Let all this be brought to the boiling point while stirring it all the time. Then take it off from the stove, but continue to stir until most of the heat has passed away. It is served in a crystal bowl and eaten cold.

Vanilla cream.

One pint sweet cream and a piece of vanilla are to be boiled together. When it has boiled down to half

och 2 ounces socker. Sedan ivispas 8 ägg. När krämen tjocknat uppkälles den och vaniljen upptages. Anrättas kall och garneras med sylt och biscuits.

Ägghvitkräm.

En pint grädde och lika mycket mjölk, ½ ounce finstött bittermandel och ½ pound socker, sättes pä elden att koka. Tio till skum vispade ägghvitor och ½ ounce stärkelse, uppblött i litet mjölk, vispas då i den kokande smeten som genast aflyftes, och vispningen fortfar tills krämen börjat kallna. Litet citron ilägges äfven; anrättas i kristallskål och garneras med sylt och pomeransskal, skurna i fina skifvor.

Tékräm.

Man anrättar detta precist på samma sätt som kaffékräm (se nästa nummer) blott med den skilnaden att man tager té istället för kaffé.

its size, thin it with another pint of cream and add two ounces of sugar. Then stir into it eight eggs. When thickened, take it off and pour it in a bowl, removing the vanilla. Serve it cold and garnished with preserves and biscuits.

Cream of whites of eggs.

One pint of cream and as much milk, half ounce bitter almonds pounded fine, and half pound of sugar. Place this on the stove and let it boil up. Ten whites of eggs beaten into a froth and half an ounce starch soaked in milk, must now be stirred into the boiling cream, which remove immediately from the tire, but continue the stirring till the cream has begun to cool. Add some lemon juice. Serve in crystal bowl and garnish with preserves.

Tea cream.

This is prepared exactly in the same way as coffee cream, as per below, using tea instead of coffee.

Kaffekräm.

En quart grädde ställes på elden; när den uppkokar, ilägges ¼ ounce kaffé, som först blifvit brändt gulbrunt. Blandningen aflyftes och öfvertäckes. Närden svalnet, silas den genom hårsikt i en kastrull och 8 äggulor och socker efter smak tillsättes. Kastrullen sättes på elden och massan vispas flitigt tills den tjocknar, då den lyftes af elden och vispas tills mesta hettan är afgången. Krämen upphälles i en kristallskål eller i en af koppar. Serveras kall.

Frusen gräddkräm.

Tjock söt grädde vispas med tillräckligt socker till ett hårdt skum, jemte litet citronskal; blandas sedan med någon slags sylt så att krämen blir ljusröd och hälles så i en form, hvilken ställes i salt och snö eller is att frysa ett par timmar. Då den skall anrättas, doppas formen hastigt i hett vatten och aftorkas, hvarefter krämen urstjälpes på ett fat och garneras med glacé bröd.

Körsbärskräm.

En quart torra eller färska körsbär stötas i en mortel, så att kärnorna

Coffee cream.

Put a quart of cream over the fire and when boiling, add to it quarter ounce of coffee which has been roasted to a light brown color. Then lift it off and cover it. When cool, strain through a fine sieve over a kettle and add eight yolks of eggs and sugar to suit. Place the kettle on the stove again and stir the mixture continually until it thickens. Then remove from the fire and stir until the heat has passed off. Pour it into a crystal bowl and serve cold.

Frozen cream.

Beat thick sweet cream with sufficient sugar to make a hard froth, but have also a lemon peeling in it and then put in something to color it pink red. Put it all in a mold and place that in salt and snow or ice to freeze for about two hours. When ready to serve dip the mold in hot water, wipe it, empty the cream on a platter, and garnish with sugared bread.

Cherry cream.

One quart dried or fresh cherries are to be pounded in a mortar

sönderkrossas; kokas med en half gallon brunsvatten i en malmgryta en stund under omröring, silas derefter genom en hårsikt och får stå att sjuda en half timme. Sedan hålles det klara åter i grytan, och dertill lägges det gula skalet af en half citron, litet kanel och socker (eller sirap) hvar-efter krämen får koka litet. Derefter blötas några skedar potatismjöl (eller corn starch) i litet vatten och uppvispas i den kokande grytan så att krämen ej klimpar sig, hvarefter den genast lyftes af elden, när den har tjocknat. Ätes kall med upvispad grädde.

Chokoladkräm.

Till en half kanna söt grädde tag ¼ pound chokolad och socker efter behag. Sedan tages 8 ägg, hvarifrån 5 hvitor borttagas; derefter slås det i en kastrull och sättes på frisk eld, att under flitig vispning uppkoka. Derefter aflyftes det genast och man fortfar att vispa tills mesta hettan är afgången. Krämen anrättas och garneras med sockerbröd och sylt.

Äppelkräm.

Äpplen skalas och kokas lyckt, med litet vatten och

until the stones are crushed, then boil them in half gallon well water, using a pan made of brass if possible. After a little while, having stirred all the time, force it through a sieve and then let it settle. Put the clear part back into the kettle and add the yellow peeling of a lemon, a little cinnamon and sugar or syrup. Boil again. Soak a few spoonfuls corn starch in water and stir it. Add this to the boiling cream and stir well so that the starch does not become lumpy. Ready to serve with beaten cream.

Chocolate cream.

For half a gallon of sweet cream take quarter pound chocolate and sugar to suit. Then take eight eggs from which separate five whites. Put it all in a pan or kettle and place it on the stove with a brisk fire to boil some minutes, while you stir it. Now lift it off, but do not cease to stir it before it has cooled. This cream is to be garnished with preserves.

Apple cream.

Boil some apples with sugar in a covered kettle. When boiled as

tillräckligtsocker. När de äro
sönderkokta som en mos, passeras
de genom en härsikt och ställas att
kallna. Man vispar söt grädde till
härdt skum samt låter den stå för
att sjunka. Derefter tages så myck-
et af skummet, som det är mos till,
samt uppblandas med socker och
rifna skalet af en citron. Det röres
väl tillsammans, och krämen up-
pslås på ett fat samt garneras med
biscuits och någon slags bakelse.

Vinkräm.

Man tager en pint rödt vin och
blandar deri så mycket vatten,
att det får lagom stark smak af
vin. Dertill tagas ett par skifvor
gult citronskal, tvenne krossade
kardemummor och litet kanel.
Detta får koka en stund, så att det
får god smak. Sedan silas det upp,
och saften sättes åter på elden
med ett stycke socker uti. När
detta uppkokar, uppblötes ett par
skedblad potatismjöl i kallt vatten
och vispas sedan i den kokande
kastrullen, men man måste noga
efterse, att det ej klimpar sig, hva-
refter det genast aflyftes. Derefter
upphälles krämen och ätes kall
med söt grädde.

soft as mush, pass them through
a sieve and let them stand until
cold. Beat cream to a froth and
let that settle. Take enough of this
froth to mix with the apple mash,
adding sugar and the grated rind
of a lemon; stir well again. Put
up the cream on a platter or bowl
and garnish it with small tarts and
sugar biscuits.

Wine cream.

Take a pint red wine and mix in so
much sugar and water that a me-
dium strong wine taste remains.
Add to it two slices lemon peeling,
two crushed cardamoms and a
little cinnamon. Now let it boil a
while or until it has a pretty agree-
able taste. Take it off and strain.
Put the juice on the stove, adding
more sugar. Soak two spoons of
corn starch in cold water and stir
it into the mash and boil. Take up
and serve cold with cream.

Frusen syltkräm.

En quart söt, tjock grädde vispas
till hårdt skum, då det öfre skum-
met aftages och lagges uti ett fat;
derefter vispas åter och skummet
borttages efter hand; på detta
sätt fortfares tills grädden är slut.
Deruti röres sedan blandadt sylt,
såsom hallon, körsbär eller livad
slag man behagar. Derefter packas
krämen uti en form, hvilken
ställes på is att frysa med litet salt
omkring. När den skall serveras,
doppas formen i hett vatten och
aftorkas, hvarefter krämen up-
pstjälpes på fat. Dertill ätes biscuits
eller bakelser.

Frozen preserve cream.

Beat a quart sweet cream to a
froth. Remove the upper part of
the froth to another dish. Beat
again and again, skim off, con-
tinuing thus till there is no more
cream. Now mix into it the kind
of preserve you wish, raspberry,
cherry, etc. Put it all in a mold,
place it on ice and let it freeze.
When ready to serve, dip the mold
in warm water, wipe it, and put the
contents in a dish. Eat with tarts.

GLACEER.

Allmäna vinkar.

Rörande glacé (ice cream) må
anmärkas att det här i landet
(Förenta Staterna) förekommer 2
alldeles olika sorter häraf. Ibland
fackmännen äro dessa två slag
kända under namnen "Neapolitan"
(ursprungligen föreskrifvande
sig från Neapel i Italien) och
"Philadelphia", hvilken sort först
tillverkades i denna Amerikanska
stad. Den förra sorten innehåller

ICES.

General hints.

There are two entirely different
and distinct kinds of ice cream
produced by confectioners or pro-
fessional caterers in this country,
one known as Neapolitan (origi-
nally produced at Naples, in Italy),
and the Philadelphia, originated
in that city. The former contains a
greater proportion of eggs, and is
rich, smooth and solid as butter, of
a lemon yellow color and custard

mera ägg än den andra och är så slät och jemn som smör och ärgal till färgen. Den senare deremot ar graddlivit och besitter en fin behaglig gräddsmak.

Materialierna för glacé äro hufvudsakligen grädde, socker och agg, hvartill kommer allahanda slags saker, hvarmed glacén gifves s.k. flavör (fin smak), vidare frukter och fruktsafter, samt is och salt, äfven som ämnen för bibringandet af en viss önskad färg åt glacén.

Angående grädden bör sagas att den aldrig kan utspädas med mjölk eller andra ämnen, emedan man då icke får glacé, utan hellre frusen mjölkkustard.

Det första man gör är att koka grädden och sockret, med eller utan agg, allt efter det slag man ästundar—"Neopolitansk" eller "Philadelphia".

Vid val af kylkärl (freezer) torde vara bäst att föredraga en så kallad "new patent freezer", hvilken har den fördelen att fordra mindre arbete än den gamla sorten som vreds med handen, hvar jemte frysingen går mycket fortare.

Under vanliga omständigheter försiggår frysningsprocessen på 10 a 15 minuter med en af dessa nya patentkylure.

flavor. The latter has the full, rich flavor of sweet cream, and of a creamy white tint.

The materials for ice cream are principally cream, sugar, eggs, all varieties of flavors, fruit and their juices, ice and salt; also may be added different colorings.

Regarding cream, it may be said here that it can have no substitute, either by dilution with part milk, or milk and either tapioca, arrowroot, cornstarch or the addition of gelatin; the production will not be ice cream, but a frozen milk custard. The first operation is the cooking of the cream and sugar, with or without eggs, according to the kind (Neapolitan or Philadelphia) desired.

For family use, select one of the new patent freezers, as being more rapid and less laborious for small quantities than the old style turned by the hand. All conditions being perfect, those with the crank and revolving dashers effect freezing in ten to fifteen minutes.

Kylningsprocessen.

Tag kylkärlet som innehåller isen och grädden, som ofvan anvisats, från islådan, borttag isen och vattnet; sått kylkärlet tillbaka och packa det fullt med is ända upp till kanten; strö omkring en pint salt ibland isen, hvarftals under packningen. Lägg sedan på locket och fäst kärlet väl; börja derpå att draga med handtaget och fortsätt till dess att det går mycket tungt. Öppna nu kannan och borttag kanten deromkring, skrapa den stelnade grädden derifrån med en sked och vispa innehållet med en för ändamålet tillverkad träslef till dess att det blir slätt och jemnt, men ej längre. Täpp åter till kannan, låt saltvattnet afrinna, ilägg nytt salt jemte is så att sjelfva toppen betäckes dermed, linda ett stycke matta eller annat tjockt tyg omkring iskärlet, vät tyget med kallt salt vatten, och låt det sedan stå i ett par timmar. Öppna derpå kylkärlet, skrapa ner grädden som förut, täck igen och packa in mer is och salt och lät det åter stå att riktigt hårdna. Var noga med att hvarken salt eller is inkommer i grädden. I mycket varmt väder torde man få ombyta is flera gånger. Dei bör alltid göras så snart isen börjar flyta på saltvattnet.

Freezing.

Take the freezer containing the ice cream, as above, from the ice-pail, remove the ice and water; replace the freezer and pack with ice nearly to the brim, sprinkling a quart of coarse salt uniformly through it as it is put in; cover and fasten the can and turn the crank until difficult to turn longer; open the can, remove the dasher, scrape the hardened cream from the sides with a spatula, and beat the contents with a wooden paddle till smooth, but no longer; close the can, draw off the salt brine into a bucket; add fresh salt and ice, covering also the top; wrap a blanket or a piece of carpet around and over the ice-pail; wet it well with icy brine and let it stand for one hour and a half or two hours; open the freezer, scrape down and beat the cream again, and again pack with fresh ice and salt to harden and ripen. Be very careful not to let a drop of brine or a grain of salt get into the cream. In very warm weather it may be necessary to renew the ice and salt a second or third time; it should always be done whenever the brine floats the ice. All the directions being followed no better ice cream can be produced.

Neapolitansk glacé.

Vispa och sila ägggulorna tills de blifva släta som grädde, tillsatt sockret och vispa igen. Sila och vispa hvitorna till den allra hårdaste fradga och blanda dem med gulorna och sockret. Slå det sedan i grädden jemte sådana saker som skola gifva fin smak. Koka alltsammans i en "custard kettle", omrör till dess att det fastnar vid ett knifblad. Låt det icke ysta. Tag det från elden och låt det gå genom en sikt till ett kruk-kärl. Täck det med tyll och låt det kallna. Slå det i kyl-kärlet (freezer) som bör hålla minst 6 quarts, sätt det i islådan, packa med is, och låt det kallna innan den vanliga frysningsprocessen börjas.

Philadelphia glacé.

Denna glacé göres stundom af okokad grädde, om den är riktigt söt, och ifall man önskar lätt. och snöhvit glacé. Den sväller betydligt under tillverkningen, men

Neapolitan ice cream.

Strain and beat the yolks to a smooth cream, add the sugar and again beat; strain and whisp the whites to the stiffest possible froth, and stir briskly with the yolks and sugar; then mix with the cream, adding such flavors as are needed to be cooked. Cook the whole in a custard-kettle over a brisk fire, stirring continually until it will slightly coat the blade of a knife, but not run; then be careful it does not curdle. Take it off the fire and strain through a wire sieve into a crockeryware bowl; cover it with gauze and let it cool; pour it into a freezer (which should be of at least six quarts capacity), and set it in the ice pail or tub; pack it well with ice, and let it stand, covered only with gauze, until thoroughly cold, when it is ready for freezing.

Philadelphia ice cream.

It is sometimes made from uncooked cream, if fresh, and if desired of a very light or snowy texture; this is better, but must be beat during the entire freezing, vigorously. It will

förlorar så mycket mer i smak och stadga, hvarför kokad grädde bör föredragas, åtminstone när man önskar en mera gedigen vara.

Koka den då i en "custard-kettle", såsom ofvan anförts, tillsammans med den "flavor" som önskas, och omrör val till dess att sockret smält; låt det sedan stå några minuter, tag af och lat det svalna, som då neapolitansk glacé tillverkas.

Fruktsafter få aldrig kokas tillsammans med grädden, utan böra blandas med sockret och omröras till en tjock sirap erhålles och då slås i grädden innan frysningen börjas. Om man försöker att börja frysningen medan grädden ännu är ljum yster den lätt eller blir den lik sand. Det går för öfrigt både lättare och fortare att frysa grädden sedan den först blifvit kall.

swell or increase in bulk from a quarter to a third, but looses in quality, and consequently the cooking is preferable, giving it greater body and richness. Cook it in a custard-kettle, as previously directed, until the water in the outer pan boils; take it off the fire, add the sugar and any flavors that may be cooked with it; stir until the sugar is entirely dissolved, let stand a few minutes, strain and cool same as the Neapolitan. Fruit juices are not to be cooked with cream in any case, but mixed with the sugar; stir until a clear syrup is produced, and stirred into the ice cold cream before commencing to freeze it, or better, beaten into it just after it is frozen. In attempting to freeze cream when even lukewarm, it is apt to curdle or become granulated; it is also more rapidly and easily frozen if first chilled, and with less ice.

Smultronglacé med grädde.

En gallon friska smultron passeras eller kramas genom en hårsikt så att kärnorna icke medfölja. Härtill blandas ett pound strösocker eller motsvarande sockerlag, fylles i en glacédosa och fryses under omröring. När det synes jemntfruset, blandas härtill något mindre

Strawberry ice cream.

Squeeze or pass a gallon of fresh nice strawberries through a sieve, taking care that the kernels do not go along. Add to this one pound granulated sugar or its equivalent in sugar syrup. Put this into a freezer and let it congeal during constant stirring. When it appears

än en half gallon grädde, som först vispals till ett hårdt skum och blandats med 4 ounces socker; detta bör inarbetas i glacén så hastigt att grädden ej hinner isa sig; fryses vidare arbetas derpå med en spade tills det blifvit jemt och val fruset. Med alla glacér, som blandas med vispad grädde, bör man vara försiktig att då densamma tillsättes, detta sker så hastigt, att den icke får isa sig. Det är derför nödvändigt att grädden förut är blandad med socker eller också kan grädden genast blandas med puréen.

evenly frozen add to it a little less than half gallon of cream beaten into a hard froth and mixed with four ounces sugar. All this must be worked into the ice cream rapidly, so that the cream gets no time to freeze before the right moment. Now freeze it, while working it with a spade till it is smooth and evenly frozen. It is necessary to be very careful with all kinds of ice creams where beaten cream is used, as it is very easy for the froth to freeze too early. For this reason it is needful to mix the sugar into the cream first or you may mix the cream with the purée at once.

Strawberry ice cream

Hallonglacé.

Bären sönderkramas, saften
urvrides genom en ren silduk
och blandas med några droppar
citronsaft och sockerlag efter egen
smak, hvarefter blandningen hällos
i glacédosan och arbetas som förut
är beskrifvet.

Raspberry ice cream.

Crush the berries and squeeze out
the juice through a clean cloth and
then mix it with a few drops of
lemon juice, and add sugar syrup
to suit. Finally pour it all into the
freezer and work it as already
described.

Körsbärsglacé.

Det göres som det föregående,
men kärnorna borttagas, innan
bären sönderkramas, ty annars
blir saften för besk. Om hallen och
körsbär blandas blir saften bäst; i
sockerlagen kokas en bit citrons-
kal, hvarmed saften uppblandas.
Man kan äfven röra florsiktadt
socker i bärsaften, om man rör om
till dess sockret ar väl smält.

Cherry ice cream.

This is prepared in the same way as
the proceeding, but the stones are
to be removed before the berries
are crushed, as the juice otherwise
is apt to be too bitter. Boil a piece
of lemon peeling in the sugar
syrup, you can also stir in some
fine flour into the juice, but then
stir till all the sugar is melted.

Glacé af äpplen och päron.

Af frukten göres marmelad som
utblandas något med ett lag af ko-
kad citronsaft och socker, hvarefter
det hälles i den nerfrusna glacédo-
san, och arbetas som vid glacédo-
sans nerfrysning är nämndt; men
sedan glacén är halffrusen, arbetas
den ofta med glacéspaden tills den
blifver nog fin och hårdt frusen.

Ice cream of apples and pears.

Make a marmalade of the fruit and
mix it with a little boiled lemon
juice and sugar, whereupon pour it
into the freezer and work it until it
is half frozen as before described,
but afterward with the ice cream
spade until hard.

Chokoladglacé.

En quart grädde, 4 ounces osockrad chokolad, ½ pound socker och en bit vanilj kokas tillsammans. Under tiden vispas 5 ägggulor i ett djupt fat, hvartill den heta blandningen hälles, som vispas väl. Sedan hälles alltsammans tillbaka i kastrullen att under jemn vispning upphettas, men ej koka, hvarefter blandningen silas flera gånger genom hårsikt. När den är väl sval hälles den i glacédosan, som först bör vara nerfrusen, och arbetas tills glacén blir färdig.

Chocolate ice cream.

One quart cream, four ounces unsugared chocolate, half pound of sugar, and a piece of vanilla are to be boiled together. Meanwhile, beat five yolks of egg in a deep dish, into which pour the hot mixture, stirring all the time. Then put it all back into the pan or kettle, to be heated up but not to boiling. Thereupon strain it several times through a fine sieve. When cool, put it in the freezer and proceed as above.

Mandelglacé.

Ett halft pound sötmandel med 6 bittermandlar skållas, skalas och finstutas; ½ gallon söt grädde uppkokas med ett halft pound socker, hvaruti mandeln röres. Detta aflyftes sedan och upphälles att kallna, hvarefter det uppsilas och uppkokas äter samt hålles på 8 väl uppvispade ägg. Blandningen ställes åter på elden, under stark vispning, för att tjockna. Sedan ställes det att kallna under jemn vispning, hvarefter det behandlas som vaniljglacé.

Almond ice cream.

Take half a pound sweet almonds and six bitter almonds, scald, shell and pound them. Now boil half gallon cream and half pound sugar and stir the almond pulp into it. Then take it up and let it cool; strain it, boil it again and add eight well beaten eggs. Place it once more over the fire and let it thicken, still stirring. Let it cool, while being continually stirred. Lastly treat it in the freezer as in other cases.

Melonglacé.

En quart brunnsvatten med ¾ pound socker sättes pä elden att koka, tills det utgör en quart hvarefter det upphälles uti ett fat. Under tiden har man skurit i skifvor en väl mogen melon, hvarpå det yttre hårda skalet aftages och kärnorna likaså. Melonskifvorna läggas i den varma lagen, och alltsammans betäckes väl och ställes derefter att kallna. Derefter silas det genom en ny hårsikt, och några droppar citronsyra tillsättes. Sedan behandlas det såsom vid vaniljglacé år beskrifvet.

Apelsinglacé.

Tolf ägggulor och ett helt ägg uppvispas med en pint kall mjölk; ½ pound siktadt socker uppplöses i kokt mjölk och hälles till det förra, hvilket omröres tills det kallnar, samt hälls derefter i glacédosan, hvarefter det genast arbetas, tills det tjocknar. Sedan dithälles saften af 6 urkramade apelsiner, och skalen af 3 apelsiner afgnidas på sockret, hvilket blandas till saften och silas till glacen. Derefter arbetas den, tills den blir stadig. En quart grädde vispas till hårdt skum och iröres sist, hvarefter den åter arbetas väl.

Melon ice cream.

One quart of well water and twelve ounces sugar are to be boiled together until it has shrunk to a quart in volume. Then pour it into a dish. Meanwhile, have cut into slices a good, ripe melon, from which the outer hard rind as well as the kernels are removed. The melon slices are to be put into the syrup, and then cover it all and let it stand and become cold. Now strain through a new sieve, and add to it a few drops of lemon juice. Freeze as in the case of vanilla cream.

Orange ice cream.

Beat well twelve yolks and 1 whole egg in a pint cold milk. Take half a pound of fine sugar and dissolve it in a pint boiled milk and add it to the other part, and stir until it is cold, pour into the freezer; now to be worked until thick. Later add the juice of six oranges and the peelings of three oranges. Work it again until firm. Beat one quart cream to a hard froth and stir that in at last, and work it again.

Kastanjeglacé.

Ett och ett halft pound kastanjer skalas, hvarefter de förvällas och det fina skalet borttages. Ett och ett halft pound socker och 1 quart brunnsvatten sättes på elden att koka tills det blir som en tunn deg; deruti läggas sedan kastanjerna att koka, tills de kännas hårda; när lagen till det mesta är inkokt hälles de uti en stenmortel och krossas väl sönder. En quart söt grädde sättes på elden att upkoka. Tolf agggulor vispas och derpå slås den kokta grädden, samt sättas åter på elden för att under jemn vispning tjockna; sedan upphälles det att kallna, hvarefter detta, jemte kastanjemassan, passeras på det satt, att man tager blott, en sked af båda blandningarne på en gång och förfar så dermed, tills det blir slut. En half gallon söt grädde, som förut har väl kallnat på is, uppvispas till hårdt skum och röres till den öfriga massan, då det sedan är färdigt att nedfrysa som det föregående under stark arbetning. När glacén är väl frusen, kan den som så behagar, iblanda flera sorter saltfri sylt, hvarefter det packas i formarne, som man låter frysa.

Chestnut ice cream.

One pound and a half chestnuts are to be shelled and scalded, whereupon remove the fine shell. One and a half pounds sugar and a quart well water are now put on the stove to boil until it is as thick as a thin dough. Into this put the chestnuts to be boiled till hard. When the syrup is boiled down pretty low, put the chestnuts into a stone mortar and pound them to pieces. Put a quart sweet cream on the stove and boil it. Beat twelve yolks and pour the boiling cream over them. Place it on the fire, stir and let it thicken. Now pour it up and let it become cold. Then this part and the chestnut pulp are to be mixed by taking one spoonful at a time of each, as long as it lasts. Half a gallon sweet cream, cooled on ice, must be beaten into a firm froth and added to the other parts; it is now ready to be frozen as directed. When the cream is well frozen, you may add any kind of preserve that does not contain salt.

FEMTONDE AFDELNINGEN.
Part Fifteen.

SUFFLEER, KOMPOTTER OCH MARMELADER.

SOUFFLES, COMPOTES, MARMALADES.

Små souffléer af höns.

Betydligt mer än ett pound hönskött finhackas, stötes i en mortel och passeras genom en fin sikt. En pint gröddsås hopkokas med ¼ af sin rymd, blandas med köttet, får svalna, tillsattes med 5 äggulor och en knifsudd muskot, blandas med 5 till hårdt skum slagna ägghvitor, fylles i små papperslådor, gräddas 12 a 15 minuter i en lagom varm ung och serveras.

Small soufflés of chicken.

Take considerably more than a pound chicken meat, chopped very fine and pounded in a mortar and then passed through a sieve. Now boil down a pint cream sauce to three-quarters of its volume and mix that with the meat. Let it cool and add five yolks and a pinch or two of salt; this again is to be increased with five whites of eggs, beaten hard until frothy. All is to be filled into small paper boxes, thus to be baked for fifteen minutes in a moderately hot oven.

Små souffléer af vildt.

Tillredes lika med föregående nummer, men istället för gräddsås användes spansk sås, som blifvit hopkokt med skrofven af den vildfågel som tages.

Small soufflés of game.

This is made very much the same as the preceding recipe, but instead of cream sauce, Spanish sauce is to be used; the sauce is boiled down with the crop of the game selected.

Vaniljsoufflé.

Två pints sot grädde ställes på elden att uppkoka med 6 ounces socker och så mycket vanilj, att deraf blir god smak. Fjorton äggulor vispas väl sönder i ett djupt fat, hvarpå den kokta grädden slås, under starkt vispning, samt hälles derefter tillbaka i kastrullen, för att få ett hastigt uppkok. Derefter upphälles det att kallna, under vispning, och vaniljen borttages. När detta är väl kallt, röras sakta deri 8 med litet socker uppvispade ägghvitor. Souffléen gräddas med öfversiktadt socker, som den föregående.

Vanilla soufflé.

Put two pints sweet cream on the stove to be boiled together with six ounces sugar and vanilla enough to give it a good taste. Beat fourteen yolks of eggs in a deep dish, and pour gently over them the boiled cream while beating and stirring all the time, after which pour it back into the pan again to be brought to the boiling point rapidly. Take off and let cool and then stir into it eight beaten whites. Remove the vanilla. Bake it with sugar sprinkled over the surface.

Äggsoufflé.

En quart söt grädde ställes på
elden alt koka med ½ pound stött
socker och ett halft teskedblad
pulveriserad violrot. Åtta eller 10
ägggulor uppvispas väl, och den
kokande grädden slås derpå, samt
åter tillbaka i kastrullen, for att
under flitig vispning blifva tjock.
Derefter upphälles den att kallna,
men vispas esomoftast. När den
är väl kall, iröras 6 uppvispade
ägghvitor med litet socker, och
sedan upphälles den pä karotter,
samt öfverströs med florsiktadt
socker. Derefter införes souffléen
i svag ugnsvärme, för att långsamt
höja sig, hvarefter den serveras.

Kokt soufflé.

Ett halft pound smör, ½ pound
socker och 10 ägggulor arbetas
mycket väl öfver elden, så att det
värmes, men får ej koka. När det är
kallt iröres ägghvitan, som förut är
slagen till hårdt skum, samt saften
af två- och skalet af en citron. Det
slås i form med lock, samt ställes
i kokande vatten och tål koka en
timme.

Egg souffle.

One quart sweet cream and half
pound sugar are to be boiled
together, with a little orris root or
violet root. Then beat eight or ten
yolks well and pour the boiling
cream over them, put it back into
the pan immediately to become
thick during constant stirring. It is
now taken off to be cooled, while
still stirring. When cold stir in 6
beaten whites and a little sugar.
Then pour it up on a dish and
cover it with fine sugar. Now the
soufflé is ready to be put into the
oven, not too hot, there to remain
till it begins to rise.

Boiled souffle.

Half a pound butter, as much
sugar, and ten yolks. Work this
well over the fire, heating it, but
without boiling. Then cool it and
stir in the whites, first beaten quite
hard until frothy, also the juice of
two lemons and the peelings of
one. Put in a covered mold, place
in water and boil one hour.

Sur gräddsoufflé.

En pint sur grädde vispas mycket väl med 2 ounces socker, 6 agggulor (en om sender) samt citron eller vanilj efter smak. Blandningen kokas upp, under jemn vispning, men får ej skära sig, när den är väl kall, nedröres ägghvitan som förut är slagen till hårdt skum. Soufflén behöfver stå 20 minuter i ugnen.

Ostsoufflé.

Vispa en quart tjock söt grädde till hårdt skum och iblanda 10 ägggulor samt ett halftpound rifven parmesanost. När soufflén skall sättas i ugnen, iröras 8 till hårdt skum vispade ägghvitor. När den höjt sig, serveras den genast.

Kaffesoufflé.

Något mindre än en half gallon mjölk får koka upp och hällos deri något mindre än ett halft pound brändt kaffe, öfvertäckes väl och får stå en timme. Silas och blandas

Souffle of sour cream.

Beat one pint sour cream very thoroughly with two ounces sugar, six yolks (one at a time), and lemon or vanilla. Let it be brought to boiling, while stirring, but take care that it does not curdle. When cold stir in the whites, which must also be beaten. It needs twenty minutes in the oven.

Cheese souffle.

Beat a quart thick sweet cream till frothy, and mix in six yolks and half pound grated parmesan cheese. When it is ready for the oven stir in eight whites beaten very hard. Let it bake till it begins to rise.

Coffee souffle.

A little less than half a gallon milk is to be boiled and poured over somewhat less than half a pound roasted coffee, then to be well covered and let alone for an hour.

småningom med sex ägggulor och sex till skum slagna ägghvitor samt 6 ounces mjöl och ett halft pound socker. Slås i ett djupt smörbestruket fat. Gräddas i varm ugn. Beströs med socker och serveras genast.

Then strain and stir in six yolks and six whites of egg, all beaten, and also six ounces flour and half a pound sugar. Put it all into a deep dish which has been buttered. Bake in hot oven and strew sugar on it before serving.

Arraksoufflé.

Omkring en pint grädde och ätta ägggulor få koka upp under ständig vispning, aflyftes och får kallna under fortsatt vispning. Socker och arrak tillsättes nu efter smak, och derefter iröres åtta till hårdt skum vispade ägghvitor. Massan hälles i smord form och gräddas i ugn. Serveras med arrak- eller vaniljsås.

Brandy souffle.

About a pint of cream and eight yolks, boil during steady stirring. Then lift it off and cool it, still stirring. Now add sugar and brandy to suit, whereupon stir in eight whites, previously beaten to a froth. Pour the mass into a buttered mold and bake in an oven. Serve with brandy or vanilla sauce.

Risgrynsoufflé.

En half pint risgryn sköljes, kokas väl och påsättas åter med en quart brunnsvatten, litet socker och det gula skalet af en citron, hvarefter det får uppkoka. Sedan borttages den mesta elden så att grynen endast få stå och puttra tills de synas väl krusiga, då de passeras genom en gröfre hårsikt. I moset inröres litet citronsyra samt mera socker

Rice souffle.

Take half a pint rice, rinse and boil, and cook again with a quart well water, a little sugar and the yellow rind of a lemon. After a while let the fire go down, so that the rice simply simmers. When curling on the surface let them pass through a course sieve. Now mix in some lemon juice and more sugar if needed. Beat three whites

om så fordras. Sedan uppvispas tre ägghvitor till hårdt skum, hvilket iröres sakta, då massan är kall. Soufflén gräddas i lagom ugnsvärme och öfversiktas med socker.

Citronsouffle.

Man tager 20 ägggulor och ett pound socker; det gula skalet af 4 citroner afgnides på sockret, afskrapas och gnides åter tills allt det gula är afrifvet; det öfriga sockret stötes, siktas och röres med en träslef åt ett håll en timme. Saften kramas ur sex citroner öfver ett durkslag samt inblandas. Sexton ägghvitor vispas till ett hårdt skum och nedröres sakta, hvarefter soufflén gräddas, men beströs ej med socker.

Chokoladsoufflé.

Ett halft pound chokolad upplöses i en pint kokt brunnsvatten; när det är väl upplöst, påhälles en quart grädde och ett halft pound socker, hvilket får koka en fjerdedels timme under ständig omrörning. Sedan skiljas hvitorna från 10

of eggs to a hard froth and stir in gently when the rice has cooled. Bake it in a moderately hot oven, and sugar it when ready, before serving.

Lemon souffle.

Take twenty yolks and a pound of crushed sugar; rub off the yellow rind of four lemons on the sugar; scrape them and rub again until all the yellow is off; the other part of the sugar is to be pounded and powdered (or you may use already powdered sugar), then to be worked with a wooden spoon for an hour, but only in one direction. Squeeze the juice from six lemons over a strainer and mix in. Beat sixteen whites and stir them in gently. Then bake, but strew no sugar on the souffles.

Chocolate soufflé.

Dissolve half a pound chocolate in a pint boiled wellwater. When all dissolved add to it one quart cream and half a pound sugar, and let it boil fifteen minutes while stirring all the time. Now separate the whites from ten eggs, and beat

ägg och gulorna vispas mycket väl uti ett djupt fat, hvarefter den heta chokoladblandningen påhälles; alltsammans ställes åter för att få ett hastigt uppkok, under stark vispning, tills det tjocknar. Derefter upphälles det att kallna och vispas som oftast under tiden. Sex ägghvitor vispas till hårdt skum med litet socker, hvilket sakta nedröres i chokoladen, när den blifvit väl kall. Smeten uppslås på silfver- eller porslinskarotter och införes i någon starkare ugusvärnie än vanligt.

Rödt soufflésocker.

Ett halft pound socker kokas tills det håller karamellsprof, och under tiden arbetas två ägghvitor med några skedar finsiktadt socker, tills det blir tjockt och smidigt; derefter ilägges karminpulver och omblandas väl. Då sockret lyftes af elden, hälles blandningen hastigt deri samt omröres tills det börjar höja sig, hvarefter det hastigt stjälpes på papper, men aktas noga för drag, emedan det annars genast faller ner.

the yolks thoroughly in a deep dish; pour on the hot chocolate; let it boil again for a minute, while stirring until it thickens. Pour it up and let it cool; now beat six whites and mix them with a little sugar; stir this gently into the chocolate when cooled. Pour the batter on silver or porcelain plates and put in a somewhat more heated oven than usual.

Red souffle sugar.

Boil half a pound of sugar until it becomes quite consistent, as for candy, for instance. Meanwhile work into it two yolks and a few spoonfuls powdered sugar, making it thick and pliable. Add some carmine and stir well. When removing the sugar from the fire pour the mixture quickly into it and stir until it begins to rise; then tip it on paper, but do not let it come in contact with the least air draft, as it then collapses or falls together.

Äppelkompott.

Dertill tagas friska äpplen, hvilka skalas och skäras i 2 eller 4 delar, och kärnhuset borttages. Under tiden ställes en kastrull på elden med vatten och en tredjedel vin, efter behof; dertill socker, litet kanel och ett par skifvor citronskal. När allt detta har kokat, så att sockret är väl smält, läggas äppelhalfvorna bredvid hvarandra deruti, för att smått koka tills de blifva mjuka. Derefter apptagas de varsamt, så att de ej går sönder, och uti lagen läggas åter nya för att kokas. Dermed fortfares tills allt blifver kokt. De uppläggas vackert på en flat kristallskål, och lagen, hvaruti de kokat, hälles deröfver.

Plommonkompott.

Stora äggplommon läggas uti en kastrull med litet vatten; när de sjuda, upptagas de, och skinnet på dem afdrages, hvarefter de klyfvas, kärnorna knäckas, kärnona uttagas och plommonen, tillika med mandlarne, läggas uti en förut kokad compottlag, likadan som till

Apple compote.

Take some fresh apples, peel them and cut them in three or four parts; remove the core. Put a pan over the fire with two-third water and one-third wine, quantity to be determined by circumstances; add a little sugar, cinnamon and two lemon slices. When all this has boiled long enough for the sugar to dissolve, put the apple pieces into it and let them boil gently until they become soft. Now take them up, but carefully so that they do not fall to pieces; put new apple pieces into the syrup to be boiled, and continue thus until they all are cooked. Then put them on a glass platter and pour the syrup wherein they have been boiled over them.

Plum compote.

Put some big plums in a pan with a little water; when they commence to simmer take them up and remove the skin from them; then split them in two, break the stones, take out the kernels, and put the latter as well as the plums in a syrup already prepared in the same

äppelkompott. Derefter uppläggas de på ett fat och anrättas sedan på flata kristaller. Skulle lagen vara för tunn, hopkokas den med mera socker och några skedar fransk konjak dithälles.

Äppelmos med grädde.

Äpplen skalas och skäras i skifvor samt kokas med litet vatten och socker eller sirap, tillika med litet citronskal, tills de äro sönderkokta som ett mos hvarefter de ställas att svalna. Detta anrättas sedan på kristallfat med graddskum öfver; söt grädde serveras dertill särskildt vid anrättningen.

Päronkompott.

Päronen skalas längs efter och klyfvas så att hvarje halfva har sin stjelk; kärnhuset uttages med en pennknif, och stjälken skrapas och borttages till hälften. Sedan förfar man med dem, som med äppelcompott, men om päronen äro hårda, tåla de ofta koka 2 eller 3 timmar. De serveras kalla och garneras med äppelgelé.

way as for apple compote. Now put them on a platter and serve them on crystals. If the syrup is too thin boil it down with more sugar, and add a few spoons French cognac or good brandy.

Apple mash with cream.

Peel the apples and cut them in slices; boil in water and some sugar or syrup, adding lemon peeling. Let them boil until converted into a mash, when they are taken off and cooled. They are now served on glass-platters with whipped cream on top. Sweet cream is served separately.

Pear compote.

Peel the pears lengthwise and cut them in two so that each half retains a part of the stalk. Remove the core with a pen-knife, scrape the stalk and cut it away partly. Next proceed as when making apple compote. But if the pears are hard they need to boil two or three hours. They are served cold with apple jelly for garnishing.

Körsbärskompott.

Den behandlas som plommon-
kompott, endast med den skilnad,
att konjaken utelemnas. I dess
ställe ivispar man ett par skedar
potatismjöl, uppblött i litet vatten.
Härigenom blir saften simmig.
Korsbären omskakas varsamt tills
de kallna, då kompotten är färdig
att serveras.

Cherry compote.

Treat this as plum compote, but
with the difference that you leave
the cognac out. Instead thereof
stir in two tablespoonfuls corn
starch soaked in water. By this the
juice becomes thicker. Shake the
cherries in this carefully until they
cool, when the compote is ready.

Apelsinkompott

Apelsinerna skalas, ränsas väl från
den hvita hinnan, delas i större
eller mindre klyftor, nedsockras
och uppläggas högt på en flat
kristallskål.

Orange compote.

Peel and wash the oranges, freeing
them well from the white thin skin;
cut them in smaller or larger clefts,
sugar them, and put them up on
glass platter.

Äppelmarmelad.

Lösa och väl mogna äpplen skaras
i tunna skifvor, kokas med litet
vatten till ett mos och passeras
genom en hårsikt. Man tager dub-
belt med socker mot mosets vigt,
doppar det i vatten och lägger det
till moset i syltkitteln, hvilket då
kokar under jemn omröring. Då
den börjar klarna och tjockna, öses
den genast i burkar att förvaras.

Apple marmalade.

Soft and ripe apples are to be cut
in thin slices and boiled in a little
water to a mash, then to be passed
through a sieve. Take twice the
weight of the mash in sugar, dip
it in water, and add it to the mash
in the kettle, which keep boiling
while stirring. When it begins to
get clear and thick, put it up in jars
to be kept for future use.

Plommonmarmelad.

Gula eller gröna plommon, som äro lösa och väl mogna, ställas på elden i en syltkittel med så litet vatten som möjligt; deri röres beständigt tills det mosar sig. Derefter upplöses det på en grof hårsikt, hvarigenom det passeras. Nu tages socker, dubbelt så mycket som moset väger, och doppas i vatten samt lägges i kitteln att koka tillika med moset, och omröres jemt under kokningen. När marmeladen synes klarna och tjockna, häller man litet derai pä en tallrik, och om den då hårdnar, som en gelé och låter skara sig, så är den färdig. Den uppöses genast i burkar, ty når den blir sval styfnar den och låter ej ösa sig.

Plum marmalade.

Place on the stove green or yellow plums that are soft and ripe. Use a preserve kettle and as little water as possible. Stir constantly until it mashes. Then put it up in a coarse sieve, through which force it. Now take twice as much sugar as the mash and dip that in sugar and put it in the kettle to boil with the mash. Stir well all the time while boiling. When the marmalade begins to appear clear and thick put some of it on a plate, and if it then hardens like jelly and permits cutting it is ready. Put it now in jars before it cools, when it becomes too stiff.

Citronmarmelad.

Fern pounds friska, vackra gula citroner med tjocka skal och åtta pounds socker behandlas som pomeransmarmelad, hvarom se följande nummer.

Lemon marmalade.

Five pounds fresh, nice and yellow lemons with thick rinds and eight pounds of sugar are to be treated like bitter orange marmalade. See next number.

Sweet orange marmalade ➤

Pomeransmarmelad.

Fem pounds mogna pomeranser skäras tvärs öfver, så fint som möjligt, urkärnas, kokas med en quart vatten tills strimlorna lätt kunna söndertryckas mellan fingrarne och tillsättes med tio pounds socker. Kokas öfver svag eld tills marmeladen är fullt klar, upphälles sedan att svalna, fylles i burkar, får stå öfver natten och öfverbindes. Den håller sig god mycket länge. Angenäm på kaffe- och tébord.

Apelsinmarmelad.

Tillredes som pomeransmarmelad.

Bitter orange marmalade.

Five pounds of ripe oranges are cut right across as fine as possible, cored, and boiled in a quart of water until the pieces yield readily to the pressure of the finger; then add ten pounds of sugar. Boil over low fire until the marmalade is perfectly clear; them pour up and let cool, later to be put in jars. This marmalade will keep long, and is especially agreeable on coffee and tea tables.

Sweet orange marmalade.

Is prepared like bitter orange marmalade.

SEXTONDE AFDELNINGEN.
Part Sixteen.

KONFEKTER OCH KARAMELLER.

CANDIES AND CARAMELS.

Chokolad-konfekt.

Ett pound socker kokas med litet vatten och röres under kokningen med en hålslef. När detta är kokt så att det biåsar sig, ilägges rifven chokolad, lyftes af elden och arbetas vid sidan af kastrullen, tills det blifver som en tunn gröt. Då hålles det i flata papperslådor att till hälften stelna, hvarefter sedan skåres så stora bitar man vill. Denna konfekt serveras tillsammans med annan.

Chocolate candy.

One pound sugar is to be boiled in a little water, while stirring with a deep ladle. When boiled so that it forms bladders add grated chocolate, then remove it from the fire, but work it still with the ladle until it thickens like a mush. Then pour it into flat paper boxes to half stiffen, so you can cut it in the fashion you want to have it.

Vridna karameller.

Ett pound socker kokas tillsammans med litet vatten. När vattnet är så inkokt, att af sockret kan dragas trådar, så tages en träpinne som doppas i vatten och derefter i sockret. När det socker, som fastnar på pinnen, är hårdt som glas, är

Twisted caramels.

Boil a pound of sugar in a little water. When boiled down to the point that you can draw threads with the sugar, put a stick in water and then in the sugar. When the sugar that fastens to the stick is hard or glassy it is ready to lift off

det färdigt att taga från elden, Nu
tillsättes den essens man önskar.
Det upphälles sedan på en slät sten,
som är smord, och der rullas med
händena långa karameller af ett fin-
gers tjocklek, som sedan vridas och
skäras så långa man vill ha dem.

from the fire. Now add the essence
you prefer. Then pour it upon a
smooth stone, buttered, and roll it
with the hands into long caramels
of the thickness of a finger, twist
and cut to please.

Brända mandlar.

Ett pound socker vätes i vatten
samt lagges i karamellskopan att
koka och dertill hällos någon röd
saft, hvarmed det kokar tills det
blir tjockt. Då i lagges väl aftorkad,
oskalad sötmandel, som får under
omrörning koka tills den börjar
knäppa. Då aflyftes skopan, men
rörningen fortfar tills det börjar
stelna, hvarefter alltsammans
upphälles och mandlarne plockas
ifrån. Sockret vätes litet och hälles
tillbaka i skopan samt ställes på
stark eld att koka under flitig
ornrörning; derefter iläggas nya
mandlar och dermed fortfares tills
de äro slut. Vill man hafva hvita
mandlar så uteslutes kulören.

Burned almonds.

Wet a pound of sugar in water and
put it in the caramel pan to boil
with a little red juice of some kind.
When thick add to it unpeeled
sweet almonds which are to boil
until they begin to crack and snap.
Then lift off, but still stir till it stiff-
ens. Then pour it up and take away
the almonds. Wet the sugar and
put it back into the pan, let boil
on strong fire. Now put in more
almonds and so on till the last.

Kaffekarameller.

Ett halft pound brandt och malet
kaffe får urdragas i en pint eller
litet mer kokhett vatten; sila och
tillsätt 1⅓ pound socker samt ¼

Coffee caramels.

Steep half a pound roasted and
ground coffee in a pint, or a little
more, boiling hot water; strain
and add one and one-third pound

pint söt grädde. Får sammankoka öfver frisk eld till bräcksocker. Upphälles på oljad stenskifva eller smörad plåt. När den blir kall skäres smeten med messings-tråd, försedd med träpinnar på ömse sidor.

sugar and quarter pint sweet cream. Let it boil together over a strong fire. Pour it up on an oiled smooth stone or a buttered plate. When cold, cut the dough with a brass wire provided with wooden sticks at both ends.

Sockrad frukt.

Sockret kokas till blåssocker (se nedan) och frukten öfverdrages med ett tunnt lager deraf. Användes mest till syltad frukt, som bör först få afrinna och torka på galler. Får kallna och torka efter glaseringen.

Sugared fruits.

Boil the sugar to bubble sugar (see below) and cover the fruits with a thin layer of it. This is mostly used for preserved fruit which has been strained and dried on a grid. Let it cool and stiffen after the glazing.

Blåssocker.

Man har erhållit blåssocker, när å en hålslef doppad i den kokande sockerlagen och hastigt svängd öfver kitteln, bilda sig små blåsor som fladdra ut från slefvens hål.

Bubble sugar.

Bubble sugar is obtained when small bladders are formed on the ladle which has been dipped in the boiling sugar syrup and swung over the kettle. It is then taken off and kept for future use.

Droppar till kulörer.

Till en half ounce kochenill tages en half gallon vatten hvilket får inkoka till blott en femtedel deraf är qvar; då detta fått svalna, hålles det i en flaska att förvaras, att dermed gifva kulör åt all slags konfekt.

Drops for coloring.

For one half ounce cochineal take half a gallon water and boil it until it has only a fifth of its original volume. Then let it cool and put it in a bottle to use when needed for coloring of candies.

Mandelkransar.

Ett pound socker och fyra ägghvitor stötas en timme i en stenmortel och hopröras sedan med 12 ounces sötmandel och fyra ounces bittermandel. Massan drifves genom vaxadt papper i hvilken fason man önskar och torkas i sval ugn.

Almond wreaths.

Pound for an hour in a stone mortar one pound of sugar and four whites of eggs, and next stir it with twelve ounces of sweet almonds and four ounces bitter almonds. Force the mass through waxed paper in figures to suit and dry them in a cool oven.

Höjd konfekt.

Ett pound siktadt socker och tio ägggulor arbetas i ett djupt fat en timme; derefter nedröres två ounces hvetemjöl myckel väl. Nu ihälles några droppar cederessens och degen utkaflas till en slants dubbla tjocklek. Man utskär deraf små fasoner efter behag, hvilka sättas på vaxade plåtar. Sedan penslas konfekten med röda droppar blandade med fint socker, insättes i svag ugnsvärme, och då den höjt sig är den färdig.

Raised candy.

Work a pound of powdered sugar and ten yolks in a deep dish for an hour; then mix two ounces flour into it. Next add a few drops cedar extract. Roll out the dough to the thickness of a double coin, and now cut out the figures you wish. Put them on waxed plates. Pencil them with red drops mixed with sugar. Put it in oven and when they rise they are ready.

SJUTTONDE AFDELNINGEN.
Part Seventeen.

KAFFE OCH TE.

Allmänna anmärkningar om kaffe.

Kaffe, denna så oumbärlig vordna planta, odlas nu nästan öfverallt i den tropiska zonen, verlden rundt, så att säga. Det påstås att namnet härleder sig från Kaffa, en söder om Abessinien belägen trakt, hvarest det först upptäcktes och begagnades såsom dryck. I de flesta länder plockar man kaffebönan med handen, men i Arabien får den växa tills den blir så mogen, att den faller af sig sjelf, hvilket torde delvis förklara hvarför det arabiska kaffet är så starkt och godt. Kaffebönans egentliga substans kallas kaffein och användes till en viss

COFFEE AND TEA.

General remarks about coffee.

The cultivation of this esteemed growth is widely diffused throughout the tropical belt nearly around the entire world. Its name is said to be derived from Kaffa, a district lying south of Abyssinia, where it was first cultivated and used as a beverage. In most countries it is picked by hand; but in Arabia it is left to ripen until nearly ready to fall. This may be one reason for its strong and superior flavor. The active principle of coffee is coffeine, and is employed to some extent in medicine. Coffee possesses considerable nourishing qualities, and both tea and coffee produce an

grad i medicin. Kaffe innehäller icke ringa näringsämne,och både té och kaffe besitta, som man af erfarenhet val vet, uppfriskande egenskaper — destimulera utan att berusa. Men om man intager för mycket deraf blir sömnlöshet följden och effekten skadlig. Bland de olika kaffesorter, som importeras till Förenta Staterna märkas *Java* och *Mocha* såsom de förnämsta, hvilka begagnas för det mesta i blandade portioner, från fyra till sex ounces Mocha på pundet. Den största delen af det förbrukade kaffet är Rio, Santos och andra sydamerikanska produkter. De vestindiska öarnes alster äro kända under namnen San Salvador, Costa Rica, La Guara m.fl., och äro alla ganska goda.

agreeable, exhilarating effect, being a stimulant without being an intoxicant. When taken in quantities or quite strong, it produces wakefulness and may become harmful. The popular taste, like that for tea, is very extended, those of strong flavor being most in demand. Of the different coffees imported here, Java and Mocha rank the highest with connoisseurs, and are generally used mixed in the proportion of four to six ounces af Mocha to the pound. The bulk of all coffee used in this country is Rio, Santos, or those of South or Central American production. The former possesses a strong but not delicate flavor, while the latter are milder. The West Indian islands produce fine coffees, which are known under their respective names, as San Salvador, Costa Rica, La Guara etc.

Att bränna kaffe.

Plocka ut, tvätta och torka bönor
nog endast för en veckas behof.
Till livart tredje pounds kaffe tages
sedan ett stycke smör, så stort
som en stor Hickory-nöt och lägg
den med kaffet i brännaren då det
börjar blifva hett, bränn kaffen i
en s.k. "revolving roaster", emedan
det då blir jämnare brändt än uti
en vanlig panna. Annars kan man
begagna ugnens eller *stovens* yta.
om man iakttager försiktigheten
att omröra hela tiden. Om blott
en enda böna blir förbränd skadar
den hela massan, och lukten år
stark nog att fylla hela huset. Kaf-
fet bör brännas till dess att det får
en mörkbrun färg, full och jemn.
Man bör derför profva bönorna
litet emellan genom att lägga en
af dem på bordet och pressa den
med tummen. Om den då lått går
sönder, så år det färdigt. Nar kaffet
ar ratt brändt låter det lätt mala sig
till korn som äro liksom sand och
lätt skilda från hvarandra. Under
bränningen sväller kaffet mod en
tredjedel in volym, men förlorar
16 procent af sin kraft under brän-
ningsprocessen. Brändt bör det
bevaras i en lufttät kanna af tenn,
och malningen bör ske nyss före
begagnandet.

To roast coffee.

Pick over, wash, and dry enough
for a week only, and to each three
pounds add a lump of good but-
ter, the size of a large hickory
nut, when the coffee is hot; roast
in a revolving roaster, which,
if constantly turned, will roast
more evenly than by stirring in a
dripping-pan. If no regular roaster
is convenient, brown it in the oven,
or on the top of the stove or range,
watching and stirring continually,
that it may not burn; a single berry
when burned will taint the whole
mass, and the scent, which is very
volatile, pervade the whole house.
It should be roasted evenly, a dark
rich brown, and should be tested
frequently, by placing a kernel
on the table, pressing it with the
thumb, and if tender and brittle, so
it crushes easily, it is done. When
roasted properly it will grind into
particles, distinct and granulated.
Coffee swells about one-third in
bulk, and loses about sixteen per
cent in roasting. When roasted,
keep in an air-tight tin can or box,
and grind only medium fine the
quantity needed, immediately
before using.

Att mala kaffe.

Emedan det är allmänt antaget att allt kaffe, som säljes malet är mer och mindre för-falskadt, varande bemangdt med ärter, morötter, cikoria och andra mindre helsosamma ämnen, är det bäst att antingen köpa kaffet i gröna bönor, eller bränna det sjelf, såvida man icke kan få det nyss brändt och färskt. Somliga tycka om cikoriasmaken. De kunna då köpa cikorian särskildt och blanda det med godt kaffe; man tager då en tésked till hvarje ¼ pound. Ett annat godt surrogat för kaffe är brända och malda morötter, till exempel två téskedar till ¼ pound.

Om man vill pröfva kaffets äkthet så tager man en nypa emellan det våta fingret och tummen. När man då rullar det och det derunder stannar kornigt, är det äkta; men om det är förfalskadt bildar det sig till en kula.

Ground coffee.

As it is rather generally believed that all put up or ground coffees sold in bulk are more or less adulterated with peas, carrots, chicory or more harmful substances, the safest way is to either purchase the green berry and brown it yourself, or freshly browned and ground at the time it is bought; a small quantity frequently, that it may not lose the flavor before consumed. Some persons like the flavor of chicory, and it may be purchased by itself and mixed with good coffee in the proportion of a teaspoon to each quarter of a pound. A good substitute is also browned and ground carrot, using two teaspoons to the same quantity of coffee as above.

To test the genuineness of ground coffee take a pinch between a wetted finger and thumb; roll it, and if pure it will remain in grains; if adulterated it will form into a ball. When freshly browned coffee may not be obtained, the following French method is probably the best for roasting, as it is said to develop the strength and flavor more thoroughly.

Att koka kaffe.

Hufvuduppgiften vid kaffe-
kokning är att i högsta möjliga
grad bibehålla kaffets naturliga
arom eller doft. Huru detta verk-
ställes, derom äro nu meningarne
mycket delade. Mången tror att
filtrering är den bästa processen,
hvarför man ock gjort många
inrättningar för detta ändamål,
såväl i Amerika som i England,
Frankrike och andra länder.
Dessa inrättningar äro så gjorda
att de prässa hett vatten genom
det malda kaffet, hvarigenom en
stark klar dryck erhålles, kanske så
nära den bästa som möjligt. Man
förutsätter nämligen att kaffets fina
smak och arom försvinner under
kokningen.
Men andra göra emot denna filtre-
ringsprocess den invändningen att
för mycket kaffe derigenom förslö-
sas. Sättet är för dyrt menar man.
Man påstår att ej mer än hälften af
kaffet sålunda tillgodogöres. Föl-
jande metod anbefalles här såsom
en sorts medling emellan filtre-
ringsprocessen och kokningen.
Tag en vanlig kaffepanna med ett
tätt åtsittande lock på pipan. Gör
af tjock ståltråd en ringsom passar
pannan omkring desstopp. Fäst
dervid en tunn påse af musslin
oiler annat tunnt tyg, vidare i

To make coffee.

To extract and retain the great-
est amount of aroma is the great
object to be attained in coffee
making, and to effect this in the
most effectual manner opinions
differ. Many consider that per-
colation, filtering or leeching is
the best process, and to this end
there are many contrivances, both
in this country and in England
and France, among which may be
mentioned the French biggin, the
English syphon iron, the National
or old Dominion coffee-pot, the
coffee and tea-press, and many
others, all of which filter or leech
hot water through ground coffee,
and most of them produce a clear,
rich fluid, probably as near perfect
as possible. The theory is that by
boiling, the finest and greater part
of the aroma escapes in the vapor.
To the filtering process many
object on economical grounds,
urging that not more than half the
virtue of the coffee is extracted,
and hence it takes very much
more than by slightly boiling.
The following method partakes
of both, and also obviates the
purchase of an expensive uten-
sil. Take an ordinary coffee-pot,
the spout having a tight-fitting
cover; form a ring of thick wire

bottnen än vid toppen. Sömmarne i denna påse böra vara dubbla och starka, så att intet af det malda kaffet kan komma ut i pannan. Nu värmes den tomma pannan med kokhett vatten. Påsätt påsen med det malda kaffet och häll sakta deröfver kokhett vatten. När det gått igenom kan det genast serveras eller man kan låta det koka upp om man så behagar. Man klarar kaffe genom att ilägga en del af en ägghvita eller äggskalet. Litet kallt vatten islaget straxt efter kokningen tjänar till samma ändamål. God grädde i stället för mjölk gör äfven dåligt kaffe njutbart. Om man begagnar mjölk bör den vara varm och blandad med ägg. Kaffe utan både mjölk och grädde lär dock vara hälsosammast, isynnerhet för personer med dålig matsmältning. Såväl té- som kaffepannor böra hållas ytterst rena och en gång i veckan fyllas med vatten hvari litet borax lägges. Tvätta dem aldrig på insidan, emedan det är nog att skölja dem i två eller tre vatten.

that will fit just outside the top of the pot, leaving a space for the hinge, if any; to this attach a thin but stout muslin bag, wider at the bottom than top, and reaching to within two inches of the bottom; the seams should be lapped and doubly stitched, so that none of the ground coffee will come into the pot. Now heat up the empty coffee pot with boiling water. Put on the bag with the ground coffee and pour boiling water gently over it. When through you may serve the coffee or bring it up to boiling before-hand. Coffee may be made clear by putting a part of the white of an egg in, or part of the shell. Or dash some cold water into it when taking it off from the fire. Good cream instead of poor milk improves the coffee wonderfully if of inferior kind. But when using milk have it warm and mixed with eggs. Coffee without both milk and cream is nevertheless the most healthy especially for persons with poor digestion. Both the tea and coffee pot ought to be kept very clean and once a week rinsed out by boiling some borax in them. Never wash them inside, only rinse them well in two or three waters.

Svart kaffe.

Detta är en eftermiddagsdryck,
vanligtvis ansedd såsom särdeles
hälsosam. Det göres mycket starkt
och serveras i små koppar 15 a 20
minuter efter middagen. Män slå
merendels litet brandy eller vin
till det. Svart kaffe göres bäst med
filtreringsprocessen.

TE.

Allmänna anmärkningar om té.

Téplantans botaniska namn är
Camilia Thea. När eller huru den
först upptäcktes i Kina, som är
dess hemland, vet man icke. De
kinesiska té-sorterna äro hufvud-
sakligen två, nämligen de svarta
och de gröna, hvilkas indeln-
ing icke har afseende å plantans
art utan endast dess ålder och
sätir, hvarpå den bevarats. Både
del svarta och det hvita téet är

Black coffee.

This is an afternoon beverage and
is considered very wholesome. It
is made very strong and served
in small cups fifteen or twenty
minutes after dinner. One usually
mix it with brandy or wine. Black
coffee is best made with the filter-
ing process.

TEA.

General remarks.

The botanical name of the shrub
is *Camillia thea.* Neither its origin
nor the date of its first cultivation
in China is now known. The teas
of China are classed as black and
green—distinctions not of dif-
ferent species of the plant, but to
the age of the leaf when gathered,
and method of preservation. Each
has several sub-varieties named
from the district which produced
the article or some peculiarity in
the article itself. The quality of
tea depends greatly upon the age

indeladt i åtskilliga sorter som fått namn efter de o der de växa eller på grand af uågon särskild egenskap. Téets beskaffenhet beror dock mycket på dess ålder då det inhöstades. Ju yngre bladet då var, desto finare fir smaken. Af de svarta tésorterna må nämnas Bohea, Congon, Couchong, Caper, Oolong, Pekoe m. fl. Af dessa är Pekoe den bästa och Bohea den sämsta. När bladen äro så unga, att de ha ett dunigt öfverdrag kallas det Flowery Pekoe och anses öfverlägset. Annars förekomma i marknaden de bästa tésorterna. under namnen Young Hyson, Old Hyson, Twankey, Imperial och Gun Powder. De japanska téslagen äro indelade i enlighet med sätten hvarpå de torkas såsom soltorkadt té, korgtorkadt, panntorkadt o.s. v. Japan har två téskördar, vår och höst; den senare är den bästa. De upphinna dock icke de kinesiska sorterna i fråga om qvalité.

of the leaf at the time of picking. The younger the leaf, the more delicate the flavor. Of black teas are Bohea, Congou, Souchong, Caper, Oolong, Pekoe and others; the highest quality is possessed by Pekoe. When the leaves are so very young as to be covered by a down, it constitutes the Flowery Pekoe. The green teas comprise Twankay, Young Hyson, Old Hyson, Hyson Skin, Imperial and Gun Powder, the latter being the first gathering and the finest. Imperial, Young and Old Hyson are grades from second and third pickings; while the inferior light leaves winnowed from the Hysons form the Hyson skin. The teas of Japan are classed according to manner of curing, as basket-dried, pan-dried, and sun-dried; they are grown in two crops, spring and fall, the latter being the best. Originally Japan teas were uncolored, but now they have quite as much coloring as the Chinese sorts, while they lack the body of the latter.

Téstoft.

Detta, som i allmänhet till-
handahålles af téhandiare och i
grocerybodar, består af siftningen
som erhålles efter finare tésorter.
Det säljes mycket billigare än
riktigt té, men är dock mycket
starkare och alltid bättre än billiga
sorter. Hvad man icke tycker om
är dess pulveraktiga tillstånd, men
olägenheten häraf kan förekom-
mas genom att begagna en påse
vid kokningen, någonting likt den
kaffepåse hvarom talats, eller också
kan man hälla upp det genom en
fin sikt.

Att koka té.

Detta är ingen svår sak, om man
iakttager några få och enkla anvis-
ningar. Ju varmare man serverar
téet, dess bättre, och man kan säga
att det är så godt som värdelöst,
när det är helt enkelt ljumt.
Regeln vid kokningen är att taga
en tésked för hvarje person samt
en sked derutöfver, om man be-,
gagnar vanliga sorter, och här må
i förbigående anmärkas att den
bästa tésorten, d. v. s. den dyraste,
är, liksom allting annat dyrast,

Tea dust.

This, now generally kept for sale
by grocers and tea dealers, is the
siftings of finer grades of tea care-
fully saved and imported. While
afforded at a much less price than
regular tea it is much stronger and
usually superior to cheap grades of
tea. The chief objection to its use is
its pulverized condition. This may
be obviated, however, by the use of
a wire tea bag or a bag suspended
in the pot similar to that suggested
for coffee; or it may be poured
through a fine strainer into tea
cups.

Tea making.

It is not a difficult process, a few
simple directions being observed.
The hotter tea is served the better,
and it is worthless and weak when
only lukewarm. A teaspoon of the
leaf to each person and one over
is the rule in using teas of ordi-
nary quality, and it may here be
observed that the better grades,
and consequently higher priced,
teas are really the most economical
ones to use. The pot or urn should
be well warmed with hot water, let-

i verkligheten det bästa och på samma gång billigaste. Kannan bör först upphettas med varmt vatten, ilägg sedan téet och påfyll ¾ pint kokande vatten. Låt det nu stå utan kokning i fem a tio minuter, och fyll derefter upp med mera kokhett vatten. Om det är ett stort sällskap att servera är det rådligast att hafva två tékannor. Ihågkommas bör att man icke kan få godt té af brunnsvatten på grund af den deri befintliga kalken. Vid blandning af tésorter gäller regeln att taga fyra skedar svart till en sked grönt.

ting it stand two or three minutes. Put in the tea and add ½ or ¾ of a pint of water, boiling, and then let it stand to draw, not boil, for five or ten minutes, and then fill up with boiling water. When there is a large party to provide for it is better to have two pots in use. Remember that you can not make good tea of wellwater, the lime destroying it. When mixing teas the rule is to take four spoons black to one green, or more, according to taste.

ADERTONDE AFDELNINGEN.

Part Eighteen.

DRYCKER AF MALT OCH VIN.

MALT AND WINE BEVERAGES.

Allmänna anvisningar.

Till brygd bör maltet vara något groft malet. Det blötes i kallt vatten om aftonen kl. åtta och får sedan stå till klockan två då ett par karlar böra arbeta det 1⅓ timme med kokhett vatten. Sedan står det öfverhöljdt tills det tjocka sjunkit. då allt det tunna öses ur karet i den stora pannan, der det får uppkoka, och åter i karet fyra gånger, men nar det är i pannan sista gången, bör man ilägga rosten, hvilken tilllagas på följande satt. Först lägges ett hvarf enkäppar, sedan ett tjog vridna halmkransar, derpå halm och sist en halmkrans rundt omkring karet, hvarefter det öfversköljes med kokhett vatten, och maltet pålägges. Så snart lagen

General directions.

The malt for brewing ought to be somewhat coarse. It is to be soaked in cold water in the evening about eight o'clock, so to remain till about two o'clock, when two men should work it one and half hours with boiling hot water. Then let it stand covered till the thick part has settled, when the liquid is to be poured into the pan or a kettle intended for boiling and then again into the tub, and so alternately four times. When in the boiling vessel for the last time, proceed as follows: Make a layer of juniper sticks, place on them a dozen straw wreaths, then straw, and finally another wreath around the tub. Now put hot water on it and place the malt on top. When the

uppkokat, öses den på rosten och sedan åter tillbaka i pannan ända tills vörten blir klar. Då tager man af den första och starkaste så mycket som man vill hafva till öl. Sedan kramar man upp 3 pounds skållad humle och gör vörten lagom bäsk, sedan bör det koka i två timmer under jemn skimming. Då och då ihälles en skopa friskt vatten så att vätskans mängd blir oförändrad. Sedan silas det i ett kar att svalna, och när jästen skall iläggas, nedstickes handen i dricksämnet, och när det kännes som en kall rand omkring handleden, ilägges en half kanna färsk jäst samt uppöses några gånger. När det synes hvitt ofvanpå silas det i tunna som sprundas väl. Svagdricka erhålles genom att pålaka kokt vatten sedan ölet är färdigt.

liquid is ready boiled, pour it over the straw, and back into the pan, and so on until it becomes clear. Then take off the first and strongest as much as you need for ale. After that squeeze three pounds scalded hops and make the liquid sufficiently bitter and boil for two hours while skimming, now and then adding a dipper of water so as to keep the quantity the same. Then strain into a tub and let it cool; when ready for the yeast, put the hand into the liquid, and when you feel a cold line around the joint of the hand add half a gallon common good yeast whereupon pour it out and in a few times. When it appears white on the surface, put it in a barrel and place it in a cellar. Make small beer by pouring hot water on the malt after the strong beer is obtained.

Enbärsdricka.

Till 30 gallons dricka tages 2 gallon kornmalt, och 2 gallon väl mogna och rengjorda enbär hvilka stötas med en stöt af björk i en stor stenmorteleller i en något flat jerngryta; derefter hällas bären i en så jemte friskt brunsvatten att stå öfver natten. Sedan lägges på en annan så en rost af träkäppar

Juniper ade.

For thirty gallons ade take two gallons Barley malt and two gallons ripe and rinsed juniper berries, which are to be pounded by a piece of birch in a big stone mortar or otherwise an iron kettle. Then put the berries in a tub, pour fresh well water on them and let them stand over night. Over another tub

och väl sköljd halm; enbären ösas derpå och få rinna igenom 3 eller 4 gånger, tills lagen ser klar ut. Under tiden skållas ett halft skålpund humle med litet vatten och sättes på elden i en flat kastrull med litet brunsvatten att koka under flitig omröring. Detta slås i den kalla enbärsvörten och omröres så att den blir litet ljum; då ivispas god och tillräcklig öljäst, sedan betäckes vätskan med linne och derpå en filt, för att stå tills den jäser. Emellertid urlakasenbärsrosten med kallt brunsvatten, så att musten väl urdrages, och spädes i det jästa drickat, så att halffatet blir fullt. Förvaras i källare eller annan kall plats.

put wooden sticks and straw, well cleaned; pour the berries thereon and let the liquid run through three or four times, until it looks clear. Meanwhile scald half pound of hops and put it with some water over the fire to boil with steady stirring. Then add this to the juniper liquid and stir so as to make it a little warm. Then stir into it some good beer yeast; now cover it with a clean cloth and on that a felt, and thus it must remain until it rises. Press out the substance in the straw by hot water and add to it the risen ade, making the keg full. It is to be preserved in a cellar or other cool place.

Ingefärsdricka.

Femton gallon källvatten sättes på elden, och då det har väl uppkokat, ilägges 1 ½ pounds socker, ½ pound stött ingefära, samt litet mindre än 4 ounces "cream of tartar", derefter lyftes det genast af elden och öses i ett för jäsningen pussande träkärl. Sedan kramas saften ur 6 citroner och silas val med en half pint rom, som ditslås, och kärlet öfvertäckes. Nar det fix sommarljumt dithälles en pint färskt jäst, hvaréftér det får stå omkring en half timme, då jäsningen

Ginger ale.

Put fifteen gallons well water over the fire, and when boiling immerse one and half pounds sugar, half pound pounded ginger and less than four ounces cream of tartar, take it immediately from the fire and pour it into a wooden vessel adapted for fermentation. Squeeze out the juice of six lemons and strain it with half pint of rum, added into the liquid, which now must stand covered a while. When tepid add a pint of yeast and leave it thirty minutes, strain the ale

är slut. Drickat silas genom en linneduk och tappas på buteljer som förvaras i kallt rum.

through a linen cloth and bottle it; keep in a cool room.

Honungsdricka.

Honey beer.

16 gallons vatten, 3 pounds god humle, den senare sköljd i 3 kokande vatten efter hvarandra, kokas en timme eller tills humlen något sjunkit; då spädes med lika mycket vatten som afdunstat under kokningen. Efter denna nya uppkokning afsilas humlen, och drickat sättes att svalna. När det är sommarljumt, tillsättes det med något mindre än en quart god jäst under jemn omröring och fylles på en ren och torr ankare, hvilken sprundas väl och genast sättes i källaren. Efter åtta dagar aftappas drickat på buteljer, hvilka hartsas och läggas på sand i källaren.

Sixteen gallons water, three pounds honey, quarter pound of good hops, the latter rinsed in hot water three times. This is to be boiled one hour or until the hops begin to sink and settle; then dilute it with the same quantity water as has evaporated during the boiling. After this new boiling strain the hops apart, and set the liquid to cool. When still warm add to it a little less than a quart good yeast and stir well; then put it in a clean and dry keg or barrel, close it well and deposit in the cellar. Eight days later bottle it and seal the cork, then let it remain in the cellar on sand.

Mjöd.

Mead.

En gallon honung sönderröres i en kittel med 9 gallons vatten, kokas och skummas väl. Sedan ilägges en näfve humle, hvarmed det får koka on timme eller till ¼ är inkokt hvarefter det genom hårsikt silas i ett rent träkärl, som ej har osmak och får stå, tills mesta hettan år afgången; då ilägges 4 eller 5 skedar

Stir up a gallon of honey in a kettle with nine gallons water, boil and skim well. Then add a handful hops to be boiled for one hour or until quarter has escaped in steam. Then pass it through a fine sieve to a clean wooden vessel, there to remain till most of the heat has passed off. Now add four or five spoons yeast. Then

jäst, drycken öfvertäckes väl och får stå i 4 dagar. Den silas sedan genom en ylleduk och hålles på ett ankare, hvari lägges 3 ounces med rent linne väl tvättade och torkade russin samt skalen af 4 citroner. Ankaret tillsprundas väl och lägges i källaren.

leave it to stand four days. Then pass it through a woolen cloth and put it up in a barrel, in which put three ounces thoroughly cleaned and dried raisins and the peelings of four lemons. Close up well and put the barrel in the cellar.

Sockerdricka.

Till 8 gallon friskt brunnsvatten tages 1½ gallon godt, hemgjort öl och 2 gallon färsöl under jäsning. I väl torra buteljer läggas 1 a 2 krukrussin och 2 téskedar slött socker i hvarje. Buteljerna korkas och hartsas väl. Detta tål stå i 8 a 12 dagar, allt efter källarens beskaffenhet. Man bör ej göra stora partier emedan drickat ej håller sig länge.

Sugar beer.

To eight gallons fresh well water add one and half gallons home made beer or ale and two gallons fresh ale in the process of fermentation. In dry bottles put one or two raisins and two teaspoons granulated sugar—that much in each. Cork the bottles and let them stand eight or twelve days. Make in small lots, as it does not keep long.

Carolina.

Två klufna citroner och en butelj gammalt franskt vin ställes några timmar förut på is. Sedan tillkomma 3 buteljer gammalt franskt vin, 2 dito ungt, 1 dito Madeira och en dito champagne. Båda citronerna urkramas en gång, men blott den ena lägges åter i bålen, och man tillser att inga kärnor medfölja.

Carolina.

Two split lemons and one bottle old French wine are placed for a few hours on ice. Then add three bottles old French wine, two of new, one of Madeira and one of champagne. Squeeze out the juice of both lemons at once, but put only one in the bowl, and be careful that no kernels go along.

Extra fin punsch.

Nio pounds fint toppsocker (crush sugar) kokas med 1½ gallon vatten till en simmig lag, som till syltning. Lagen silas och får stå ett dygn att kallna. Sedan blandas den småningom med fin arrak eller franskt brandy och arbetas en timme, bäst med ett bläeksåll, som lyftes högt, eller och öses den hastigt med en silfverslef. Punschen silas och hålles derefter på buteljer. Om den får ligga minst ett hälft år, oljar den sig och är särdeles lättdrucken.

Extra fine punch.

Nine pounds fine crush sugar are to be boiled in one and half gallons water until a thick syrup is obtained. Strain this and let it stand twenty-four hours to cool down. Then mix it gradually with fine arrack or French brandy, work it for an hour with a silver ladle or something similar. After that strain again and bottle it. If allowed to remain untouched for at least half year it will turn oily and become very agreeable.

Vanlig toddy.

Några bitar socker läggas i ett dricksglas; derpå slås konjak, arack eller rom, och på detta kokande vatten. I stället för konjak, arack eller rom kan äfven tagas Portvin eller Madeira, i hvilket man nyttjar mindre vatten.

Common toddy.

Put a few pieces of sugar in a goblet or tumbler and poor cognac, arrack or rum (brandy will do) on it and then boiling water. Toddy can also be made of Port wine and Madeira, using less water.

Äggtoddy.

En agggula skiljes väl från hvitan och lägges uti ett dricksglas med 3 eller 4 matskedblad stött socker. Detta arbetas väl tillsammans med

Egg toddy.

Separate a yolk from the white and put it in a glass with three or four spoonfuls powdered sugar; work it well with a teaspoon until

en tésked tills det höjer sig. Sedan hälles deri, under omrörning, kokande vatten, så mycket man behager, och derpå rom, arack eller konjak efter smak.

it commences to rise. Then pour in boiling water to suit and finally cognac or brandy.

Glödgadt vin.

Sex stycken krossade kardemummor, ½ ounce kanel, ½ pound krukrussin, det gula skalet af ½ citron och några söt- och bittermandlar; allt detta med 1 quart fransk konjak och en pint arack ställes uti en brulotkokare eller kopparkastrull samt påtändes och omröres ofta. Deröfver lägges ett halster och på det 2 pound socker, som skall upplösas af lågan från drycken, och derefter slås Madeira deruti. Skulle halster ej finnas, lägges sockret tillsammans med det öfriga, och det tål då koka omkring en ½ timme. Sedan slås drycken uti en dertill passande skål.

Glee wine.

Six crushed cardamoms, half ounce cinnamon, one pound raisins, the yellow rind of half a lemon and a few sweet and bitter almonds. This together with a quart French brandy and a pint arrack, is to be placed in a brulot boiler or tinned copper pan, where let it burn a while, stirring all the time. Put over it a gridiron and on top of it two pounds of sugar to be dissolved by the flame from the beverage in the bowl or boiler, whereupon pour in the Madeira. If no gridiron is to be had, add the sugar to the contents of the bowl and let it boil half an hour.

Brulot.

Till 1 quart rödt vin tages 1 pint, eller mera, vatten, hvilket sättes på elden med 3 krossade kardemum-

Brulot.

To one quart red wine take one pint or more of water and add to that four crushed cardamoms.

Lemonade garnished with fresh mint ➤

mor, några bitar kanel och socker efter smak. När det kokat en stund, och vinet har smak af kryddorna samt är lagom söt, upphälles det med kryddorna uti en porslin-smugg och serveras uti koppar. Med hvitt franskt vin förfares på enahanda sätt.

Place this over the fire, and add further a little cinnamon and sugar to make it as sweet as you like. When it has boiled awhile and the wine has a taste of the spices pour it up in a mug of porcelain and serve it in cups. You can proceed with white French wine in the same manner.

Lemonad.

En gallon brunnsvatten uppko-kas med 1 pound socker och 1 citron, hvars saft utkramas öfver ett durklag, och citronen lägges åter i sockerlagen. Sedan dithälles 1 quart franskt vin och är derefter färdigt att serveras. Lemonad på safter göres på enahanda sätt, men citronen uteslutes, och vattnet kan vara kallt.

Lemonade.

Boil a gallon well water with a pound sugar and a lemon, the juice of which squeeze out over a strainer. Then pour on it one quart French wine, when it is ready to serve. Lemonade with juices are made similarly but the lemons are then left out and the water may be cold.

NITTONDE AFDELNINGEN.
Part Nineteen.

SAFT OCH ÄTTIKA.

JUICES AND VINEGARS.

Lingonsaft.

Man tager 1 pint vatten till hvarje gallon lingon (eller cranber-ries). När de kokat i 15 minuter fr&änsilas saften, och till hvarje quart saft tages 1 pound socker. Nu får saften koka med sock-ret i 15 minuter, hvarunder den skummas väl och ställes sedan att kallna. Derefter fylls den på krus, hvilka korkas, hartsas och förvaras i källare.

Körsbärssaft med socker.

Bruna väl mogna korsbär stötas i en stenmortel så att stenar och kärnor krossas, slås i en kruka att stå ett dygn. Derefter frånsilas saften; 12 ounces socker tages till hvarje pound saft. Sedan kokas den

Cranberry juice.

Take one pint water to each gallon "lingon" or cranberries. When they have boiled fifteen minutes, strain; to each quart of the juice take a pound sugar. Let the juice and the sugar boil for fifteen minutes and skim all the time; then take off and let cool. It is now ready to put in jars or stone bottles. Must be corked and sealed and kept in a cellar.

Cherry juice with sugar.

Brown and well ripe cherries are to be pounded in a stone mortar so as to crush both stones and kernels; then put them in a jar and let them stay there for twenty-four hours. Strain and add twelve ounces sugar

en half-timme i en syltkittel, hvar-
under den skummas väl. När den
blifvit kall hälles den på buteljer,
hvilka korkas och hartsas väl.

to each pound of juice. Boil for half
an hour in a preserve kettle, and
skim well. When cold, pour it in
bottles, then cork, seal and put in
cellar.

Cherry juice

Hallonsaft med socker.

Två pounds ränsade hallon läggas i en kruka, tillsattas med en pint vinättika, öfvertäckas val och få stå i två dygn i ett svalt rum. Sedan urkramas saften genom en linneduk. Smält 2 pounds socker i en quart vatten och koka tills den sked, med hvilken man skummar, sockrar sig. Sedan hälles saften till sockerlagen och kokas i 20 minuter. Då saften kallnat, tappas den på buteljer. Af denna sats fås ej mer än två buteljer.

Svart vinbärssaft med socker.

En 10 pounds svarta och 5 pounds röda vinbär ränsas och sköljas väl samt ställas på elden en syltkittel med en kanna brunnsvatten att koka en half timme. Saften silas genom en tunn linneduk, och till en pint saft tages ett pound socker. Detta ställes på elden att koka en fjärdedels timme, hvarunder det skummas väl och ställes sedan att kallna. Derefter tappas det pä krus eller buteljer.

Raspberry juice with sugar.

Place two pounds cleaned raspberries in a crock and put in it a little fine vinegar, cover and let stand for forty-eight hours in a cool room. Then squeeze out the juice through a linen cloth. Melt two pounds sugar in a quart of water, and boil until the spoon with which you skim becomes coated with the sugar. Pour the juice into the syrup and boil twenty minutes. When it is cool pour it in bottles. Of above quantity two bottles are obtained.

Black currant juice with sugar.

Clean and wash ten pounds black and five pounds red currants, and place them in a kettle over the fire with a gallon of wellwater to boil for half an hour. Strain the juice through a thin cloth, and for each pint of juice take a pound of sugar. Place this over the fire and let it boil for fifteen minutes skimming all the time. Now ready to put in bottles or jars.

Röd vinbärssaft med socker.

Göres som föregående.

Svart vinbärssaft utan socker.

Tre gallons svarta vinbär repas ifrån stjälkarne och läggas tillika med ½ gallon hallon på en väl sköljd halfankare; derpå hälles uppkokt brunnsvatten så att det endast har rum för att jäsa. Derefter läggas ankaren uti en källare i tvänne dagar; men under tiden röres däri flere gånger med en dertill passande spade. Kort förr än ankaren lägges i källaren tillslås en pint sprit; ankaren sprundas genast och derpå lägges en deg af aska och vatten hvilken väl tilltryckes omkring sprundet. Uti ankaren skall vara ett liter tapphäl, hvaruti man har en kork. Nar saften harlegat 5 eller 6 veckor, så aftappas den på väl sköljda och torra buteljer; då detta sker, uttages korken varsamt och i dess ställe hopvridas och ditsättas några vispkvistar för att hindra bären att medfölja. Buteljerna korkas och hartsas, hvarefter de förvaras i käl-

Red currant juice with sugar.

This is made as black currant juice with sugar.

Black currant juice without sugar.

Clean three gallons currants and put them with half a gallon raspberries in a thoroughly cleaned and dry barrel, size according to the quantity. Pour over it boiling well water enough to leave room only for fermentation. Then let the barrel lay in a cellar for a couple of days. But during this time stir it several times with a spade adopted for the purpose; shortly before it goes to the cellar add to it a pint of alcohol. The barrel is now immediately closed and covered with a dough of ashes and water around the hole. In the barrel have a little tap hole, which closes with a cork; after five or six weeks put the juice in clean bottles. This is done by letting it run through the little hole, in which then have two or three little sticks or twigs to prevent the berries from going through. Now

lare. Bären tömmas ur ankaren och i en silduk samt urvridas väl med litet friskt brunnsvatten, så att saften går väl ur dem. Denna senare saft användes först.

Krusbärssaft.

Gula eller gröna mogna krusbär snoppas, sköljas och stötas i ett träkärl med en trästöt tills de gått väl sönder och börja safta sig. Då iröres en pint god jäst till 16 eller 20 gallons stötta krusbär. Sedan öfvertäckas de väl och få jäsa i åtta eller tio dygn. Derefter vrides saften genom en gles duk på det sätt, att en slef om sender af bären lägges i duken och urkramas väl. Sedan ställes den att jäsa i ett kärl med tillräckligt jäsrum, hvarefter den öfvertäckcs och får stå fyra *a* fem dygn. När den synes klar filtreras den och hälles på buteljer, hvilka korkas, hartsas och förvaras i kallare. Ju äldre denna saft är, desto bättre blir den, och är välsmakande i geléer, krämer och lemonader.

cork and seal the bottles and keep them in a cellar.

Gooseberry juice.

Clean and otherwise prepare green or yellow gooseberries and thereupon pound them with a piece of wood till they are all crushed and the juice begins to run. Then stir in a pint of good yeast for each sixteen or twenty gallons pounded berries. Now cover them well and let them ferment eight or ten days. Then bring the juice through a cloth by putting one ladle full at a time in the cloth and then squeeze, continuing thus till it all is out. Now let it ferment in some kind of a vessel, and let it remain covered four or five days. When it appears clear pour it in bottles; cork them, seal them, and keep them in the cellar. The older this juice is, the better it is as well, and it is especially good with jellies, creams and lemonades.

Blandad saft.

Vinbär, hallon, smultron, jordgubbar och körsbär, lika mycket af hvardera, stötas jämte stenarne väl sönder, samt ställas att jäsa i åtta dagar, hvarefter saften väl utprässas; sedan väges den och kokas med sin lika vigt socker i 15 minuter, skummas väl, och, då den synes tjock och klar som en olja, ställes den alt kallna. När den ärkall, hälles den på krus, hvilka korkas med fin kork, hartsas och ställes i källare.

Mixed juice.

Take currants, raspberries, strawberries and cherries in equal quantities, pound them, with the stones, and place them somewhere to ferment for eight days. Then press out the juice, weigh it and boil it with its own weight in sugar for fifteen minutes; then skim and when it appears clear as oil, let it cool. When cold, pour in bottles or jars, cork well, seal and keep in a cellar.

ÄTTIKA.

Vanlig ättika.

Till hvarje sats tagas: elfva gallon uppkokt vatten, två och ett hälft pound socker, honung eller hvit sirup, tre quarts fint svenskt bränvin och sex ounces finstött vinsten. Vattnet skall vara ljumt då ättikan sattes. Kärlet, hvari det slås, skall omskakas hvarje dag i tre veckor,och ligga sedan stilla tills ättikan är färdig.

VINEGAR.

Common vinegar.

Take ingredients in proportions as follows: eleven gallons boiled water, two pounds and a half of sugar, honey, or syrup, three quarts fine brandy (Swedish if possible) and six ounces cream of tartar. The water must he tepid when you commence. The vessel used must be shaken every day for three whole weeks, and then lay still until the vinegar is ready.

Finare ättika.

Något mer än halfmogna krusbär
stötas i ett träkärl eller stor sten-
mortel till ett mos, hvilket lägges
i en gles linne-påse under press;
återstoden af saften urkramas väl.
Den sättes derefter på elden i en
tålg-stensgryta jemte det färska
gula skalet af några citroner ur
hvilka saften kramas, men aktas att
inga kärnor medfölja. När massan
kokats tills den blifvit klar silas den
genom en tätare bilduk i en sten-
kruka för att kallna. När ättikan
sjunkit och synes klar, hälles den
på buteljer eller krus och använ-
des äfven till de rätter, som fordra
citronsaft.

Dragonättika.

Dragon upphänges eller utbredes
i knippor och torkas i solfritt rum;
derefter söndergnuggas den, och
en butelj fylles till hälften dermed,
hvarpå vinättika slås. Sedan torkas
buteljen och sättes pä en varm
plats i 14 dagar, hvarefter ättikan är
färdig att afsilas.

Finer vinegar.

Gooseberries little more than half
ripe are to be pounded in a stone
mortar or wooden vessel until
mashed; put the mash in a linen
bay and press it. Take the juice
obtained and place it over the fire
in a stone kettle, adding the rinds
of a few fresh lemons which have
been squeezed, taking care that no
seeds come along with it. When it
has boiled and become clear strain
it through a tight cloth into a stone
jar and let it cool. When settled,
pour it into bottles or jars. It is
used even in such cases as require
lemon juice.

Tarragon vinegar.

Let the tarragon hang in bunches
or be spread to dry in a room
where no sunlight enters. Then
rub it to pieces and fill a bottle half
full with it, and then add some
vinegar. Place the bottle aside for
two weeks, during which time it
becomes vinegar.

Vinegar

Hallonättika med socker.

Till 2 gallons hallon tages en gallon ättika och en quart röda vinbär, hvilket val sönderröres, så att saften går ur. Delta sammanblandas och får stå i 4 dygn. Sedan urvrides saften och väges, då det tages hälften socker mot saften. Nu sättes alltsammans på elden att koka uti en malmgryta under flitig skumning. Saften får koka i en half eller tre fjerdedels timme. Då den ar väl klar och kall, fylles den på krus eller buteljer, som, väl korkade och hartsade, en längre tid kunna förvaras i kallare.

Hallonättika utan socker.

Tro quarts hallon hallas i en rymlig burk; derpå slås en gallon mycket stark ättika. Bären röras om med en sked och öfverbindas väl. De få nu stå i 8 dagar, hvarefter de vridas igenom en gles duk och sedan filtreras igenom ylle. Sedan får det stå att klarna och fylles derefter på krus eller buteljer, som, val korkade och hartsade, förvaras uti kallare.

Raspberry vinegar with sugar.

Take two gallons raspberries, one gallon vinegar and a quart red currants and make a mash of it. Then let it remain untouched for four days. Now squeeze out the juice and weigh it, then take half that weight in sugar and add to the rest, putting it all on the stove to boil for thirty or forty-five minutes. When clear and cold pour it in bottles or jars, which may be kept a long time in a cellar if well corked and sealed.

Raspberry vinegar without sugar.

Take three quarts berries and put them in a jar with a good deal of space to spare. Pour over them a gallon very strong vinegar, stir with a spoon, cover and let it stand for eight days. Then squeeze them through a tight cloth and filter it through a woolen cloth. After having cleared, pour in bottles, cork and seal, and keep in a cellar.

Fransk kryddättika.

Man tager basilika, timjam, rosmarin och dragon, en god hand full af hvardera, två händer af mejram, krusmynta, salvia och lagerblad tillsammans, två skedblad krossadt dillfrö, ett skedblad svart och kryddpeppar samt nejlikor tillsammans, groft stötta. Detta lägges allt i en stor butelj med vid bals, och sedan slås derpå 3 quarts god vinättika, hvarmed det får stå i varmt rum i 2 eller 3 veckor, då ättikan afsilas och förvaras, väl ombunden. Ett eller två skedblad häraf i ragouter eller steksåser gifver en ganska god smak och sparar mycket kryddor, ty denna ättika gifver genast smak åt anrättningen; blotta kryddorna, ditlagda, behöfva längre tid för att meddela sig.

LIKÖRER.

Malörtslikör.

Man tager något mindre än fyra ounces malört, grön och frisk om möjligt, annars torr. Lägg den i 2

French spice vinegar.

Take basil, thyme, rosemary and tarragon, a handful of each; two handfuls marjoram, balm mint, curled mint and bay leaves together, two spoonfuls crushed dill seed, one spoonful black pepper and allspice mixed, and finally pounded cloves. Put all this in a large bottle with a wide neck and pour on to it good vinegar, and let it stand in a warm room two or three weeks; then strain the vinegar and keep it well covered. A little of this used in steak sauces and ragouts imparts a fine taste and saves much spicing. This vinegar has the special merit of communicating its flavor immediately.

LIQUORS.

Wormwood liquor.

Take somewhat less than four ounces wormwood, green and fresh if possible, otherwise dry

gallons fransk sprit eller franskt bränvin; låt det stå för att utdragas i åtta dagar, tillika med tre nejlikor och litet kanel. Efter denna tid silas och filtreras extraktet. Nu kokas en sockerlag af 2 pounds socker mot en pint vatten och renas med vispad ägghvita. Man blandar malörts-extraktet i sockerlagen, men icke mer än att absinthen blir simmig som en olja och lagom stark. Denna blandning arbetas som punsch, silas och tappas på buteljer

will do. Put it in two gallons bench alcohol or cognac; let it stand eight days to be well extracted, but add to it three cloves and a little cinnamon. Then strain and filtrate the extract. Now prepare a syrup of two pounds of sugar and a pint of water and purify with beaten whites of egg. Mix the wormwood extract with the syrup, but no more than that the absinthe becomes moderately thick, like an oil, for instance. Otherwise work it like punch and bottle it.

Absint på annat sätt.

Ett pound malörtsblad torkas några dagar tills det kännes val torrt, helst i skuggan på ett luftigt ställe, hvarefter det lägges i 3 quarts god alkohol. Det får ligga i 14 dagar, afsilas och hällas i en kastrull stående i vattenbad. Blandas med något mindre än 2 ounces gummi arabicum upplöst i ½ pint vatten samt en pint tjock sockerlag.

Absinthe in another way.

Take a pound wormwood leaves and let them become quite dry, in the shed if you can, and in an airy place. Afterwards put them in three quarts good alcohol, where it is to remain two weeks, then to be strained into a pan standing in another vessel filled with water. Mix it now with about two ounces gum arabic dissolved in half pint water and a pint thick sugar syrup.

Angeliklikör.

Plocka bladen af en eller två qvistar angelika, skär dem i små bitar och lägg dem i god sprit uppblan-

Angelica liquor.

Pick the leaves of a couple of angelica twigs, cut them in small pieces and put them in good alco-

dad med socker, upplöst i vatten, några nejlikor och litet kanel. Detta lar stå att draga sex veckor, hvarefter det filtreras och lappas på buteljer. Sats: till ett halft pound angelika tages 1 ½ pound alkohol, socker efter behag och något mer än två quarts vatten.

hol mixed with sugar; dissolved in water, a few cloves and a little cinnamon. Let it stand and soak for six weeks, and then filtrate it. Ingredients are: half pound angelica, one and half pound alcohol, sugar to suit, and two quarts water.

Anisette.

Tio ounces anis, helst färsk, annars torkad, lägges i en kanna alkohol med det gula skalet af två eller tre citroner och litet kanel; detta ställes att draga en månad. Sedan silas extraktet och man uppblandar det med 3 quarts vatten och 4 pounds socker kokadt till sockerlag, kallnadt och klarnadt. När blandningen är arbetad som punsch, tappas den på buteljer.

Anisette.

Ten ounces anise seed (fresh preferred) is to be put in a gallon of alcohol with the yellow rind of two or three lemons and a little cinnamon. This is set aside for a month. After that time strain the extract and dilute it with three quarts of water and four pounds sugar boiled down to a thick syrup, cooled and cleared. Work it like punch, then bottle.

Mandelessens.

Ett pound sötmandel jemte några bittermandlar skållas, skalas och får utdragas i vatten. Mandeln stötes sedan till en fin massa jemte några droppar vatten i en stenmortel. Massan spädes med en half pint vatten, vrides genom en silduk och ställes i kallt rum. Nära fem pounds socker upplöses i en half gallon

Essence of almonds.

Scald a pound sweet almonds and a few bitter ones, shell them and let them stand in water to extract. After that, pound them to a fine paste in a stone mortar, using a few drops of water at a time. When ready with the pounding add half a pint of water to the mixture and wring it through a straining cloth and place

vatten och kokas till kulsocker, då mandelmjölken tillsättes. När lagen kallnat, hälles den på pint eller quart-buteljer, hvilka korkas och hartsas och förvaras i källaren.

it in a cold room. Dissolve about five pounds of sugar in half a gallon water and boil it a while, whereupon add the almond paste. Lastly, cold pour it in bottles and keep in the cellar.

Vaniljlikör.

En fjerdedels ounce vanilj lägges i en butelj fyld med en half gallon vinsprit att i tre veckor på soligt ställe få urdraga. Tillsattes med sockerlag.

Vanilla liquor.

A quarter of an ounce of vanilla in a bottle containing half a gallon alcohol; let stand three weeks in a sunny place to be extracted. Then finish with sugar syrup.

Curacao.

De gula skalen af fem citroner, fem apelsiner och fem pomeranser tvättas i ljumt vatten och torkas i ugn. Lägges sedan med en bit kanel och ett blad muskotblomma i en half gallon vinsprit. Får stå så en månad, då den blandas med sockerlag.

Curacao.

Wash in tepid water the yellow rinds of five lemons, five oranges and five bitter oranges, and dry them in an oven. Then put them together with a little cinnamon and mace, in half a gallon alcohol, and let it remain thus for a month and then mix it with sugar syrup.

TJUGONDE AFDELNINGEN.
Part Twenty.

GARNITYRER OCH FÄRSER.

GARNISHINGS AND FARCES.

Tryffel till större garnityr.

Truffle for larger garnishings.

Tryffel till större garnityr bör vara alldeles rund och stor. Putsa den val, lägg den i en liten kastrull med hälften kraft-soppa af höns och hälften hvitt Bordeauxvin. öfvergjut den med skirdt hönsfett och ilägg den med två nejlikor späckad lök, en kryddqvast, samt en klyfta oskalad hvitlök; lägg locket val på kastrullen och låt alltsammans koka i 15 minuter. Lyft sedan kastrullen af elden och lämna tryffeln i spadet, att der kallna.

Truffle for this purpose ought to be quite round and large. Trim it well, put it in a little pan, containing half strong chicken soup and half Bordeaux wine. Then pour over it melted butter, and put in an onion to which has been attached a clove or two; add also Borne pepper and other common spices and a wedge of unpeeled garlic. Fasten the cover of the pan well and let it all boil fifteen minutes. Then lift the pan off the fire, and leave the truffle in the juice to cool.

Tryffel som garnityr till förrätter.

Skala och putsa tryffeln samt koka den tio minuter i hönsbuljong och madeiravin; låt den kallna i sitt spad, skar den sedan i form af oliver eller små kulor, men göm det kokta afskrädet (ej skalen) och använd detta till såser. Spadet silas genom linne och användes som essens till såser.

Truffle for garnishing to first courses.

Peel and trim the truffle and boil it for ten minutes in chicken soup and Madeira; let it cool in the juice, then cut in the shape of olives or small balls, but keep the boiled refuse (not the peelings) for sauces. Strain the juice through a cloth and use it as essence to gravies.

Färserade oliver.

Ränsa bort kärnorna från 1½ pound runda, tjocka oliver och förvall dem tre minuter i kokande vatten. Uppblanda hönsfärs med litet örtsås och fyll oliverna med denna blandning samt använd dem till garnityr.

Farced olives.

Clean the kernels from one and a half pounds big round olives and scald them three minutes in boiling water. Then mix some chicken farce with some herb sauce (se sauces) and fill the olives with this mixture and use it for garnishing.

Champignoner.

Skala champignonerna och lägg dem ett ögonblick i kallt vatten, låt dem sedan afrinna på linne och koka dem med vatten, citronsaft och salt. Till 10 a 12 medelstora svampar tagas två skedar vatten, 2 dito citronsaft och ett ounce salt. Ställ kastrullen på frisk eld, ilägg

Champignons.

Peel and put the mushrooms for a moment in cold water; drain on linen cloth, and boil in water, with lemon juice and salt. For ten or twelve sponges of average size take two spoonfuls water, two ditto lemon juice and one ounce salt. Place the pan or kettle on a brisk fire,

3 ounces smör, skaka dem och låt dem koka 6 a 7 minuter. Lägg upp champignonerna i en skål, lägg papper öfver, så att de ej svartna, och använd dem till garnityr.

Stekta champignoner.

Skala och skölj svamparna, skär dem i skifvor. Värm tillräckligt med smör i en stekpanna, lägg svamparne deri, krydda med salt och peppar och låt dem steka i fyra minuter; beströ dem sedan med mjöl som till en afredning och låt dem stå en minut öfver elden, späd med litet buljong, ilägg en tesked hackad persilja, samt en väl sköljd och hackad lök, och rör sakta om. Dessa chanipignoner böra vara ljus-bruna till färgen.

Färserade champignoner till garnityr.

Tag 24 jämnstora, hvita, fasta champignoner, skala och skölj dem, rensa bort stjelkarne (som gömmas till annat bruk) och lägg svamparne i en med smör

then add three ounces butter and put in the peeled champignons to boil for six to seven minutes. Then take them out and put in a bowl and cover with paper, preventing them from becoming black. Use them to garnish with.

Fried champignons.

Peel and wash the mushrooms, cut them in slices, put some butter in a frying pan, place the champignons in it with salt and pepper and let them fry for four minutes. Then sprinkle them with flour and let them stand a minute over the fire. Dilute with some bouillon, add a teaspoon chopped parsley and an onion. Stir well.

Farced champignons for garnishings.

Take twenty-four white, solid and good champignons of uniform size. Wash them and cut away the stalks (keep for future use); put them in a pan well buttered.

smord stekpanna. Koka samman en pint spansk sås, en half ounce köttgelé och en pint örtsås. Efter sammankokningen blir denna färs fast. Lägg litet deraf på hvarje champignon, beströ dem med finstött rifvebröd och stek dem i ugnen tio minuter. Användes som garnityr.

Färserade tomater.

Utvälj likformiga och jemn-stora tomater, skär af den gröna stjälken samt förväll och skala dem. Kärnhusen skäras ur och i tomrummen lägges en fast färs sammankokad of spansk sås och något örtsås. Håll litet olja i en stekpanna, ställ de färserade tomaterna deri, strö rifvet bröd öfver och insätt pannan i ugnen till tomaterna äro färdiga, då de användas som garnityr.

Puré af hvita bönor.

Koka bönorna med vatten, salt och smör samt en lök och en kryddqvast, hvilken borttages då bönorna äro färdiga, pressa dem sedan ge-

Boil down a pint Spanish sauce, half an ounce beef jelly and a pint herb sauce. After the boiling this becomes quite thick. Put some of it on the champignons, a little on each, separately, strew fine bread crumbs over them and fry in the oven for ten minutes. Use to garnish.

Tomato farce.

Select tomatoes of uniform size, cut away the green stalks, scald and peel them. Remove the cores and fill the empty space with a farce of boiled down Spanish sauce mixed with some herb sauce. Then pour some oil in a frying pan, put the tomatoes, with the farce, in it, strew bread crumbs over them and place the pan over the oven until they are ready. They are then used for garnishing.

Puree of white beans.

Boil the beans with water, salt and butter, also one onion and a few other spices. Then press them through a sieve though not before

nom durkslag då de äro mjuka och lägg sedan purén i en kastrull med hälften så mycket bechamelsås. Purén får hopkoka, pressas genom sikt och blandas med litet smör och grädde. Garnera.

they have become sufficiently soft and place them in a pan with some bechamel sauce. Let the puree boil down, press it through a sieve; mix with butter and cream. Garnish.

Gurkor.

Skär medelstora gurkor i fyra delar hvardera, skala, urkärna och skär dem sedan i aflånga, likformiga stycken; förvall dessa, låt dem koka upp och derefter afrinna, lägg dem slutligen i en sås af stark buljong, mjöl och skirdt hönsfett, krydda med lök, några nejlikor, salt och peppar samt en i skifvor skuren, skalad och urkärnad citron. Låt gurkorna kallna i sin sås; garnera sedan.

Cucumbers.

Cut cucumbers of average size in four parts; peel and core them, and then cut them in oblong uniform pieces which scald first and then boil for a minute. Now let them drain, then to be placed in a sauce made of strong bouillon, flour and melted chicken fat, and spiced with cloves, salt, pepper and a lemon, peeled, cored and cut in slices. Let the cucumbers cool in the sauce. Garnish with them.

Spenat.

Tillred spenat såsom förut beskrifvits, låt den stå öfver elden med smöret och fukta den med något bechamelsås samt tillsätt slutligen litet smör och en nypa muskott.

Spinach.

Prepare the spinach as usual. Then let them remain over the fire with the butter. Sprinkle some bechamel sauce over them; add finally a pinch of nutmeg and some butter.

Morötter.

Skala och forma rötterna, förväll dem, låt dem sedan koka med kraftsoppa af höns, salt, socker, peppar, samt glacera dem genom att låta såsen koka öfver en så småningom aftagande eld.

Carrots.

Peel and shape the roots; scald them; boil them in a strong stock soup made of chicken; add salt, sugar pepper and glaze them by letting them boil over a gradually waning fire.

Stekt selleri.

Selleri skalas och skäres i tämligen tjocka skifvor, som doppas i vispadt ägg, rullas i rifbrödblandadt med litet socker, samt stekes i smör tills det blifver vackert gulbrunt. Då det är färdigt, uppvispas smöret med gulor och vitt vin och slås öfver selleriet som sås.

Fried celery.

Peel and cut the celery in pretty thick slices; dip them in beaten eggs, roll them in bread crumbs mixed with sugar, and then fry in butter until they turn a nice light brown color. When ready, take the fried butter, mix with yolks and white wine, and pour over the celery.

Blomkål i buketter.

Ränsa och skär kålen i lika stora klyftor, förväll dem och koka dem sedan i vatten, salt och smör vid mycket svag eld, så att den ej går sönder samt garnera med stjelkarne nedåt.

Cauliflower bouquet.

Clean and cut the cauliflower in equally large clefts. Scald them first and then boil in water, salt and butter on a very low fire, so that they do not fall to pieces. Garnish with the stalks downwards.

Puré af hare.

Tag en ung hare, skär den i fyra delar, bryna den i smör, späd den

Puree of hare.

Take a young hare, cut it in four parts. Brown them in butter. Pour

med en quart Bourgognevin och en half gallon kraftsoppa, koka den vid svag eld, skumma af fettet och sila såsen, då haren år färdigkokt. Hopkoka såsen tills hälften återstår, späd den med 3 pints spansk sås och sammankoka båda såserna till en tjock massa. Alla hinnor borttagas, köttet hackas och stötes slutligen tillhopa med den sammankokta såsen. Sila purén och förvara den till garnityr.

over it a quart Borgogne wine and half a gallon strong chicken soup; boil by a low fire, skim the fat and strain the sauce when the hare has boiled enough. Let the sauce boil down to half of its volume, and then dilute it with three pints Spanish sauce boil again until a thick mush is obtained. Remove all the thin skins from the hare, chop the meat fine, and finally put it into the sauce. Strain the puree and keep it for garnishing purposes.

Fiskfärs.

En god gädda om 3 pounds fläkes i ryggen; innanmätet, ryggbenet och alla ändra ben borttagas; blodet aftorkas väl med en ren handduk, och gäddkottet skäres nätt ifrån skinnetsamt skrapas och hackas tillsammans med ett pound ränsad njurtalg och ett pound smör. Sedan bultas med en träklubba hela blandningen en timme, och derpå tages 6 ägg, men blott ett om sänder inarbetas i färsen; derefter en näfve hvetemjöl, 1 pint mjölk, litet socker, salt och hvitpeppar efter smak. Kokas i form, eller i en serviette, uti litet salt vatten.

Fish farce.

Take a good sized pike, weighing about three pounds, and cut it in two from the bark, splitting it. Remove the bones and the inside, wipe off the blood with a clean towel, peel off the skin, scrape and chop the meat together with a pound kidney tallow and half a pound butter. After that, pound it all for an hour in a mortar. Now take six eggs, one at a time, and work them into the farce. Then one handful flour, one pint milk, some sugar, salt and white pepper. Boil in a mold or in a napkin, using salt water.

Färs till kejsarsoppa.

Uti kejsarsoppa nyttjas samma slags färs som den till hönsfrikadeller, med den skilnad, att da papperet är smordt med smör, utbredes derpå, längs efter, ett hvarf gröna spenatblad som förut blifvit förvällda; derpå en del af färsen, så spenat, återigen färs och sist spenatblad. Papperet, lindas väl omkring och kokas som föregående. När man sedan anrättar den till soppan, skäres den tvärs öfver i vackra skifvor, och då är hvartannat hvarf grönt och hvartannat hvitt.

Formad färs.

Man smörjer ett halft ark skrifpapper med godt kallt smör;derefter tages kalf-färs och lägges långs efter papperet samt jämnas med en sked; man rullar papperet sedan omkring så att det ser ut som en korf, och viker ihop det i båda ändar; dermed fortfares tills färsen blifver slut. Den lägges sedan i en kastrull med litet buljong, att sakta koka. Vändes om flera ganger och

Farce for imperial soup.

For this soup is used the same kind of farce as for chicken fricassee, only with the difference that on the paper spread with butter is also spread a layer of green spinach leaves, first boiled or rather scalded. Upon that a part of the farce, then spinach, again farce, and then again spinach. Wrap the paper well around and boil as above. When serving it for the soup it is cut across in nice slices. Every other layer is then green and every other white.

Molded farce.

Spread half a sheet of writing paper with good cold butter; then take calf farce and place it lengthwise on the paper, and make it even with a spoon. Then roll up the paper, giving it the appearance of a sausage, closing both the ends; continue thus with sheet on sheet as long as there is any farce left. Then boil it slightly in a kettle, turning the papers all the time.

tages varligen upp. Innan den blifver kall, tages papperet utaf, och sedan skäres den med en tunn hvass knif i vackra skifvor tvärt af; sedan fasoneras den med vackra formar, sådan man vill hafva den. Åtesuti hönspurée och buljong.

Take up carefully and remove the papers before entirely cold, and cut the farce with a sharp knife in nice slices. Finally mold them with a molding iron according to taste.

Fasonerad fågelfärs.

Man fasonerar utaf fågelfärs en större fågel med lår och vingar; de senare omlindas med smordt papper. Bröstet späckas som fågel och lägges på smordt papper uti en kastrull med fräst smör uti. Man betäcker äfven fågeln med ett dylikt papper och häller genast buljong der-öfver. Den bör stekas lyckt och sakta i trefjärdedels timme. Den ätes med sin egen sås, hvilken uppvispas med litet mjöl.

Molded fowl farce.

Shape of already prepared fowl farce (see above) a bird with legs and wings; wrap the latter with buttered paper. Treat the breast as if it was of a real bird and put it on a buttered paper and then in a kettle containing melted butter. Cover the fowl with a similar paper and pour bullion over it immediately. It should be covered and fried slowly for forty-five minutes. Eat with its own sauce mixed with some flour.

Ostron till garnityr.

Förväll stora ostron i kokande valton två minuter, låt dem afrinna, doppa dem i kallt vatten och lägg dem på durkslag att drypa af.

Oysters for garnishing.

Scald large oysters in boiling water for two minutes; let them drain, dip them in cold water, and let them drain again in a sieve.

*Oysters make an elegant
and easy garnish.*

Kräftor.

Utvälj 20 lika stora kräftor, lägg dem i en kastrull med en pint god ättika, litet salt och peppar, en i tärningar skuren lök och något persilja; låt dem koka i 20 minuter. Kastrullen skakas ibland, så att de blifva jämnt kokade.

Crabs.

Select twenty crabs of large and uniform size; put them in a kettle with a pint good vinegar, some salt and pepper, one onion cut in small squares, and a little parsley. Boil twenty minutes. Shake the kettle to insure even boiling.

Hafsmusslor.

Utvälj de minsta, hvilka alltid äro läckrast, skrapa bort med en knif all sand från skalen, skölj dem väl tills de äro fullkomligt rena samt koka dem med hvitt vin, litet lök och persilja. Lossa sedan musslorna från skalen, skölj de förstnämda med ljumt vatten, låt detta rinna af, och garnera.

Ocean mussels.

Select the smallest which always are the best, and scrape away with a knife all the sand from the shells; wash them perfectly clean and then boil them with white wine, a little onion and some parsley. Then separate the mussels from their shells; rinse the former in tepid water, let the water run off, and garnish.

Brödgarnityr.

Inkråmet af hvetebröd formas med huggjärn i hvad form som hälst och stekes gulbrunt i skirdt smör.

Bread garnishing.

Take the inside of soft wheat-bread and mold it with iron into any desired shape; then fry it light brown in butter.

Sparristoppar.

Skär af topparna, då sparrisen är skrapad, förväll dem i salt vatten och låt detta afrinna. Sparrisen fräses sedan hastigt i smör för att den ej skall gulna, men akta att de ej gå sönder. Garnera.

Asparagus tops.

Cut away the tops after having scraped and cleaned the asparagus; scald in salt water, let this water run off. Then fry the asparagus quickly in butter, but take care that it does not go to pieces. Garnish.

Glacerade kastanjer.

Man borttager det yttre skalet på kastanjerna och doppar dem sedan i kokande vatten, så att äfven det andra skalet kan afdragas. Kastanjerna nedläggas sedan i en stnörbestruken stekpanna och öfverslås med kraftsoppa af oxe och kalf, hälften af hvarje, samt kokasförsiktigt så att de ej gå sönder. Då, de äro färdiga, glaceras de med köttgelé.

Glazed chestnuts.

Remove the outer shells from the chestnuts and then dip them in boiling water, thus preparing for the removal of the other shell. Now put the nuts in a pan spread with butter and pour strong soup made of ox-beef and veal (half each) over them. Let them boil carefully so as to preserve them whole. When ready glaze them with beef jelly.

Kalffärsfrikadeller.

Tag ett pound benfritt kalf-kött, rensa det väl från senor och nerver samt hacka det fint. Rensa bort hinnorna från 1½ pound njurtalg af oxe och finhacka denna talg, blanda den sedan med kalfköttet och ett par ounces salt; stöt alltsammans i en stenmortel med två ägg till en jämn färs och ställ

Farce of veal.

Take a pound of veal, free from all bones and remove all cords and nerves, and then chop it fine. Clear away the membranes from one and half pound of kidney tallow of an ox, and mix that with the veal after having chopped it fine; add two ounces salt; pound it all in a mortar together with two eggs.

denna på en kall plats eller öfver is. Två ägg, ett ounce mjöl, en pint mjölk och en nypa salt blandas, ställes öfver elden och aflyftes så snart den kokat upp. Hvarefter pannan ställes i ett kärl med kallt vatten, så att blandningen kallnar fort. Lägg färsen ånyo i morteln och stöt den tillsammans med blandningen, som tillslås småningom, och derefter inblandas på samma sätt två ägg och fyra ounces väl tvättad is. Gör af färsen en liten frikadell och koka den i vatten. Om färsen befinnes för hård uppblandas den med något mera is. Denna färs bör tillredas hastigt och i kyligt rum.

Fiskfärsfrikadeller.

Stöt och pressa 1 ½ pound gäddkött genom durkslag, uppblanda färsen med 12 ounces smör, lika mycket hvetebröd, uppblött i stark buljong, två ägg och tjock sammankokt tysk sås. Blanda väl alltsammans, pröfva liksom ofvan om färsen år logom och glöm ej att tillsätta salt, peppar och muskott. Färs af hvitling, karp eller ål tillagas på samma sätt.

This is what is called a farce. Now place it on ice or in a cool corner. Put in two eggs, one ounce flour, one pint milk and a pinch of salt. Place this over a fire and let it reach the boiling point. Then put the pan in a vessel filled with cold water in order to cool it off quickly. Put the farce back into the mortar and pound it with the mixture, which pour in gradually. Add in the same way two eggs and four ounces washed ice. Make a little fricassee of the farce, boil it in water. If found too hard add more ice. This farce is to be made quickly in a cool room.

Fricassee of fish.

Pound and press one and half pounds pike meat through a cloth. Mix it with twelve ounces butter, the same weight of wheat bread soaked in strong bouillon, two eggs and thickly boiled German sauce or something similar. Mix it all well, then test as above whether the farce is of the proper thickness. Do not forget to add salt, pepper and nutmeg. Farce of carp, eel and other kinds of fish is made in the same way.

Lefverfärs.

Tag 1½ pounds fet gödkalfs-lefver, 4 ounces kalfkött, ett halft pound i stark buljong uppblött hvetebröd, salt, peppar och muskott. Stöt alltsammans till en färs, pressa den genom durkslag samt lägg den tillbaka i morteln och stöt den ånyo, medan fem äggulor små-tririgom blandas deri. Profvas och kokas som föregående. Alla slags färser böra vara så läckra och lätta som möjligt. För att ernå detta mål, bör man slutligen alltid deri inblanda ägghvita, vispad till skum.

Liver farce.

Take one and half pounds fat calf liver, four ounces veal, half a pound wheat bread soaked in strong bouillon, salt, pepper and nutmeg. Pound it all into a farce, press through a sieve, and then back into the mortar to be pounded anew, adding five yolks of eggs by degrees into the farce. Then test and boil as above directed. All farces ought to be as light and as delicious as possible, for which purpose it is always best to finally add some whites of eggs beaten into a foam.

Färserade hjärpar.

Hjärparne utbenas samt utbredas, och uti dem lagges ett matskedblad kalffärs, hvarefter allt natt sys upp. En kastrull med smör uti sattes pa elden att fräsa, och deruti nedlägges hjärparne med brösten uppåtvanda. Man ser noga efter att de ej brännas. De tåla stekas ungefär en half timme. Nar de äro stekta upptagas de och tråden utdrages, hvarefter de sönderskäras med en tunn, hvass knif och anrättas med champignoner eller tryffel.

Grouse farce.

Remove all the bones from the fowls, which then spread over the table, and put into each a tablespoonful of veal farce. Then sew up the grouse very nicely. Place a kettle on the stove and put some butter in it. Put the grouse in this with the breasts turned upwards. Be careful that they do not burn. They need to fry for about thirty minutes. Then take them up, pull out the threads, cut up the fowls with a thin sharp knife, and serve them with champignons or truffle.

Falska hjärpar.

Man gör en färs, lik fågel-fars. men i stallet för tjäder tager man något kalfkött tillsammans med bröstet af hjärparne. Detta arbetas mycket väl och sedan formeras vanliga hjärpbröst, hvilka späckas med finskurna oliver. Man fraser nu smör i en kastrull och lägger hjärparne deri på den flata sidan. Dessa tåla stekas dryga 15 minuter. De anrättas till hvad slags grönsaker som helst.

False grouse.

Make a farce as if of fowl, but instead of grouse take some veal farce together with the breast of the grouse. This is to be worked hard; then mold common grouse breasts of this, and into them are to be fitted by incisions finely cut olives. Thereupon, fry them in butter, placing the grouse on the flat side. They need frying fully fifteen minutes. Served with greens of all kinds.

TJUGUFÖRSTA AFDELNINGEN.
Part Twenty-One.

ESSENSER, EXTRAKTER M. M.

ESSENCES, EXTRACTS, ETC.

Ansjovis-essens.

Man rensar femton stora anjovisar och låter dem långsamt koka i en pint vatten. Nar de sammankokat till en tjock gröt, silar man det genom hårsikt och tappar lagen på butelj. Den bör vara siminig och tjock som brun sirap.

Anchovies essence.

Clean fifteen large anchovies and boil them slowly in a pint of water. When it has boiled down to a pretty thick mush, strain it through a fine sieve; then pour the juice in bottles for future use. Remember that it ought to be thick and brown as syrup.

Champignon-essens.

Två pounds färska champignoner rensas och tvättas, låggas i kastrull med en half gallon hönsbuljong, litet citronsaft och ½ ounce salt. Får koka i 15 minuter, silas och förvaras. Om denna essens kokas på vild-fågel, kallas den fumet.

Champignon essence.

Take two pounds fresh champignons, clean and wash them; put them in a pan with a half gallon chicken bouillon, a little lemon juice and half ounce salt. Let it boil for fifteen minutes; then strain and bottle. If this essence is boiled on game it is called fumet.

Essens af fisk.

Fyra pounds färsk saltsjöfisk rensas, flås och skäres i stycken och kokas med en morot, två rödlökar, två lagerbärsblad, litet persilja, två nejlikor, mycket litet peppar, en half butelj hvitt vin och 3 quarts stark fiskspad.

Fish essence.

Take four pounds fresh salt-waterfish; clean, flay, and cut to pieces, which boil in water, with one carrot, two red onions two bay leaves, some parsley, two cloves, very little pepper, half a bottle white wine and three quarts strong fish bouillon or water wherein fish has been boiled.

Experiment with creating your own flavored essences by adding mushrooms, garlic cloves, or your favorite herbs.

Mire-poix.

Ett pound kalfkött, lika mycket
magert fläsk, skäres i tärningar
och brynes med två sönderskurna
morötter, två lökar och en bukett
(se Bukett). En kanna buljong och
en half butelj Madeira påspädes
jemte ¼ ounce stött hvitpeppar.
Koka två timmar.

Kall marinad.

En pint vin, lika mycket ät-
tika och vatten blandas samman.
Häruti läggas sex stora rödlökar,
en morot, en selleri, alltsammans
skuret i skifvor, lagerblad, persilja,
timjam, nejlikor, muskotblomma,
peppar (hel) och salt. Får stå ett
dygn innan det användes. Bega-
gnas till allahanda slags kött. Om
man önskar att gifva köttet smak af
vildt tillsattes enbär till marinaden.

Ostron, beredda
till såser.

Ostron uppbrytas samt läggas
tillika med sin saft och ett stycke
godt smör i en kastrull, som sattes
på svag eld. Nar smöret är smält,

Mire-poix.

One pound of veal, as much lean
pork, cut in small square pieces
and browned with two carrots cut
in slices, two onions and a bouquet
(see Bouquet). A gallon bouillon
and half a gallon Madeira wine is
added; also white pepper. Boil two
hours.

Cold marinade.

One pint wine, as much vinegar,
and water mix and add six large
red onions, one carrot, one celery,
all cut in nice slices; further add
bay leaves, parsley, thyme, cloves,
mace, pepper (whole) and salt. Let
this stand a day before using it. It
is mostly used for all kinds of meat
dishes to impart a taste of game.

Oysters prepared
for sauces.

Break open the oysters and put
them together with their juice and
a piece of butter in a pan which
place over the fire. When the butter

omskakas och uppslås alltsammans på fint durkslag eller hårsikt. Sedan läggas ostronen i den silade såsen, hvarefter de äro färdiga att läggas i livad slags fisksås som helst.

Ostronmjöl.

Ostronen med sin saft, tagna ur sina skal, hackas och uppblandas med hvetemjöl till en stadig deg, hvaraf göres små kakor, som torkas å stoven eller liknande plats. Sedan stötas de fina och siktas. Med detta mjöl kunna, i brist på ostron, de såser afredas, som man önskar gifva ostronsmak.

Essens af höns.

Sex höns skiljas från bröst och lår, som äro för goda att använda härtill. Skrofven sönderskäras och kokas två timmar med en gallon vatten, tills de äro kokta. Skummas emellanåt. Spadet silas genom en servet, befrias väl från det feta och bevaras.

has melted, shake all and let it go through a sieve. Then put the oysters in the sauce obtained through the sieve. It is now ready to use as sauce for fish dishes.

Oyster flour.

Having removed the oysters from their shells, not forgetting to let the juice come along, you chop them and mix them with wheat flour, making a pretty consistent dough, out of which shape small cakes, to be dried on the stove or other warm place. Then pound them fine and strain them. With the flour thus obtained you can thicken such sauces as you want to give an oyster taste.

Chicken essence.

Separate the breast and legs from six chickens. Cut up the stomachs and boil them for two hours in a gallon water. Skim well while boiling; strain the juice through a napkin, part all fat from it, and save for future purposes.

EXTRAKTER.

Fin köttglass.

Tre pounds oxkött skäres i skifvor
fritt från ben, tre pounds kalfkött
dito, bindes med segelgarn tillsam-
mans med 3 pounds kalflagg,
kokas i två kannor valton med
3 ounces salt. Skumma väl. En
större bukett (se Bukett) af purjo,
rödlök och morötter, 12 ounces af
hvar-dera, tillsättes. Kokas sakta.
När buljongen är fullkokt, uppsilas
den och får åter koka i kastrull tills
den hopkokat en tredjedel. Silas
genom en gles linneduk och up-
pslås i porslinsburk. Nar följande
dag glassen stelnat, borttages det
feta ofvanpå och det grams som
stannat på botten. Glassen uppko-
kas ånyo under ständig omröring
med träsked. När den är tjock som
välling, silas den åter, uppslås och
förvaras i porslinsburk.

Kalfsky.

På botten af en stekgryta utbre-
das fläskskifvor och deröfver ett
innanlår af kalf, skuret i skifvor,
jämte lök och morötter. En slef

EXTRACTS.

Fine meat jelly.

Take three pounds of beef and cut
it in slices free from bones; then
add three pounds of veal and tie
with strings to the same portion
of calfs leg, and boil it all with two
gallons water and three ounces
salt. Skim well. Add a bouquet
made of onions and carrots (twelve
ounces each). Boil slowly. When
the bouillon is cooked, strain it
and put it in another pan to boil
down a third of its volume. Then
strain it through a linen cloth and
keep it in a porcelain jar. Next day
when it has become solid, remove
the fat crust on the top and also
the matter settled on the bottom.
Now boil it a minute while stirring
steadily with a wooden spoon.
When thick as a porridge, strain it
and keep it in a jar.

Veal jelly.

Spread some slices of pork on the
bottom of a pan. On the top of this
put the inside part of a calfs loin,
cut in slices also; add some onion

stark buljong ihälles, eller, i brist derpå, litet vatten. När spadet ar inkokt, ställes grytan på askmörja att glaseras. Den tjocka massan får dock icke fästa sig för fort vid bottnen. Då detta fått en vacker, brun färg, tillspädes något buljong, hvarmed kalfskyn kokar en stund under noggrann skumning, så att den icke blir grumlig. Slutligen silas och förvaras den i stenkärl. Istället för buljong kan till utspädning tagas hvitt vin. Med denna sky gifves färg åt soppor, geléer, såser.m.m. Och med tillagg af hård substans kan den begagnas att garnera med.

Substans af oxkött.

God substans erhålles genom att till hälften hopkoka god buljong, hvilket bör ske genom långsam kokning. Vill man ha substansen fullkomligt klar, ilägger man vid den sista hopkokningen ett par till hårdt skum uppvispade ägghvitor och silar upp lagen genom fin hårsikt eller en gles linneduk. Genom att begagna gelatin eller

and carrots. Pour on a big spoonful or two of strong bouillon or water if bouillon is not to be had. When the juice has boiled away, place the pan by the side of the fire in order to let the contents become hard. But the thick mass must not be allowed to fasten itself to the bottom too fast. When it begins to assume a nice brown color add a little bouillon and let it boil a while, while skimming carefully, thus preventing it from becoming turbid. Finally strain and keep in stone vessel. Instead of bouillon take white wine for diluting if you so desire. This jelly is used to color soups, sauces and other things. It can also serve for garnishing purposes if some substance is added.

Substance of beef.

Good substance is obtained by boiling down to half its quantity good bouillon, which must be done by very slow boiling. If you desire a perfectly clear substance, then add, at the last boiling, two whites of eggs which have been beaten to a hard froth, whereupon let the liquid pass through a fine sieve or a cloth.

kalfläggar får man en mindre kostsam och för ögat vackrare substans eller gelé, men med hänsyn till helsan är den första att föredraga. Af kalf, fårkött och fläsk m.m. kan man på samma sätt erhålla substans eller gelé.

By using gelatin or calf's leg a less expensive and at the same time clearer substance is obtained, but the first described one is much preferable with regard to health. In the same manner make substance of veal, mutton and pork.

Aromatisk köttsubstans.

Man tager fem pounds ox-kött, hälst af innanlåret, ett höns och en kalflägg. Allt detta får koka i 3 quarts vatten. Och sedan man väl skummat det kokta, ilägger man två nejlikor, salt, hvitpeppar, morötter och en qvast persilja samt en butelj hvitt franskt vin. Nu får alltsammans koka fem a sex timmar på sakta eld så att man får omkring 3 pints god buljong. Denna hålles i burk att stelna. När man vill begagna substansen borttager man fett-kakan som lagt sig ofvanpå och vänner substansen i en kastrull tillika med fyra till skum vispade ägghvitor, en qvast persilja och en citronskifva. Detta får koka upp under vispning, och man låter det rinna genom en duk.

Aromatic meat substance.

Take five pounds of beef, the inside loin to be preferred, one chicken and one calfs leg. All this is to be boiled with three quarts of water, and having skimmed the boiling parts well, add two cloves, salt, white pepper, carrots and parsley; also a bottle of white French wine. Let the whole boil five or six hours on a slow fire, so as to make three pints good bouillon. Pour this into a jar and let it congeal. When you want to use the substance take off the fat crust and heat the substance in a pan with four beaten whites of eggs, parsley and a slice of lemon. Stir while boiling.

Aromatic meat substance makes an excellent base for soups and stews. ➤

Brun sky till rostbiff.

Den klara sky eller saften, som under stekningen runnit från rostbiffen, göres fri från flott, afredes med litet smör och brynt mjöl, färgas med litet soja och gifves smak af några skedblad Madeiravin, hvarefter något af såsen hälles öfver steken och det öfriga gifves i såsskål dertill.

Brown jelly for roastbeef.

Remove all fat from the juice which has run from the roast-beef while roasting; thicken it with some butter and flour, browned in the pan; color it with some soy and a few spoonfuls Madeira wine. Then pour it over the steak.

TJUGUANDRA AFDELNINGEN.
Part Twenty-Two.

HVARJEHANDA TILLREDNINGAR.

MISCELLANEOUS PREPARATIONS.

Bukett.

En kryddsats, isynnerhet för såser, kallas bukett. Den sammansättes vanligen af följande örter: Ett ounce persiljeqvistar, en femtedels ounce timjam, lika mycket lagerblad. Persiljan tvättas. De båda andra delarne läggas i midten och omslutas val af persiljan som vikes kring dem. De ombindas och lösa qvistar af klippas för att ej falla af. Buketten bör ha en längd af en inch. Enklare bukett göres af endast persilja och gräslöksstrån.

Bouquet.

A mixture of spices, to be used especially for sauces, is called a bouquet, and is generally made as follows: One ounce parsley twigs, one fifth of an ounce thyme, the same weight of bay leaves. Wash the parsley. Put the other two parts in the middle and cover them with the parsley, wrap all around. Then tie it, and cut off the loose parsley twigs which otherwise may fall away. The bouquet ought to be one inch in length. simpler bouquet may be made of parsley and chives.

Att göra soja.

Nar kött och fläsk upptages till rökning om våren, så kan saltlaken användas till soja. Laken uppko-

To make soy.

When in the spring, meat and pork is taken up to be smoked, the brine may be used for soy. Boil

kas, och när den skär sig samt ser klar ut som vin silas den genom en silduk. Sedan sättes 4 oxfötter på elden att koka, jämte ½ ounce ingefära, lika mycket nejlikor, äfvensom starkpeppar, 1 pound rödlök, en knippa dragon, timjam och mejram. När fötterna kännas mjuka, bör det vara ½ gallon qvar, hvilket uppsilas och siälles att kallna sedan allt det feta är afsltummadt. Derefter ställes på elden i en oförtent kastrull 3 pounds krosssocker. Buljongen lägges häri, och allt får koka en stund.

Hummer- eller kräftsmör.

Hummerskrofvet samt stjertar och hummer- eller kräftskal jemte annat skräde krossas i bitar och slötes sedan jämte ett stycke smör af samma vigt som skalen. När man fålt det någorlunda fint sättes det på elden att fräsa och påspädes med tillräckligt kokande vatten, om-röres och skummas så länge det visar sig något rödt skum på ytan. Lagen silas sedan genom hårsikt och får sta att afsatta bottensatsen, hvarefter den kan begagnas till alla sorters hummer- och krafträtter.

the brine, and when it curdles and looks clear, strain it. Then boil four ox feet with ginger, cloves, strong pepper (half ounce), a pound of onions, a bunch of tarragon thyme and marjoram. When the feet feel soft there is about ½ gallon brine left, which strain and allow to cool. Boil 3 pounds of lump sugar. Put the brine in it and boil a while.

Lobster or crab butter.

Take all the refuse matter of lobsters or crabs, as the stomachs, etc. Crush and pound it together with a large piece of butter, equal the lobster matter in weight. When pretty fine put it over the fire to fry slightly, adding some boiling water after a while. Stir and skim as long as any red matter comes to the surface. Strain through fine sieve; let it settle. It is to be used for all kinds of lobster and crab dishes.

Att koka såpa.

Man samlar talg och fett som afskrädes i hushållet (men icke ister), och då man tillreder såpan, skires allt det feta, hvarefter det får stelna, så att man kan våga det. Fett ur sparda köttben sönderkrossas, ju finare desto bättre, och lägges i tillräckligt vatten med lock öfver kokkärlet att i 12 timmar koka, hvarefter spadet uppslås, och då det kallnat aftagas fettbottnarne, som nyttjas till såpkokning. Sedan tages 20 pounds talg och 6 vanliga ämbar stark lut af bok- eller björkaska, så stark, att ett färskt ägg flyter derpå; denna lut öses i en rymlig kittel och i den lägges afven talgen, som deruti får koka 4 eller 5 timmar öfver jåmn eld, hvarunder man med en handskopa af koppar eller järnbleck ständigt öser i såpluten tills den icke längre pöser eller fradgar sig. När det börjar tjockna, slås derpå något svagare lut, och kokas det så länge, tills såpämnet synes långt och segt. Sedan tages ett skedblad af såpan och öses i enstenskål; lika mycket kallt vatten tillhälles och en nypa salt lägges deruti och omröres, hvarefter det får stå att kallna. Blifver det då något hårdt och

To make green soap.

Gather tallow and fat (not suet) found as refuse matter in the house, and when ready for the soap making melt it down in a large kettle and let stand to stiffen. Then weigh it. Fat in meat bones should now be taken and crushed very fine and placed in a pan filled with water and well covered, thus to boil for twelve hours. Then pour out the water, let it cool and remove the fatly bottoms, which are to be used for the soap. Then take twenty pounds tallow and six pails of strong lye* made of birch ashes, so strong that a fresh egg floats in it. Pour this lye into a large kettle and also the tallow which now is to be boiled for four or five hours, during which time use a large iron or copper dipper to lift up and pour down again the lye as long as it swells or gets frothy. When it begins to thicken dilute with weaker lye, and continue boiling until it becomes long and sticky. Now take a spoonful of the soap and put into a bowl of stone, add as much water and a pinch of salt; stir and let cool. If it then turns hard in the bowl pour a quart of salt in the kettle. Then pour the soap into a wooden vessel, and water is added;

*Publisher's note: Consumption or misuse of lye can be fatal. Consult a modern soap-making manual before attempting homemade soap.

stadigt i skålen, slås ¼ gallon salt i kitteln och röres väl om så att det smälter. Sedan öses såpan i ött väl tätt träkärl och uppblandas med litet kallt vatten, allt som man vill hafva den lös eller stadig, omröres väl i en eller två timmar med en ren träspade och låter den sedan stanna. Skulle man under rörningen finna att såpan är för lös, ilägger man, medan den ännu är varm, några näfvar salt och låter det smälta, samt rör väl omkring, hvarefter såpan är färdig.

Bränd sockerkulör att färga buljong och såser.

Några sockerbitar doppas i vatten och läggas derefter i en karamellskopa eller en stekpanna; denna sättes på elden att koka tills sockret blifvit brunt eller svart; men man får ej bränna det så att det öfvergår till kol, ty då lemnar det ej längre någon färg ifrån sig. Sockret påspädes med vatten och får äter uppkoka dermed, fylles på flaskor och användesatt färga såser, skyer och buljong. I handeln finnas små karamellkulor, s.k. Colorantes, hvilka ge en vacker gul färg och god

stir for two hours. If to loose, add salt, stir again.

Burned sugar to color sauces.

Some pieces of sugar are to be dipped in water and then put in a candy or frying pan. Place this over fire to boil until the sugar turns brown or black. But it must not burn too hard, as it then leaves no coloring matter. Dilute the sugar with water and let it boil again. Then bottle it and use for coloring bouillons, sauces, etc. In the trade you will find small caramel balls, so called color-antes, which give a nice yellow color and a fine taste to bouillon. For sauce or ragout take only half a ball. Brown these balls as described, but

smak åt buljong. Till sås och ragout tages endast en half kula. Till dessa brynes sockret som ofvan, men utan vatten, eller blott några droppar.

Att glasera kötträtter.

Man kokar stekspad eller sky öfver stark eld, till dess att det blir simmigt, och rör det beständigt, tills det klibbar som gelé vid träskeden. Då måste pannan genast lyftas af elden och lagen upphällas i en kruka. Nar det skall begagnas, sättes krukan eller en del af geléet i en mindre kruka, allt efter som det erfordras glasering, i kokande vatten, så alt geléet får smälta. Man haller nu deraf tvä a tre gånger öfver den anrättning man vill glasera. då det blir som en klar hinna. Begagnas mycket till oxtunga m.m. Detta gelé kan göras af hvilken kött- eller fläsksky som helst, hvilket blandas samman till varm glasyr.

Att få amper ost.

Fet sötmjölksost eller så kallad Smålands prest-ost, nedlägges

use no water, or at least but a few drops.

To glaze meat dishes.

Boil steak juice over strong fire until it turns quite thick, and stir it constantly until it sticks like jelly to the wooden spoon used. Then lift the pan off the fire immediately and pour the juice into a jar. When ready to use it, place either the whole jar or part of the juice in a smaller vessel, all according to the quantity needed, in boiling water in order to let the juice or jelly melt. Then pour some of it two or three times over the dish to be glazed, a thin shiny skin is thus made. It is much used for ox tongue. It can be made of any meat or pork jelly.

To get a strong taste to cheese.

Take rich cheese made of sweet, milk and put down into a dry

uti en torr tunna eller bytta (allt efter ostens mängd) med humle på bottnen. Ostarne ställas på kant med humle emellan och på sidorna omkring dem, så att ingen del af osten år obetäckt. På detta sätt kunna ostarne förvaras mycket länge; men hvar tredje månad vädras humlen, och osten skrapas mycket väl; likväl bör man observera, att ju oftare man skrapar den, desto snarare får den stark smak. Den ost, som låg i botten på tunnan, hör läggas öfverst vid första ombytet.

Aspic.

Detta är egentligen blott köttgelé, hvarmed man sammanbinder en i form lagd blandning af åtskilliga köttsorter, såsom af höns, kalfbress, tuppkammar, gåslefver m. m. dekorerade med tryffel, hårdkokta ägg, persilja o.s.v. Med en tillsats af litet citronsaft hälles det klara kött-spadet deröfver. Formen uppslås när geléet stelnar. Detta utgör en vacker kallrätt, som äfven kallas aspic.

barrel or large tub (according to the quantity of cheese) with hops spread in the bottom. Place the cheeses on their edges, with hops between and around their sides, leaving no part of any cheese uncovered. In this way the cheeses may be kept very long, but the hops must be aired every three months and the cheese then scraped very well; and the more often you scrape it the sooner it gets the strong smell. The cheese placed in the bottom of the barrel or tub at first should be placed on top at the next change, and so on.

Aspic.

This is in reality nothing but common meat jelly, used in this case for binding together a mixture of several sorts of meat, as chicken, veal, goose etc., all put in a mold and garnished with truffle, eggs and parsley. With the addition of a little lemon juice pour the clear meat juice over it all. Open the mold when the jelly is stiff.

Att göra gelatin.

Man tager tre pounds godt hjorthorn som ej har någon unken lukt och sköljer det uti vatten; sedan sättes det på elden uti en renskurad kittel med 3 a 4 gallon brunnsvatten att koka med locket på, i 24 timmar, men efterses noga att det ej brunnos. Då vattnet är ihopkokt till omkring en gallon, silas det genom hårsikt och sättes att kallna; låt det sedan stå till andra dagen, då den är färdig, och kan då begagnas till såväl geléer som blanc-mangé och a la daube. Emellertid hallos omkring en gallon vatten på de i kitteln varande hjorthornen, som dermed få koka 3 a 4 timmar, hvarefter äfven detta uppsilas, då deraf erhålles någon svagare substans. Man kan äfven koka en tredje gång på raspet, men när detta kännes så mjukt att det kramas sönder genom fingrarne, har det ingen vidare must.

Att tillreda potatismjöl.

Stor grof potatis sköljes väl. Under tiden fastbindes ett gröfre, glest lakan öfver en så, och deröfver rifves potatisen på rifjärn; emellanåt

To make gelatin.

Take three pounds of good hartshorn, free from sickly smell and clean it well in water. Then put it over the fire in a clean kettle with three or four gallons of well water to boil covered for twenty-four hours, during which time guard well against burning it. When the water has shrunk to about one gallon, strain it through a fine sieve and set it aside to cool; let it remain thus till the next day. When it is ready and may be used for jellies as well as blanc mangé and a la daube. Put another gallon water on the horns left in the kettle and boil three or four hours again, whereupon, strain and put up as before, thus obtaining a weaker substance. Proceed similarly a third time, but when the horn becomes soft enough to crush between the fingers it has lost all strength.

To make potato flour.

Take large potatoes. Wash them well. Tie a sheet over a large tub or other wooden vessel and grate the potatoes over it. Now and

och efterhand slår man litet vatten på lakanet och omrör det med en visp, så att mjölet går väl igenom. Så fortfares tills potatisen är slut, och man efterser noga, att allt mjölet kommer utur lakanet, hvilket ofta begjutes med kallt vatten. Man fyller sån nästan full med vatten och låter det sedan stå en timme, så att mjölet sjunker väl. Sedan öses det mörka vattnet bort och rent vatten ditslås, så att sån blir halffull, hvarunder det omröres. Med ombyte af vatten på mjölet fortfares tills vattnet synes så klart, som då det ditslås; för hvarje gång det ombytes, hvilket bör sko ett par gånger om dagen, omröres mjölet väl. Sista gången man tager bort vattnet, bör sån lutas på kant, så att allt vattnet kan hallas bort. Sedan utbredes derpå ett lakan, hvilket hor draga allt vattnet ur mjölet. Derefter tages mjölet och torkas på plåtar i en ej för varm ugn.

Kalfsubstans.

Sju skållade och klufna kalf-fötter läggas i friskt vatten öfver natten och sättas sedan på elden med två gallons brunnsvatten att koka tills endast en quart återstår af substansen, när den ar silad. Substansen användes endast till puddingar,

then put some water on the sheet, stirring it so that the flour goes through the sheet. Continue thus as long as there are any potatoes left, always seeing to that the flour goes through, to which end sprinkle water on the sheet quite often. Fill the vessel nearly to the brim in this way, and after that let it stand about an hour for the flour to settle. Then bale out the dark water and replace it with new water, until the vessel is half full. Keep on charging water this way until it becomes clear in the vessel. Each time a change is made, which ought to be twice a day, stir up the flour from the bottom. Finally, empty all the water and spread the flour on a dry sheet to drain. Then the flour is dried on plates in a moderately warm oven.

Veal substance.

Put seven scalded and split calfs feet in fresh water over night; then change water, taking two gallons well water, and place over the fire, boiling until there is only a quart left of the substance when strained. This substance is used only for

och man tager då deraf efter behof, sätter den på elden att koka litet, och ilägger något som gifver den sådan smak man vill satta på puddingen, till exempel vanilj, citron etc.

puddings, and then according to need by boiling some of it, adding something else to impart the flavor desired, as for instance vanilla or lemon.

Att röka ål.

Dertill tages större eller mindre ålar; men hälst de större; halfva hnfvudet frånskäres, och ålarne gnidas med salt, så att de släppa allt slem. Derefter uppskäras de i ryeeen, och benet frånskäres nätt. Sedan torkas de med rent linne och gnidas derefter med fint salt. När ålen så har legat öfver natten, har man tillreds små spjälar, sa många man kan beböfva, efter ålens storlek. Med dessa utspännes ålen på tvären och fastbindes. Den rökes liksom annan fisk, men i stället för fjerding användes en halftunna dertill, och ålen tål äfven längre rökas.

To smoke eel.

For this purpose take large or small eels, but the larger, the better. Cut away half of the head; rub the eels with salt, so as to free them from all sticky matter. Now split them open in the back and extract the bone neatly. Wipe them on clean linen cloth and rub them again with salt. The next day take the eels and with small sticks prepared for this purpose, strain and stretch them crosswise, letting the sticks remain tied to keep them in this position. The smoking is done as in other cases of fish, only remembering that it requires a longer time to smoke eel.

Svensk kaviar.

Tag rommen af halfstora gäddor och bortrensa alla hinnor derifrån. Om man har en quart rom så stekas en eller två lökar i askmörjan, de skalas och hackas mycket

Swedish caviar.

Take the spawn of middle sized pikes and clean away all films. For a quart of the spawn fry one or two onions in the ashes: then peel and chop them fine and add them

fint och läggas till rommen tillika med litet stött hvitpeppar, en a två matskedar mörk soja och så mycket fin-stött salt som behöfs. Dermed arbetas rommen en lång stund, hvarefter den slås i burk, öfverbindes och kan efter några dagar ätas som kaviar på smörgåsar. Den som vill kan äfven blanda kaviaren med litet kryddättika.

to the spawn together with some white pepper, two spoonfuls dark soy and salt according to need. With this, work the spawn for quite a while; then put it up in a jar, cover it with a cloth, and after a few days eat it with butter and bread. If it suits the taste, mix the caviar with some fine vinegar.

Medvurst.

Till 8 pounds fint hackadt och bultadt oxkött tages 4 pounds i tärningar skuret späckfläsk, hvilket uppblandas med en half pint stark buljong, en quart franskt bränvin, stött starkpeppar, nejlikor och salt efter smak, samt litet salpeter. Sedan har man tillreds väl rengjorda fetskinn af oxe, livar ifrån all talgen ar väl bortskrapad och plockad; häri instoppas korfmassan så hårdt som möjligt och igenknytes med segelgarn, hvari öglor lämnas, att korfven kan hänga i dem när den rökes. När nu all korfven är fylld, så gnides den med litet sammanblandadt lint salt och salpeter samt lägges i ett passande kärl, der den får ligga 3 dagar, hvarunder den vändes en gång om dagen; den upptages sedan och torkas med linne, hvarefter 3 eller 4 träspjälar bindas hårdt omkring

Sausage.

To eight pounds finely chopped beef take four pounds of raw pork, diced, and mix both parts with half a pint of strong bouillon, one quart French brandy, pounded pepper, cloves, and salt to suit, and also saltpeter, a small quantity. Have prepared some cleaned skins of ox bowels and pack the sausage in them as compactly as possible; then tie them up, but leave a loop for the sausage to hang to when it is being smoked. When all is filled in thus, rub the sausages with some fine salt and saltpeter mixed, and put them in a proper vessel to remain there for three days, turning them once a day. Take it up and wipe on linen cloth; next tie some long sticks around each sausage, and hang them up to be smoked in cold smoke, which

hvarje korf, då den upphånges genast för att kall rökas, hvartill vanligen åtgå 2 eller 3 dagar innan den blifver färdig. Derefter aftagas spjälarne och medvursten förvaras i kallt rum.

generally takes three whole days. Now remove the sticks and keep the sausages in cold room.

Att salta lax.

Till 20 pounds lax tages ett ounce salpeter, tre ounces socker och en half gallon Luneburgersalt. Sedan laxen är fläkt och alla fenor borttagna, skäres den i lagom stora stycken, hvilka gnidas väl med salpetret; sockret och litet af saltet blandas samman samt nedlägges i byttan med resten af saltet mellan hvarfven, så ej någon bit blir utan salt emellan. Skinn bör läggas emot skinn och kött emot kött. Öfverst på låxen lägges en lin-nelapp med litet salt uppå. Fenor-na och ryggbenen kunna saltas öfverst, men icke mellanbitarne, ty de bli fortare härskna; hvarför det ock är bättre om man så kan att salta dem i ett annat kärl.

To salt salmon.

To twenty pounds salmon needs one ounce saltpeter, three ounces sugar and half a gallon Luneburg salt. Having split the salmon and removed all the fins, cut it up in pieces of size to suit and rub them with the saltpeter, some sugar and a little salt, all mixed, and then put it in the tub with the rest of the salt between the layers, so that no piece is left without salt. The skin sides should be put to each other, the meat sides likewise. Upper-most on the salmon put a piece of linen with salt on. The back bones can be salted on top, but not the middle pieces of the salmon, as they spoil sooner. Best though, to salt them in a separate vessel.

Gurk-pickel.

De små gröna gurkorna, som i Amerika kallas *gherkins* äro de bästa att bruka härför. Rengör dem

Pickled cucumbers.

The small green ones, termed gherkins, are the best to use. Clean them well in cold water with a

Pickled gherkins

väl med en borste i kallt vatten och lägg dem sedan i blöt för tre dygn — icke i vatten utan i saltlake.
Lägg dem sedan i glasburkar eller buteljer med vida halsar jämte några nejlikor, litet lök, hel peppar och bergsalt tillika med en kryddqvast gjord af lagerblad och andra kryddor, allt oppbundet i en påse af musslin. Fyll hvarje butelj med ättika så snart som det börjar sjuda. och när det alldeles kallnat göras buteljerna lufttäta. Under de första tre veckorna efterser man dem ett par gånger i veckan, ty om gurkorna eller ättikan antaga hvit färg, uttömmes ättikan jämte kryddorna och ersattas med en ny sats. Man kan jämte gurkorna på samnia gäng göra pickel af små hvit-lökar.

brush, removing all prickles, and soak in a strong rock-salt brine for about three days; lay them out and put into wide-mouthed bottles or jars, with a few cloves of garlic, pepper-corns, cloves, rock-salt, and a bunch of seasonings, composed of bay leaves, tarragon, or other flavoring herbs, to taste, all tied in a Swiss muslin bag; fill each jar with vinegar as soon as it boils, and when the jars are perfectly cold cover them air-tight. They should be looked at every two or three days for the first three weeks, and should the pickles or vinegar turn white, throw-away the vinegar and spices and add new hot vinegar and fresh spices; cover when cold as before. Small garlics may be pickled with the cucumbers if desired.

Lök-pickel.

Utse små lökar med silfver-hvita blad. Borttag med en knifalla de yttre bladen, så att hvarje lök blir fullkomligt hvit och klar. Blöt dem i saltlake i 3 dygn och lät dem sedan afrinna. Lägg ett 3 inches djuptlager af lok i en burk och begjut det sedan med en

Pickled onions.

Select small silver-skinned onions; remove with a knife all the outer skins, so that each onion will be perfectly white and clean; soak them in strong brine three days, drain. Place in a jar first a layer of onions three inches deep, then sprinkle with a mixture of the

blandning afföljande ämnen: Två téskedar hackad pepparrot, dito nejlikor,fyra téskedar kanel och en halft ésked starkpeppar för hvarje gallon pickel. Fortsatt på detta sätt hvarfvis tills burken är full.Uppkok ättika, ilägg en quartbrunt socker för hvarje gallon och häll det öfver löken medan det är hett.

following: Two teaspoons each chopped horse radish and cloves, four tablespoons cinnamon bark and half a teaspoon cayenne pepper to each gallon of pickles; then another layer of onions; thus repeat, until jar is filled; bring vinegar to boiling point; add to that brown sugar in the proportion of a quart to each gallon, and pour while hot over the onions.

Piccalilli.

Ett stort hvitt kålhufvud, 50 små gurkor, fem quarts små bönor (string beans), åtta små morötter, ett dussin selleristjälkar, fem röda pepparkorn, tre gröna pepparkorn, två blomkålshufvuden. Hackas fint och blötes 12 timmar i salt vatten. Torka. Häll öfver dem het ättika, kryddad med muskotblomma, kanel och kryddpeppar. Hall bort ättikan och skålla massan. Slå det i burkar och försegla.

Picalilli.

One large white cabbage, fifty small cucumbers (gherkins), five quarts small string beans, eight small carrots, one dozen sticks celery, five red peppers, three green peppers, two heads cauliflower; chop fine, soak over night in salt and water; wash well, drain thoroughly, and pour over them hot vinegar spiced with mace, cinnamon and all spice; turn off vinegar and scald; place in well covered jars, or seal in cans while hot.

Stekta grodlår.

Det lämpligaste sättet att bereda grodlår för bordet är att steka dem, antingen som de äro eller med

Fried frogs legs.

The most popular way of cooking is frying, either plain, breaded or with an egg batter, the same as

rifvet bröd eller i vispade ägg, precis som ostron; men de tåla längre stekning än de senare och äro icke goda om de ej stekas nog.
Fransmännen voro de första att begagna grodlår för bordet, men grodrätter äro nu mycket vanliga i Amerika, der de anses som läckerheter. Man begagnar endast låren och bogarne.

Stufvade grodlår.

Flå och koka dom i fem minuter, hvarpå de kastas i kallt vatten. Lägg för två dussin grodben, fyra ounces smör i en stufpanna. Nar det år smält iläggas grodlåren; låt dem steka i två minuter hvarunder de oupphörligen våndas. Lägg en tésked mjöl öfver dem och omrör; sedan tilläges några persiljqvistar, timjam, ett lagerblad, tio nejlikor, salt, hvit-pepper och en half pint hvitt vin. Koka sakta tills det är färdigt. Tag bort grodlåren, koka ihop såsen, häll upp genom durkslag och iblanda två vispade ägggulor, hall det öfver grodlåren, och anrätta.

Söt pickel.

Kan göras af hvilken frukt som hälst som kan bevaras, till och

oysters, but longer, as they should never be under-done. They may be cooked in other ways as well. The French were the first among European nations to use frogs legs as food. Their use has become quite general in America, and they are now ranked as delicacies. Only the hind legs and quarters are used.

Stewed frogs legs.

Skin, boil for five minutes, and throw in cold water to cool, then drain. Put in a stew-pan (for four dozen legs) two ounces of butter; when melted lay in the legs and fry about two minutes, tossing them in the pan occasionally. Put over them a teaspoon flour by sprinkling, and stir; add two sprigs parsley, one of thyme, a bay-leaf, ten cloves, a clove of garlic, salt, white pepper and half a pint of white wine; boil gently until done, and remove the legs; reduce the sauce by boiling, strain, and mix in the yolks of two eggs; pour over the legs and serve.

Sweet pickles.

They may be made of any fruit that can be preserved, including

med melonskal och gurkskal.
Sirapen göres med 3 quarts socker
till en pint ättika. Begagna bästa
sortens ättika och socker, brunt.
Kryddorna äro: kanel och nejlikor,
de senare instuckna i frukten.

the rinds of ripe watermelons and
cucumbers. The syrup is made in
the proportions of three pints of
sugar to a quart of vinegar. Use the
best vinegar and brown sugar. The
spices to be used are principally,
cinnamon and whole cloves; the
latter stuck in the fruit if desired.

Stekta "clams".

Tag råa clams ur skalen och hacka
dem fina; gör smet af saften jämte
lika mycke mjölk och fyra ägg till
hvarje pint och mjöl nog att göra
det styft. Stek i kokande flottyr.

Clam fritters.

Take raw clams fresh from the
shells and chopped fine; make
a baiter of the juice, an equal quan-
tity of sweet milk and four eggs to
each pint of the liquid, with suffi-
cient flour to stiffen; fry in boiling
lard the same as other fritters.

Salt oxtunga.

Den kokas tills den kännes mör. då
skinnet och tungroten borttages.
Ifall den skall serveras hel, skäres
tungan i skifvor, men förblifver
ändå i sin fason. Potatiskroketter,
hvilka ställas uti rätt uppstående
ställtting, serveras dertill, samt
senap för den, som så behagar.

Salt ox tongue.

Boil the tongue until tender, and
then remove the skin and the
root of the tongue. If to be served
whole cut the tongue in slices, still
hanging together in its tongue
shape. Potato croquettes, standing
erect, are well suited to serve with
this dish. Also mustard, if wanted.

Kallrätt på oxtunga.

Oxtungan half kokas i salt vatten, hvarefter den flås. Sedan lägges en liten lök, ett par qvistar grön dill och persilja, en liten bit gul citronskal och några pepparkorn dertill, jämte ett skedblad smör; med dessa kryddor och sitt eget spad fullkokar tungan. När den är tillräckligt mjuk, skäres den i skifvor samt garneras med rödbetor, morötter, hårdkokad ägghvita, grön dill, persilja, färska lagerblad, citronskal och skifvor af citron; hvarefter man häller klarkött sky öfver tungan och låter den kallna.

Cold ox tongue.

Let the tongue be half cooked in salt water; then flay it and add a small onion, a little dill and parsley, a piece of yellow lemon rind and a few peppers, also a spoonful of butter. Boil till ready. When real soft and tender cut the tongue in slices and garnish with red beets, carrots, hard boiled eggs, green dill, parsley, bay leaves and lemon peelings. Finally pour clear meat juice over the tongue and let it cool.

Späckad oxtunga.

Färska oxtungor halfkokas i vatten så, att skinnet kan afdragas. Når de blifvit kalla späckas de tält med finskuret fläsk, hvilket drage väl igenom tungan med en späcknål. Sedan nedläggas de i en kastrull med ett stycke smör, en lök och ingefära. Under stekningen spädas tungorna somoftast med sitt eget spad, och när de kännas mjuka, upptagas de. Såsen afredes med mjöl så att den blifver simmig; dessutom tillsättes litet brynt socker,

Lined ox tongue.

Half boil the tongues, peel off the skin; then let them cool and line with finely cut pork, which is to be drawn through the tongue with a needle. Now put them in a kettle with a piece of butter, one onion and some ginger. During the cooking, pour the juice of the tongue over them and take them up when soft. Thicken the sauce with flour; add to it also some browned sugar, to give it color, some mustard and a glass of French wine. Cut the

för att gifva den färg, en tesked
fransk senap och ett spetsglas fran-
skt vin. Tungorna skäras i skifvor
samt anrättas på karott, och såsen
slås öfver dem.

Oxtunga med kaprissås.

Dertill tages en lunga, som förut är
kokt och afskrädd, hvilken skäres
i skifvor och nedlägges i kaprissås,
omskakas väl och tal endast väl
uppkoka. Den anrättas med sin
egen sås.

Graflax.

Härtill väljes lax af bästa sort,
blank i skinnet, starkt röd i köttet
och af medelstorlek, d.v.s. på sju a
tio pounds. Laxen tvättas och tor-
kas väl, omfvudet och stjärtstycket
afskäres och mellanstycket upp-
skäres i ryggen, hvarvid man följer
så nära ryggraden som möjligt. Se-
dan urbenas mellan-styckena för-
sigtigt, skäras i två a tre delar och
torkas väl på linne utan att sköljas.
En matsked finstött salpeter,
fyra skedar socker och 1½ ounce
matsalt blandas väl och dermed
ingnides laxen hårdt, hvarefter

tongues in slices, place on platter
and pour the sauce over it.

Ox tongue with caper sauce.

Take an already cooked tongue
and slice it; put the slices in caper
sauce and shake while bringing to
boiling. Serve with its own sauce.

Pickled salmon.

Select the best kind of salmon,
shiny in the skin, the meat of a
strong red color, and medium size,
or from seven to ten pounds. Wash
and wipe it, cut away the head
and the tail; split the middle piece
from the back, following the back
bone as close as possible. Bone
the middle pieces well, cut them
in two parts each and wipe them
on linen, but do not rinse. Mix a
tablespoonful of pounded saltpe-
ter, four spoons of sugar, and one
and half ounce salt, and then rub
the mixture well into the salmon,

den lägges med köttsidorna mot hvarandra i en bytta, hvars botten är beströdd med en handfull groft salt och färska dill-qvistar. Ett lock med en tyngd lägges öfver laxen, byttan täckes med granns eller något motsvarande och ställes på svalt ställe, om möjligt på is under ett dygn, hvarefter laxen är färdig Den kan möjligen begagnas efter tolf timmar, men är bättre om den får stå till andra dagen. Serveras skuren i långa, breda, halftjocka skifvor, på hvilka skinnet får qvarsitta och garneras med frisk dill. Till graflaxen serveras olja, ättika, peppar och socker.

Riskrustad med harpuré.

Två och ett halft pounds risgryn tvättas i flera vatten, kokas med dubbelt så mycket vatten som grynen äro efter mått samt litet kryddor och betäckas under kokningen med en tunn fläskskifva. Da grynen äro krusiga stötas de i mortel till en smidig deg som sedan nedpressas hårdt i någon packer form med gångjärn. Formen aftages sedan försigtigt och

after that put the pieces with their meaty sides to each other in a tub, the bottom of which is sprinkled with coarse salt and fresh dill. A cover with a weight on is now to be placed on the salmon, while the tub is covered with branches of spruce or something similar; then place the tub in a cool room or on ice, thus to remain for at least twenty-four hours, when it is ready. It might be taken up and used after twelve hours, but the fact is that it becomes the better for standing longer. It is served in long, broad slices with the skin left on, and they are garnished with fresh dill. Eaten with oil, vinegar, pepper and sugar.

Rice crust with hare puree.

Wash two and half pounds rice in several waters, boil it in twice its own measure of water and some spices, covering it while boiling with a thin slice of pork. When the rice gets crispy, take it out and pound it to a paste in a mortar, and afterwards press down hard into some nice mold provided with a cover. Then take it out of the mold carefully and pencil it over with

risgryns-krustaden penslas med skiradt smör samt insättes i ugnen att få vacker färg. Sedan urtages ungefär en fjärdedel af grynen och i stället fylles krustaden med harpuré och garneras med skifvor af stekt harfilet späckad med tryffel ssmt 10 *a* 12 kokade och skalade ägg. Purén upplägges i pyramid. Äggen böra ej vara hårdkokta.

drawn butter, then to be placed in the oven to get a nice brown color. Now take away a quarter of the rice and fill the space with hare puree, and garnish with slices of baked hare filets lined with truffle and ten to twelve boiled, shelled egg. Put up the puree in a pyramid. The eggs must not be hard.

Potatiskrustad med höns-filet.

Skala och skölj fyra pounds potatis, koka dem i vatten och salt tills de äro något mer än halfkokta, töm då bort vattnet och ställ grytan i ugnen tills potatisen blifvit mjuk; stöt och pressa den derefter i smärre qvantiteter genom durkslaget. Tag två ägg och ett stycke smör (omkring ett halft ounce) till hvarje quart puré, blanda massan väl med litet mjöl, forma krustaden, bestryk den med vispadt ägg, grädda och urhålka den som föregående. Tag fileterna af två höns, skär dem itu på längden, späcka dem med fint fläsk samt stek och glacera dem. Gör puré af det öfriga hönsköttet, lägg en del af puréen i krustaden, fileterna i krans derofvanpå och lägg resten

Potato crust with chicken filet.

Pare and wash four pounds of potatoes; boil them in water and salt until half cooked; then empty the water and place the pan in the oven till the potatoes are soft. Now pound and press them in small quantities through a strainer. Take two eggs and a piece of butter (about half an ounce) to each quart of puree, mix it all with a little flour, shape it in a mold, cover the surface with beaten eggs, bake it and make a hole in it (see above). Then take two chicken filets, cut them in two lengthwise, line them with fine pork, and bake and glaze them. Make a puree of the rest of the chicken meat, put a part of the puree in the potato crust, place the filets in a wreath

af puréen i pyramid midtpå. Litet
tjock sammankokt tysk sås,
afredd med hönsessens, tömmes
deröfver.

on top, and add the remainder to
the puree in a central pyramid. A
little thick boiled down German
sauce, thickened with chicken es-
sence, is poured over it all.

Bechamelsås.

Bechamel sauce.

Uti en kastrull smälter man smör,
hvaruti sakta fräses ett skedblad
hvetemjöl, hvarefter påfylles mjölk
och grädde och alltsammans kokas
under jämn omröring, hvarefter
såsen silas och användes till åtskil-
liga kött-rätter. Om man vill an-
vända denna sås till kokt kalt eller
fårkött, blandas den med buljong,
salt och hvitpeppar; och tillsättes,
om man så vill, kräft-eller hum-
mersmör.

Melt butter in a pan, adding a
spoonful flour, milk and cream.
Boil and stir steady; then strain the
sauce, and use it for meat dishes. If
you desire to use it for veal or mut-
ton, then mix it with bouillon, salt,
white pepper and, if wanted, some
crab or lobster butter.

Kalfnjure.

Calf's kidney.

Kalfnjure stekes i litet smör samt
kryddas med litet salt och peppar;
om den är mycket fet, tages ej allt
det feta; sedan hackas den fin och
blandas upp med 6 ägggulor och
en half pint söt grädde, rifvet bröd
samt litet salt och muskott; detta
blandas val tillsammans. Kort förr
ån njuren skall anrättas, ställes en

Fry the kidney in butter and
season with salt and pepper; if
too fat, do not take all of it. Chop
it fine and mix it with six yolks
of eggs, half a pint sweet cream,
bread crumbs and some salt and
nutmeg. Shortly before serving the
kidney, put a pan over the fire and
heat it well. Pour the mixture in it,

Shnitzel in béchamel sauce, served with young carrots

panna på elden så att den blifver
val varm, tillblandningen slås
deruti och omröres jämt, tills den
blifver som en lös äggröra. Detta
anrättas genast och ätes hälst med
holländsk sill.

Kalflefver.

En lefver af god gödkalf inlindas
uti sin hinna och nedlägges i en
kastrull, i hvilken smör förut
blifvit litet fräst; derpå litet krydd-
peppar, lagerblad och salt. Under
stekningen påspädes lefvern med
litet buljong eller mjölk. När den
har stekt en timme, upplägges
lefvern med sin hinna, och i sam-
ma kastrull ilägges litet mjöl som
uppvispas under uppkokningen.
Såsen afbrytes med litet ättika och
sockersirap. Lefvern upplägges på
en karott, och såsen silas deröfver
genom ett durkslag. Ofvannämde
lefver kan stekas alldeles som fågel,
då den späckas som sådan och
omlindas med sin hinna. Under
stekningen spädes den med mjölk.
och såsen uppvispas med söt
grädde.

stir well till it thickens to a loose
porridge. Serve immediately with
herring.

Calf's liver.

Take a liver of fatted calf, wrap
it up in its own membrane and
put it in a kettle containing some
melted butter. Add some allspice,
bay leaves and salt. While frying
pour on either bouillon or milk.
After an hour take up the liver,
and now put in the same kettle as a
little flour; stir while boiling. This
sauce finish with some vinegar
and sugar syrup. Put the liver on a
platter and strain the sauce over it
through a sieve.

Tryffelpuré och sås.

Till ett bord för 10 personer tages en liten burk tryffel; man skär hvarje bit med en tunn knif tvärs öfver i skifvor, hvilka äfven hackas med en knif, men ej för fint. Färskt smör och mjöl fräses i en kastrull, och påspädes med litet stark buljong och köttsky, tillika med en matsked ostindisk soja. När detta är sammankokt, ilägges den hackade tryffeln, som då får koka på sakta eld under si ständig omrörning. Såsen göres på samma sätt, men den utspädes med mera buljong, så att den blifver lagom tunn.

Kyckling med tomatopuré.

Med kycklingarne förfares som med de föregående, utom det att man icke nyttjar persilja. De stekas gulbruna, sönderskäras, och bitarne läggas i en krans omkring anrättningsfatet med tomatopuré i midten deraf.

Puree of truffle and sauce.

For about ten persons take a little jar of truffle. Cut each piece with a knife crosswise so as to make slices of it, afterwards chop with a knife quite fine, but not too fine. Melt fresh butter in a pan, and put some flour in it, then pour into it strong bouillon and meat juice, also a tablespoon full of East Indian oil. When this has boiled together put in the chopped truffle and let it boil slowly while stirring diligently. Make the sauce in the same manner, but dilute with bouillon, making it of suitable consistency.

Chicken with tomato puree.

Prepare the chickens as usual, but use no parsley. Fry them light brown, cut them in slices, put the pieces in a wreath around the plate on which they are to be served, together with the tomato puree.

Späckade kycklingfileter med tryffelpuré.

Man tager feta kycklingar, från hvilka skinnet afdrages. Hvarje brösthalfva lossas nätt från benet med en penn-knif och fråntages. Derefter uppläggas de på ett porslinsfat och beströs med litet salt och hvitpeppar, hvarmed de få ligga en stund. Derefter späckas hvarje halfva fem hvarf med finskuren tryffel. En flat kastrull smörjes med kallt smör och doruti läggas fileterna tätt bredvid hvarandra med tryffel-sidan uppvänd. Ett hvitt papper bestrykes med kallt smör och dermed betäckas fileterna, hvarpå ett tält sittande lock tegges deröfver. De stekas vid sakta koleld 3 eller 4 minuter, och anrättas omkring fatet med tryffelpuré i midten.

Lined chicken filets with truffle puree.

Take fat chickens and pull off the skins. Part each breast from the bone, which may be done with a pen knife. Put them on a porcelain platter and sprinkle them with salt and white pepper. Let them lie that way a little while. After that line each half with five layers of fine cut truffle. Butter a flat pan and put the filets close to each other with the truffle side turned upwards. Put butter on a white paper and cover the filets with it and put a lid over them. Fry on slow fire four or five minutes and serve them with truffle puree.

Stekta kaniner.

Sedan de öro flådda, urtagna och sköljda, packas de uti ett djupt karl med rosmarin, basilika och timjam samt ställas på ett svalt ställe ett

Fried rabbits.

Flay them and clean them; pack them in a deep vessel with rosemary, basil and thyme, and put them away in a cool place for

dygn. Derefter stekas och serveras de som hare, men man påhäller först några droppar ättika.

twenty-four hours. Then fry and serve them as hare, but pour on them a few drops of vinegar.

Kalfhjärna.

Hjärnan urvattnas, skäres itu och kokas i stark buljong samt skäres sedan i långa, men icke för tunna skifvor. De läggas i en rundel omkring fatet med en fiskfärsskifva emellan hvarje skifva hjärna, så att det är tomt midt uti. Garneras sedan med ansjovis, peppar, gurkor samt i fina strimlor skuret, kokt fläsk. Denna rundel penslas med uppvispade ägggulor och sättes några minuter i varm ugn. Då det kommit ur ugnen, ifylles en stufning af kräftstjärtar med röd sås, som slås uti det tomma rummet i midten på fatet, hvarefter det genast bör serveras.

Calf's brain.

Soak the brain, cut in two and boil in strong bouillon. Then cut it in long but not very thin slices. Put them in a circle on the platter with a slice of fish farce between each slice of calf's brain. Garnish with anchovis, pepper, cucumbers and boiled pork slices. Pencil the circle with beaten yolks and leave it for a few minutes in the oven. Then fill the empty middle with a stew of crabs tails and red sauce.

Skinka a la francaise.

Skinkan lägges i en kittel med så litet vatten som möjligt, så att saften icke bortkokar. Ilägg salvia, persilja och dragon; när skinkan kännes nära kokt ihälles en butelj

Ham a la francaise.

Put the ham in a kettle with very little water, thus preventing the juice of the ham to waste while boiling. Now add salvia, parsley and tarragon. When the ham seems

hvitt vin. Den får nu koka på mycket sakta eld, och när den är riktigt mör, tages den upp och svålen borttages. Den tål att koka tre timmar; vinet får icke koka dermed längre än 45 minuter. Den serveras med sås af god kalfsky och garneras med blomkål.

Fläsk med curry.

Två pounds magert, osaltadt fläsk skäres i tärningar, stekes i smör och blandas med, förut brynt, hackad lök, en struken matsked curry och litet salt. Detta får koka 45 minuter med en quart vatten eller buljong, om det lämpar sig. När fläsket är upptaget, får såsen hopkoka till hälften och slås derefter öfver detsamma. Risgryn, kokta i buljong; serveras härtill.

Filet af svin.

Skifvor af fläsk och kalfkött läggas i en kastrull för ångstekning. Saltas och peppras. Härpå läggas tätt späckade svinfileter, tvänne lökar med en nejlika i hvardera, en bukett och två i skifvor skurna morötter, så mycket att det jämnt täcker fileterna. När fileterna upptagas, jämte det öfriga köttet, silas

to be almost cooked add a bottle of white wine. Now let it boil over a slow fire, and when it has become real tender take it out and remove the rind. It needs three hours boiling, but the wine must not boil with it more than forty-five minutes. Serve with sauce of veal broth and garnish with cauliflower.

Pork with curry.

Cut two pounds of lean unsalted pork in small square pieces, fry in butter and mix with onions, chopped and browned, a spoonful curry and salt. Boil forty-five minutes in a quart of water or bouillon, if handy. When the pork is taken out let the sauce boil on to only half of its bulk, and then pour it over the pork. To this you may serve rice boiled in bouillon.

Pork filets.

Put slices of pork and veal in a kettle to be steamed. Salt and pepper. On this put closely lined pork filets, two onions with a clove in each, a bouquet, and two carrots cut in slices just enough to cover the filets. When the filets are taken out with the other meat, strain the sauce, skim it and add some lemon

såsen, skummas och tillsättes med litet citronessens. Serveras med någon puré af grönsaker.

essence to it. Serve with some puree made of vegetables.

Renstek.

Venison.

Når köttet tillhör ett ungt djur, är fettet klart och tjockt, och själfva köttet är rödaktigt eller rödbrunt. Det börjar alltid att furskämmas

When young, the fat is thick, clear and close, and the meat a reddish brown. It first begins to taint near the haunches; test by running in

Ⅴ *Venison steaks sliced and served with mixed greens*

i närheten af länderna. Pröfva det med att ränna in en knif eller annat stål. Om det är skämdt uppstår då genast en elak lukt och en gröaktig färg visar sig. Emellertid kan det länge bevaras genom att iakttaga följande: Tvätta köttet väl med mjölk och vallen och torka det sedan full komligt med ett stycke tyg. Strö sedan malen svart peppar öfver hvarje dess del. Det allra bästa köttet erhålles efter fyra års gamla djur (ren eller hjort). För stek tages antingen en länd, sadeln, halsen eller bogen. Som detta kött alltid är mycket magert, tål det mycket ister vid stekningen och måste stekas längre än vanligt kött.

Rensadel.

Tag en bit af djurets sadel omkring tio pounds i vigt. Skär något fläsk i små bitar omkring två inches långa ocn en åttondedels inch tjocka. Sönderskär två morötter öfver en stekpanna, ilägg vidare en lök och litet salt fläsk i tunna skifvor; vidare två lagerblad, två nejlikor och fyra kryddpepparkorn, en half citron skuren i stycken samt litet salt och peppar. Lägg sadeln i pannan med en quart god buljong och en liten bit smör, och låt det koka i 15 minuter å enstove. Derefter sättes

a knife or steel; if tainted, there will be a rank smell and a greenish appearance. It may, however, be kept a long time by the following process: Wash it well with milk and water, and dry perfectly with a cloth; then dust ground black pepper over every part. The flesh of the doe about four years old is the sweetest and best. Either the haunch, neck, shoulder or saddle should be roasted, the breast broiled, and fry or broil the steaks with salt pork. Being a rather lean meat, roast requires much larding. The steaks require more cooking than for beef.

Saddle of venison.

Use a saddle of venison of about ten pounds. Cut some salt pork in strips about two inches long and an eight of an inch thick, with which lard the saddle, with two rows on each side. In a large dripping-pan cut two carrots, one onion, and some salt pork in thin slices; add two bay leaves, two cloves, four kernels of allspice, half a lemon, sliced, and season with salt and pepper. Place the saddle of venison in the pan, with a quart of good stock and a small piece of butter,

det i en het ugn för att stekas, hvarunder fett påhälles så ofta som möjligt eller hvar femte minut. till dess att det är halffärdigt. Anrättas med gelé eller vinsås.

and let it boil about fifteen minutes on top of the stove; then put it in a hot oven and bake, basting well every five minutes, until it is medium rare, so that the blood runs when cut; serve with jelly or a wine sauce. If the venison is desired well done, cook much longer, and use a cream sauce with it.

Ekorrar.

Det fins många arter i detta land, såsom den svarta, den röda, den gråa. "Gophers" och "chipmunks" kunna äfven anses tillhöra rasen. De böra flås och vattenläggas länge innan de kokas. Halstrade äro de bäst, bakdelen är den bästa. Kokas med fläskskifvor.

Squirrels.

There are many species common to this country, among them the black, red, gray and fox. Gophers and chipmunks may also be classed as a few, but smaller variety. They should be carefully skinned and laid in salt water a short time before cooking; if old, should be par-boiled. They are fine when broiled, the hind quarters being the choicest parts, unless when in the fall they are fat and full breasted. Are excellent cooked in any other way, with thin slices of pork. They are also delicious when made into a pie, like veal or chicken.

TJUGUTREDJE AFDELNINGEN.
Part Twenty-Three.

ALLMÄNNA IAKTTAGELSER.

GENERAL OBSERVATIONS.

Att få hönsen att värpa vintertiden.

Håll dem varma. Låt dem få så mycket majs de kunna äta, men mata dem ej. Mata dem med köttafskräde. Blanda majsen med grön finhackad pepparfrukt eller malen cayennepeppar. Låt dem ofta få grön mat samt litet sand och kalk eller också musselskal.

To make hens lay in winter.

Keep them warm. Keep corn constantly by them, but do not feed it to them. Feed them with scraps when lard and tallow has been dried, or fresh meat. Chop some green peppers finely, or mix Cayenne pepper with corn meal to feed them. Let them have a frequent taste of green food.

Att bevara stålpännor.

Stålpännorna förstöras af den i bläcket befintliga tärande syran. Lägg därför några gamla stålpännor eller spikar i bläcket hvars syra derigenom angriper dem och lämnar den använda pannan jämförelsevis oskadad.

To preserve steel pens.

Steel pens are destroyed by corrosion from acid in the ink. Put some old nails or steel pens in the ink, and the acid will exhaust itself on them, and the pens in use will not corrode.

Att borttaga bläckfläckar.

Bläckfläckar å fingernaglarne aflägsnas ögonblickligen med litet ammonia. Litet ammonia blandad med alkohol är ett förträffligt medel hvarmed man kan uttaga fläckar ur ylle- och sidenkläder. Med en svamp, doppad i en sådan blandning, borttager man äfven den genom nötning åstadkomna glansen på siden. Siden får alltid nytt utseende genom denna behandling.

To remove ink spots.

Ink spots on the fingers may be instantly removed by a little ammonia. Rinse the hands after washing in clear water. A little ammonia and a few spoonfuls of alcohol is excellent to sponge silk dresses that have grown "shiny" or rusty, as well as to take out spots. All silks, particularly black, become almost like new when so sponged.

Att rengöra strykjärn.

Skura dem först med ett stycke vax i en tyglapp och derpå med en annan lapp beströdd med salt.

To smooth flat-irons.

To have your flat-irons clean and smooth, rub them first with a piece of wax tied in a cloth, and afterwards scour them on a paper or thick cloth strewn with course salt.

Att uppfriska kött.

Om man lägger litet träkol i grytan så får köttet, om det kännes något gammalt, en mycket friskare lukt och smak. Skämdt kött kan man dock icke återställa på detta sätt.

To freshen meat.

A little charcoal thrown into the pot will freshen meat that is a little old. But not if it is in any way tainted, for it is then unfit to eat, but only if kept a little longer than makes it quite fresh.

Att tvätta glas och glasvaror.

Litet ammonia blandadt med vatten bör användas för tvättning af fönsterrutor, speglar och andra saker af glas. Man inbesparar dermed mycket arbete och får det bättre gjordt.

To clean glass and glass wares.

For washing windows, looking glasses etc. a little ammonia in water saves much labor, aside from giving a better polish than anything else; and for general house-cleaning it removes dirt, smoke and grease most effectually.

Mal i mattor.

Om mal innästlat sig i mattorna kan man göra sig dem qvitt genom att skura golfvet med starkt hett saltvatten innan mattan nedlägges. Man bör också beströ mattan med något salt en gång i veckan, då man sopar den.

Moths in carpets.

Persons troubled with carpet moths may get rid of them by scrubbing the floor with strong hot salt water before laying the carpet, and sprinkling the carpet with salt once a week before sweeping.

Att rengöra insidan af burkar.

Detta göres bäst och lättast genom att fylla burken med kok, hett vatten, och deri upplösa en tésked soda—"baking soda". Omskaka väl och töm burken genast. Om något af den gamla lukten ar qvar, så fyll igen med vatten och soda, och skölj sedan med kallt vatten.

To clean the inside of jars.

This can be done in a few minutes by filling the jars with hot water and then stirring in a teaspoon-ful or more of baking soda. Shake well. Then empty the jars at once, and if any of the old smell remains, fill again with water and soda, Shake and rinse well in cold water.

Nya kittlar.

Bästa sattet att bereda en ny kittel för bruk är att fylla den med rena potatisskal, koka dem i en timme eller mer och sedan tvätta kitteln med hett vatten, hvarpå den torkas ren och gnides med litet ister. Denna gnidning förnyas hvar gång man begagnat den för de första sex gångerna. Härigenom förekommes rost, som annars så lätt angriper nya kokkärl.

Att rengöra svampar.

Ingnid en citron (lemon) i den sura svampen och skölj den sedan flera gånger i ljumt vatten. Den blir derigenom så frisk som en ny.

Frusna rutor.

Fönsterrutorna kunna hållas isfria om man gnider dem med en svamp doppad i alkohol.

New kettles.

Fill the kettle with clean potato peelings, boil them for an hour, then wash the kettle with hot water; wipe it dry, and rub it with a little lard; repeat the rubbing for half a dozen times after using. In this way you prevent rust, otherwise so easy to gather in new kettles.

To clean sponges.

Rub a lemon into the sour sponge and then rinse it several times in lukewarm water. This way the sponge will be as fresh as a new one.

Frozen windows.

The window panes can be kept free from ice by rubbing them with a sponge dipped in alcohol.

Att rengöra fjädrar.

Betäck fjädrarne med en deg af
lera och vallen. När de åter torkat,
skakas pudret af och fjädern kru-
sas med en knif.

To clean feathers.

Cover the feathers with a dough
of pipe clay and water. When dry,
shake off the powder and curl
them with a knife.

Att pröfva muskot.

Stick muskoten med en nål. Om
den är god sprider sig oljan genast
omkring det lilla hålet.

To test nutmeg.

Prick the nutmeg with a pin, and
if good the oil will immediately
spread around the little hole.

Att göra hårdt vatten mjukt.

Häll en gallon god lut i ett kärl
som innehåller 25 a 30 gallons
vatten.

To make hard water softer.

Pour a gallon good lye* in a barrel
containing twenty-five to thirty
gallons water.

Att rengöra juveleriar-tiklar:

Det bästa medlet härför är am-
monia och vatten. Om artikeln
är mycket mörk och smutsig

To clean jewelry.

For cleaning jewelry there is
nothing better than ammonia
and water. If very dull and dirty,
rub a little soap on a soft brush
and brush them in this. Wash

*Publisher's note: Be sure to keep lye away
from children and animals. Consumption
or misuse of lye can be fatal.

tager man litet såpa eller tvål på en borste och skurar den dermed, hvarpå den sköljes i kallt vatten och torkas först med en gammal näsduk och sedan med ett Chamois-skinn. Man bibringar artikeln på detta sätt en vacker glans.

and rinse in cold water, dry first in an old handkerchief and then rub with buck or Chamois-skin. Their freshness and brilliancy when thus cleaned can not be surpassed by any compound used by jewelers.

Att tvätta täcken.

Begagna vatten mycket ymnigt men ingen såpa eller tvål som innehåller harts eller kåda. Den största delen af i marknaden förekommande "soap" är så beskaffad och derför icke lämplig för tvättning af yllevarur. Hartsen gör kläderna hårda. Om man begagnar litet blåelse (bluing) för tvättning af hvita filtar skadar det icke. Filtar böra skakas och ryckas af tvänne personer tills de blifvit nästan torra. Tvätta inga yllevaror i vanlig såpa, utan sådan som ej innehåller harts.

Blanket washing.

To do this properly, use plenty of water, and never any soap that has resin in it; many cheap soaps are 60 to 75 percent resin, and are injurious to clothes and to the hands. Resin hardens the fiber of wool. A little bluing will do no harm in washing white blankets. Blankets should be shaken and snapped by two persons until almost dry. No kind of flannels or woolen goods should ever be washed in cheap strong soap as it is the potash, resin, and soda in cheap common soaps which hardens and colors animal fiber yellow.

Att rengöra silkeshand-skar.

Sätt dem på händerna och tvätta dem med boraxvatten och kastil-såplödder. Skölj under en ström af kallt vatten och torka med en handduk; behåll handskarne på tills de torkat. Lägg dem sedan vackert vikna emellan handdukar med tyngd på.

To clean silk and thread gloves.

Place them on your hands, and wash with borax water or white castile suds, same as if washing your hands. Rinse under a stream of clear water, and dry with a towel, keeping the gloves on until half dried. Then remove carefully, fold so they will look as nearly as they were as it is possible, and lay between clean towels under a weight.

Att tvätta röda bordsdu-kar.

Begagna ljumt vatten med något af "Smiths powdered borax", som har den egenskapen att det ej ut-tager färgen. Tvätta dukarne för sig själfva och mycket fort. Begagna blott litet såpa, skölj i ljumt vatten med i litet kokad stärkelse. Torka i skuggan och stryk, då det ännu icke är fullt torrt.

For washing red linen tablecloth.

Use tepid water, with a little of Smith's powdered borax, which sets the color; wash the linen separately and quickly, using but little soap. Rinse in tepid water, containing a little boiled starch; hang to dry in the shade, and iron when almost dry.

Att tvätta flaneller så att de ej krympa.

För att förekomma krympning hälles litet ammonia i tvättattnet; skölj fort i jumt vatten och torka i ej alltför stark hetta.

To wash flannels so they won't shrink.

To prevent shrinking, it is well to add a little ammonia to your suds, wash rapidly in tepid suds, rinse quickly in tepid water, and dry at a moderate heat.

Att förnya sammet.

När sammetsplagget börjar se "hoptofvadt" ut, håller man det öfver on balja full af kok-hett valton, med fodersidan nedåt. Sammetsluggen reser sig genast och plagget får nytt utseende.

To restore velvet.

When velvet gets matted down, hold over a basin of hot water with the lining next to the water; the fiber will soon rise and the velvet look as well as ever.

Att tvätta tyllgardiner.

Skaka dammet ur gardinerna. Lägg dem sedan i ljumt vatten med litet tvättsoda och tvätta dem sedan med händerna i flera vatten. Skölj i blånadt vatten och kläm ut vattnet (vrid icke). Bred några lakan öfver golfvet i ett tomt rum och sträck gardinerna deröfver till den storlek de hade före tvättningen.

To wash lace curtains.

Shake the dust well out of the lace; then put the curtains in teped water in which a little washing soda has been dissolved, and wash at once carefully with the hands in several waters, or until perfectly clean; then rinse in water well blued and also blue the boiled Kingsford's starch quite deeply,

and squeeze, but do not wring. Pin some sheets down to the carpet in an unoccupied airy room, then pin on the curtains stretched to the same size they were before washing.

Att sätta glans på skjortbröst.

Tag ett ounce husbloss (isinglass), lika mycket borax och en tésked hvitt lim samt två téskedar ägghvita. Koka dessa delar tillsammans i två quarts af "Kingsfords fine starch". Shirk skjortbrösten häri och torka dem. Innan brösten strykas tar man en borste och applicerar med den en del af polityren å desamma (brösten).

Ett annat sätt.

Smält tillsammans öfver sakta eld ett ounce hvitt vax och två ounces

Silver polish for shirts.

Take an ounce each of isinglass and pulverized borax, one teaspoon white glue and two teaspoons of the white of an egg. Cook these ingredients well in two quarts of Kingsford's fine starch. Starch bosoms in this, and dry. Before you iron, apply some of the polish to the bosom, collars or cuffs with a cloth well dampened. Iron at once with a glossing or polishing iron.

Another way.

Melt together with a gentle heat, one ounce white wax and two

spermaceti (fins i hvarje apotek); bered på vanligt sätt Kingsfords starch för ett dussin skjortbröst, lägg deri en bit så stor som en hasselnöt af den erhålln i vaxemaljen och det är färdigt att användas.

ounces spermaceti; prepare in the usual way a sufficient quantity of Kingsford's starch for a dozen bosoms, put into it a piece of this enamel the size of a hazel-nut, and in proportion for a larger number. This will be found the very best kind of a polish.

Att rengöra zephyrgods.

Gnid mjöl eller maguesia i godset och byt om så länge som smuts synes. Skaka det sedan väl och häng i friska luften att torka.

To clean white zephyr goods.

Rub in flour or magnesia, changing as long as it looks dirty. Shake off the flour, and hang in the open air a short time.

Att rengöra alpaca.

Begagna en i kaffe doppad svamp. Stryk det sedan på afvigsidan, med svart kambric under.

To clean alpaca.

Sponge with strained coffee. Iron on the wrong side, having black cambric under the goods.

TJUGUFJERDE AFDELNINGEN.
Part Twenty-Four.

MATSEDEL.

Hur olika födoämnen smälta.

Bästa tiden att äta frukost är en timma efter uppstigandet, emellan fem och nio på förmiddagen, middag emellan tolf och två, och kvällsvard emellan fem och åtta. Man bör aldrig gå till sängs strax efter qvällsvarden och aldrig anstränga sig med arbete strax efter middagen. I fråga om livad man bör förtära, så gäller den regeln att all mat duger om den är välkokt och om man vet att åta med måtta. Emellertid fordra vissa rätter längre tid att smälta än andra, hvilket framgår af följande:

MENU.

How different foods digest.

It is always best to eat breakfast about one hour after rising; say, anywhere between five AM and nine AM; dinner between twelve PM and two PM, with a light tea or supper between five and eight pm; and one should not go to bed at once after supper; nor should one take any active exercise immediately after dinner. As to what is best to eat or drink, almost everything provided as food for man, properly prepared, is good in moderation, and every thinking person should so practice it. However, some food takes longer to digest than others, as shown by appended table of those most commonly used:

Smälter i tim., min.			Digested in h. m.		
Äpplen, söta, råa........	1	50	Apples, sweet, raw........	1	50
Äpplen, råa, hårda......	2	50	Apples, raw, hard.........	2	50
Bönor, kokade..........	2	50	Barley, boiled.............	2	—
Biff, halstrad...........	3	—	Bass, broiled.............	2	—
Bröd af hvete, gammalt...	3	30	Beans, boiled.............	2	30
Bröd, hvete.............	3	50	Green corn, boiled........	3	45
Bröd af majs, bakad......	3	15	Beef, fresh—lean, rare,		
Fisk i allmänhet.........	2	—	roasted..................	3	—
Fläsk, stufvadt..........	3		Beefsteak, broiled.........	3	—
Forell, bakad...........	1	30	Beef, old and salted.......	4	15
Gås, stekt..............	2	30	Beets, boiled.............	3	45
Gös, stekt..............	2	—	Bread, corn, baked........	3	15
Höns, stekta............	2	45	Bread, wheat, fresh........	3	30
Kalfkött...............	4	28	Bread, wheat, stale........	2	40
Kokad kalkon..........	2	25	Butter...................	2	30
Kokade rofvor..........	3	30	Cabbage, raw.............	2	35
Kokt potatis............	3	30	Cabbage with vinegar......	2	—
Kokt mjölk.............	3	—	Cabbage, boiled..........	4	40
Kokad ris..............	1	—	Cheese..................	3	30
Korn, kokad............	2	—	Chicken, fricasseed........	2	45
Köttbullar och potatis.....	2	30	Codfish, dry, boiled.......	2	—
Kött (gammalt saltadt)....	4	—	Duck, roasted............	4	—
Kött (färskt magert)......	3	—	Eggs, hard boiled..........	3	30
Kål, rå.................	2	30	Eggs, soft................	2	50
Kål, kokad..............	4	40	Eggs, raw................	2	—
Kål, med ättika..........	2	—	Goose, roasted...........	2	30
Lamstek...............	3	—	Lamb, broiled............	2	30
Lam...................	2	30	Liver, beef...............	2	—
Lever..................	2	—	Hash (meat and potatoes)...	2	30
Majs, grön, kokad........	3	45	Milk....................	2	—
Ost...................	3	30	Milk, boiled..............	3	—

Smälter i tim., min.			Digested in h. m.	
Ostron, råa	2	55	Mutton	3 —
Ostron, kokta	3	30	Oysters, raw	2 55
Ronstek och rådjur	1	35	Oysters, cooked	3 30
Rå mjölk	2	—	Pork, roasted	5 15
Rödbetor, kokade	3	45	Pork, salted	5 40
Salt fläsk	5	40	Pork, stewed	3 —
Salt lax	4		Potatoes, boiled	3 30
Smör	2	30	Potatoes, baked or roasted	2 4
Stekt anka	4	—	Rice, boiled	1 —
Stekt fläsk	5	15	Sago, boiled	1 15
Stekt potatis	2	20	Salmon, salted	4 —
Tapioca, kokad	4	—	Tapioca, boiled	4 —
Ägg, hårda	3	30	Trout, boiled	1 30
Ägg, lösa	2	50	Turkey, boiled	2 25
Ägg, råa	2	—	Turnips, boiled	3 30
			Veal, broiled	4 —
			Venison, broiled	1 35

Smörgåsbord.
I.
Färskt smör.
Flera sorters bröd.
Rostadt bröd.
Ost.
Ostron. Kaviar. Ansjovis.
Sardeller.
Rökt och salt tunga.
Graflax.
Små smörgåsar.
Förlorade ägg med kraft-stjärtar.
Porter eller seltservatten.

Swedish "smörgåsbord".
I.
Fresh butter.
Several kinds of bread.
Boasted bread.
Cheese.
Oysters. Caviar. Anchovies.
Sardines.
Smoked and salt tongue.
Pickled salmon.
Pouched eggs with crabs tails.
Dublin stout or seltzerwater.

II.

Färskt smör och bröd samt
röstadt bröd.
Kaviar.
Skinka.
Sönderbruten ur skalen tagen
färsk hummer.
Ansjovis. Annan stekt fisk.
Medvurst. Sill-lådor.
Stekta kastanjer.
Kallskuren bringa.

III.

Färskt smör och bröd.
Ett par sorter ost.
Varm oskalad potatis med sill.
Små hummer med ostron.
Små laxlådor.
Större fläskkorf i skifvor.
Rökt lax. Redisor.

IV.

Färskt smör och bröd.
Ost. Kaviar med rostadt bröd.
Fransk korf i sky.
Rökt rentunga. Gåsbröst.
Fläsk-omeletter. Hårdkokta hack-
ade ägg.
Redisor, Lefver.
Korf. Sill.

V.

Bröd. Smör. Ost. Redisor.
Sill skuren.

II.

Fresh butter, bread and
roasted bread.
Caviar.
Ham.
Shelled lobster, broken in small
pieces.
Anchovies. Sausage.
Herring. Other fried fish.
Fried chestnuts.
Cold meat cut in slices.

III.

Fresh butter and bread.
Two kinds of cheese.
Warm boiled potatoes, unpeeled,
and herring.
Small lobsters and oysters.
Small boxes of salmon.
Large pork sausage in slices.
Smoked salmon. Radishes.

IV.

Fresh butter and bread.
Cheese. Caviar.
Roasted bread.
French sausage in juice.
Smoked tongue. Goose breast.
Pork-omelettes.
Hard boiled eggs, chopped.
Liver. Sausage. Radishes.

V.

Bread. Butter. Cheese.
Radishes. Cut herring.

Hårdkokta ägg. Salt oxtunga.
Medvurst. Sardeller.
Kräftstjertar.
Ansjovis.
Ostron.
Blekt fisk i fina strimlor.
Kaviar med rostadt bröd.
Rökt gåsbröst.

Hard boiled eggs.
Salted ox tongue.
German sausage (medvurst). Sar-
dines. Crabs tails.
Anchovis. Oysters.
Fried fish, cut in small pieces.
Caviar and roasted bread. Smoked
goose breast.

Mindre middagar.

I.
Kräftsoppa.
Buljong med macaroni.
Stekt hvitling.
Fricadell på kalf med pure.
Gele med bakelse.
Ost och dessert.

II.
Sköldpaddsoppa.
Buljong med vermicelli.
Gådda eller gös a la financiere.
Ostron i skal.
Stekta hjärpar med salad.
Sparris och franska ärter.
Kompott.
Glace. Dessert.

Smaller dinners.

I.
Crab soup.
Bouillon with macaroni.
Baked whiting.
Fricadelle on veal with puree
Jelly with tart
Cheese. Dessert.

II.
Turtle soup.
Bouillon with vermicelli.
Pike or perch a la financiere.
Oyster on shells.
Baked hazel hen with salad.
Asparagus and french peas.
Compote.
Ice cream. Dessert.

III.

Grönsoppa.

Kokt laxöring.

*Späckad oxfilet med legy-
mer (grönsaker)*

Gåslefverpastej.

Sparris med smör.

Stekt fogel med salad.

Vaniljpudding.

Glace.

III.

Vegetable soup.

Boiled trout.

Lined beef filet with vegetables

Goose liver pie.

Asparagus with butter.

Baked fowl with salad.

Vanilla pudding.

Ice cream.

Större middagar.

I.

Sköldpaddsoppa............................... *Sherry.*

Buljong med macaroni .... *Claret.*

lax......................................
Hjortstek med legymer.......................... } *Champagne.*

Kalkon med ris................................
Kyckling med förs.............................. } *pichon.*

Hummer med gele.............................
Stekta beckasiner med salad..................... } *Gammal Madeira.*

Sparris med holländsk sås......................
Gele med frukt................................ } *sherry.*

Ost. Smör. Bakelser.

Sylter. Apelsiner. Mandel. Konfekt .... *Tokay.*

II.

Julienne....................................... *Pontet Canet.*

Riskroketter. Stufvade kräftstjeriar................
Lax och spenat................................ } *Sherry.*

Rostbiff-filet med legymer....................... *Champagne.*

Tryfferad kyckling .... *Chateau Leoville.*

Stekt hjärpe med salad .... *Chateau Palmer.*

Färska bönor.

Apelsinpudding .... *Champagne.*

Gele... *Chateau Palmer.*

Glace.. *Pale Sherry.*

Ost och bakelser............................... *Portvin*

Frukter och konfekt .... *Cap Comiantia,*

Grand dinners.

I.

WINES:

Turtle soup	Sherry.
Bouillon and macaroni	Claret.
Salmon	} Champagne.
Deer steak.	
Turkey with rice.	} Pichom.
Chicken with farce.	
Lobster with jelly	} Old Maderia.
Baked snipes with salad.	
Asparagus with sauce hollandaire	} Sherry.
Jelly and fruit	
Cheese, Butler. Cakes.	
Preserves. Oranges. Candies	Tokay.

II.

Julienne (soup).	Pontet Canet.
Rice croquettes, stewed crabs tails.	} sherry.
Salmon and spinach.	
Roast beef filet and vegetables.	Champagne.
Truffled chicken	Chateau Leoville.
Baked grouse with salad	Chateau Palmer.
Fresh beans.	
Orange pudding.	Champagne.
Jelly	Chateau Palmer.
Ice cream.	Pale sherry.
Cheese and cakes	Port wine.
Fruits and candies	Cap Constantia.

III.

Julienne au consomme
Kalf koteletter.
Gös med inkokt potatis.
Kalflår med tryffel.
Kotletter med fina ärter.
Champignon-omeletter.
Hummer.
Beckasiner och stekt kyckling med salad.
Sparris med smörsås.
Champagne-gele.
Glace.
Dessert.
Vinerna kunna väljas efter föregående matsedlar.

IV.

Buljong.
Falsk sköldpaddsoppa.
Kalffrikadeller med Champignon-pure.
Rökt lax med spenat och förlorade ägg.
Kalfkotletter.
Glaserad skinka.
Rapphöns med tryffel.
Gåslefverjxistej.
Stekta beckasiner eller kyckling.
Kall syltpudding.
Sparris med smör.
Ost och bakelser.
Dessert.

III.

Julienne au consomme.
Veal cutlets.
Perch with potatoes.
Veal leg and truffle.
Cutlets with fine peas.
Champignon omelettes.
Lobster.
Snipes or chickens, baked.
Asparagus with butter.
Champagne jelly.
Ice cream.
Dessert.
Wines to be selected from foregoing menus.

IV.

Bouillon.
Mock turtle soup.
Veal fricadelle with champignon puree.
Smoked salmon with spinach and pouched eggs.
Veal cutlets.
Glazed ham.
Partridge with truffle.
Goose liver pie.
Baked snipes or chickens.
Cold preserve pudding.
Asparagus with butter.
Cheese and cakes.
Dessert

V.

Smörgåsbord.

VINER:

Glacepudding.
Frukt och konfekt
Ost och bakelser,
Kaffe.

VI.

Smörgåsbord.
Juliensoppa.
Sparrisomelett med kräftstjärtar.

Glace.
Blandad frukt.

VII.

SUPE.

Halstrad lax.
Skinka i gele.
Hummer a la daube.
Pastej på vildt.
Rådjursstek med krusbärsgele.
Stekta hjerpar. Salad.

V.

WINES:

"Smörgåsbord".

Crab soup .... *Golden sherry.*
Fresh boiled salmon .... *Chateau Margaux.*
Mutton, baked in oven .... *Murcobrunner.*
Small lobster pies .... *Chambertin.*
Baked chicken with salad .... *Veuve Cliquot.*
   Ice cream pudding.
   Fruits and candies.
   Cheese and cakes.
   Coffee.

VI.

"Smörgåsbord."
   Julienne soup.
Asparagus omelette with crabs tails.
Smoked salmon with spinach and eggs. Old sherry.
Beef filets with truffle. .... *Steinberger Cabinet.*
Jelly pudding. .... *Mumm Cremant.*
Peas with oil .... *Port wine.*
Baked woodcook with salad .... *Pale sherry.*
   Ice cream.
   Mixed fruits.

VII.
SUPPER.
Broiled salmon.
Ham in jelly.
Lobster a la daube.
Pie of game.
Deer steak with gooseberry jelly.
Baked hazel hens. Salad

Enklare matsedlar
för 6 a 8 personer. Afpassade efter
årstiderna.

Middagar.
Januari—April.
Buljong med vermicelli.
Helkokt gös med brynt smör.
Rostbiff med glacerad lök.
Stufvad blomkål.
Stekt hjärpe med salad.
Vaniljkräm på is.
Bakelser.

Soupe
för 6 a 8 personer.

I.
Smörgåsbord.
Fiskfärs med kräftsås.
Stekt orre med salad och gurkor.
Ugnstekt gröt med grädde.

II.
Smörgåsbord.
Kotletter med ärter.
Pastej på hare.
Vaniljkräm på is med bakelser.

Middagar.
Maj—Augusti.

I.
Buljong med förlorade ägg.
Kokt lax med majonnässås och
brynt potatis.

More simple menus
for 6 or 8 persons.
Adopted for the different seasons.

Dinners.
January—April.

Bouillon with vermicelli. Boiled
perch with browned
butter.
Roast beef with glazed onion.
Stewed cauliflower.
Baked hazel hen with salad.
Vanilla cream on ice. Tarts.

Suppers
for 6 or 8 persons.

I.
"Smörgåsbord. "
Fish farce with crab sauce.
Baked woodcock with salad and
cucumbers. Mush fried in oven,
with cream.

II.
"Smörgåsbord."
Cutlets with peas.
Pie of hare.
Vanilla cream on ice with tarts.

Dinners.
May—August.

I.
Bouillon with poached eggs.
Boiled salmon och browned
potatoes.

Renstek med gurksalad.	Deer steak with cucumber salad
Smörtårta och marangkräm.	Butter tarts and some kind of cream.

II.

Buljong med ris.
Ugnstekt gädda med kaprissås.
Biffstek med potatis.
Syltpannkaka.

II.

Bouillon with rice.
Pike baked in oven and caper sauce.
Beef steak and potatoes.
Pancakes and preserves.

III.

Vinsoppa.
Kroketter af soppkött.
Pudding.

III.

Wine soup.
Croquettes of beef.
Pudding.

Soupeer.
I.

Smörgåsbord.
Halstrade dufvor.
Bisquitpudding med vaniljsås.

Suppers.
I.

"Smörgåsbord."
Broiled doves.
Biscuit pudding, vanilla sauce.

II.

Smörgåsbord.
Inlagd lax med majonnässås.
Stekt tjäder med salad.
Blandad sylt med vispad grädde.

II.

"Smörgåsbord."
Canned salmon with sauce.
Baked hazel hen with salad.
Mixed preserves with beaten cream.

Middagar.
September—December.

Dinners,
September—December.

I.

Juliennesoppa.
Karp eller ål.
Stekt kalflofver med vin.
Kräftpudding.
Stekt kanin.
Apelsinkompott.

I.

Julienne soup.
Carp or eel.
Fried calfs liver with wine.
Crab pudding.
Fried rabbit.
Orange compote.

II.

Kräftsoppa.
Aborre med hvitt vin.
Rostbiff med arter och potatis.
Sparris.
Omelettsoufflé med citron.

II.

Crab soup.
Perch with white wine.
Roast beef with peas and
potatoes.
Asparagus.
Omelette soufflée with lemon.

Soupeer.
I.
Smörgåsbord.
Omelett med rom.
Glaccrade apelsiner.

Suppers.
I.
"Smörgåsbord."
Omelette with spawn.
Glazed oranges.

II.
Smörgåsbord. Omelette aux herbes
fines. Stekta höns med champi-
gnonsåi Citronkräm med bakelser.

II.
"Smörgasbord."
Omelette aux herbes fines.
Baked chicken with champignon
sauce.
Lemon cream with tarts.

III.
Smörgåsbord.
Kall gädda med sås.
Kalfkotletter med legymer.
Gräddkaka med sylt.

III.
"Smörgåsbord."
Cold pike with sauce.
Veal cutlets with vegetables.
Cream cake with preserves.

Weights and measures.

1	Quart sifted flour (well heaped) weighs 1 lb
3	Coffee-cups sifted flour (level) weigh 1 lb.
4	Tea-cups sifted flour (level) weighs 1 lb. 1 Quart unsifted flour weigh 1 lb 1 oz.
1	Quart sifted indian meal weighs 1 lb 4 oz.
1	Pint soft butter (well packed) weighs 1 lb.
2	Teacups soft butter (well packed) weigh 1 lb.
1⅓	Pint powdered sugar weigh 1 lb.
2	Coffee-cups powdered sugar (level) weigh 1 lb.
2¾	Tea-cups powdered sugar (level) weigh 1 lb.
1	Pint granulated sugar (heaped) weigh 14 oz.
1½	Coffee-cups granulated sugar (level) weighs 1 lb.
2	Tea-cups granulated sugar (level) weigh 1 lb.
1	Pint coffee "A" sugar weighs 12 oz.
1¾	Coffee-cups coffee "A" sugar (level) weigh 1 lb.
2	Tea-cups coffee "A" sugar (well heaped) weigh 1 lb.
1	Pint best brown sugar weighs 13 oz.
1¾	Coffee-cups best brown sugar (level) weigh 1 lb.
2½	Tea-cups best brown sugar (level) weigh 1 lb.
1	Tablespoon (well heaped) granulated coffee "A" best brown sugar, weighs 1 oz.
7	Tablespoons (well rounded) of powdered sugar or flour weigh 1 oz.
1	Tablespoon (well rounded) of soft butter weighs 1 oz. Soft butter size of an egg weighs 2 oz.
7	Tablespoons granulated sugar (heaping) equal 1 teacup.
5	Tablespoons sifted flour or meal (heaping) equal to teacup.
4	Tablespoons soft butter, (well heaped) equal 1 teacup.
3	Tablespoons sweet chocolate grated weigh 1 oz.

Canning fruit.

	Time for boiling.	Sugar to quart.
Cherries	5 min.	6 oz.
Raspberries	6 min	4 oz.
Strawberries	8 min	8 oz.
Plums	10 min	10 oz.
Pie Plant	10 min	8 oz.
Small sour pears, whole	30 min	4 oz.
Bartlett pears, halved	20 min	6 oz.
Peaches	8 min	4 oz.
Peaches, whole	15 min	4 oz.
Pine apples, sliced	15 min	6 oz.
Crab apples	25 min	8 oz.
Sour apples, quartered	10 min	5 oz.
Ripe currants	6 min	8 oz.
Wild grapes	10 min	8 oz.
Tomatoes	20 min	none.
Gooseberries	8 min	8 oz.
Quinces, sliced	15 min	10 oz.

REGISTER

HVARJEHANDA.

INDEX.

VARIOUS RECIPES.